ÇOCUGU TANIMAK VE ANLAMAK

PROF. DR. HALUK YAVUZER, meslek yaşamına 1965 yılında başlamış, "Çocuk ve Gençlik Psikolojisi"ni uzmanlık alanı olarak seçmiştir. Öncülüğünde açılmış olan "Ana-Baba Okulları"nda, anne ve babaların eğitimi ve çocuklarıyla sağlıklı iletişim kurabilmeleri amaçlanmıştır.

1989 yılından beri 27 ilde açılan ve 20 bini aşan ana-babaya hizmet götüren bu etkinliğin yanı sıra Dr. Yavuzer, öğretmenlerin eğitimini amaçlayan "Öğretmen Sohbetleri"ni de yurt düzeyinde yayma çabasındadır.

Dr. Yavuzer, yayınlarının çoğunda, bilimsel bulguları hayata geçirerek ana-babaları çocuk eğitimi konusunda aydınlatmayı hedeflemiştir. Doktora sonrasında İngiltere'de alanıyla ilgili araştırmalar yapan Dr. Yavuzer'in, yurtiçi ve yurtdışında yayınlanmış çok sayıda bilimsel çalışması bulunmaktadır.

Dr. Yavuzer, Fakültesini temsilen iki dönem İstanbul Üniversitesi Senatosu üyeliği, altı yıl Fakülte Yönetim Kurulu üyeliği, sekiz yıl da Üniversitelerarası Kurul, Eğitim Bilimleri ve Öğretmen Yetiştirme Doçentlik Temel Alan Danışma Komisyonu üyeliği yapmıştır. İstanbul Ticaret Üniversitesi Psikoloji Bölümü'nde bölüm başkanı olarak görevini sürdürmektedir.

Dr. Yavuzer'in yayınları şunlardır: *Çocuk ve Suç, Çocuk Psikolojisi, Ana-Baba ve Çocuk, Çocuk Eğitimi El Kitabı, Children Draw and Tell, Resimleriyle Çocuk, Çocuğunuzun İlk 6 Yılı, Okul Çağı Çocuğu, Çocuğu Tanımak ve Anlamak, Gençleri Anlamak, Anne Olmak.*

Dr. Yavuzer, çocukluk, yetişkinlik ve mesleğe giriş dönemine ilişkin anılarını ise *Taş Sektirirken Anıların Suyunda* adlı kitabında topladı (2011).

yavuzerhaluk@gmail.com

HALUK YAVUZER

ÇOCUĞU TANIMAK VE ANLAMAK

Ana-Babaların
En Çok Sorduğu Sorular
ve Cevaplarıyla

11. Basım

Remzi Kitabevi

Sevgili çocuklarım
Cem ve Ceyda Yavuzer'e

ÇOCUĞU TANIMAK VE ANLAMAK / Haluk Yavuzer

Editör: Neclâ Feroğlu
Kapak, iç tasarım: Ömer Erduran
Vinyetler: Oğan Kandemiroğlu
Karikatürler: Ramize Erer, Bill Watterson

ISBN 978-975-14-0918-8

BİRİNCİ BASIM: Mayıs 2003
ON BİRİNCİ BASIM: Mart 2013

Kitabın bu basımı 2000 adet yapılmıştır.

Remzi Kitabevi A.Ş., Akmerkez E3-14, 34337 Etiler-İstanbul
Tel (212) 282 2080 Faks (212) 282 2090
www.remzi.com.tr post@remzi.com.tr

Baskı ve cilt: Remzi Kitabevi A.Ş. basım tesisleri
100. Yıl Matbaacılar Sitesi, 196, Bağcılar-İstanbul

İçindekiler

Sunuş

Çocuğu Tanımak ve Anlamak adlı bu kitap, ana-babaların, çocuk yetiştirirken karşılaştıkları zorluklarla başaçıkmalarına yardımcı olmak ve bu konuda yeni bakış açıları geliştirmelerini sağlamak amacıyla yazıldı.

Bilindiği gibi çocukluk döneminde sağlıklı bir gelişimin gerçekleşebilmesi, büyük ölçüde çocuğa hazırlanan yakın çevre koşullarına ve sunulan olumlu etkileşim ortamına bağlıdır. Yine insan davranışlarının tümünün kültürden etkilendiği bilinmektedir. Buna bağlı olarak, ebeveynin çocuk yetiştirme tutumlarının da yaşanılan kültürden etkilendiğini 40 yıllık mesleki deneyimim süresince gözlemledim.

Bu noktadan hareketle, "Türk ailesinin çocuk eğitiminde en sık karşılaştığı sorunlar ve bunlara yaklaşım biçimleri", kitabın ana temasını oluşturdu. Kitabın her bölümünde, konuyu veya sorunu açıklayıcı bilgilerin yanı sıra, konuyla ilgili 27 farklı ildeki ana-babaların sormuş olduğu özgün sorulara ve bunların cevaplarına yer verildi. Sorular, 20 bini aşan soru içinde, ortak özelliktekiler arasından seçildi.

Soruları, konunun evrensel ve kültürel boyutlarını dikkate alarak yanıtlarken, kuramsal bilgi dağarcığımın ötesinde, bugüne değin yapageldiğim uygulamalarımdan yararlandım.

Kuşkusuz, sihirli ve etkili tek bir çocuk yetiştirme formülünden söz etmek mümkün değildir. Bu nedenle ana-babanın yaklaşımları, her çocuğun ihtiyaçlarına ve mizaç özelliklerine uyum gösterecek şekilde farklılaşmalıdır.

Her çocuğun farklı olması nedeniyle, sorunların tek çözümü olmadığı gibi, soruların da tek bir yanıtı yoktur. İşte bu nedenle soruların cevaplarını oluştururken, farklılıklardan yola çıkıp, benzerliklere ulaşma yolu seçildi. Bu farklılıkların anlaşılması konusunda, farklı illerde gerçekleştirilen "Ana-Baba Okulu" ve "Öğretmen Sohbetleri" çok büyük katkılar sağladı.

Zorlukların daha kolay aşılmasına katkıda bulunmak üzere hazırlanan bu kitabın bir amacı da, "çocuk yetiştirme olgusu"na duyarlılık kazandırmaktır. Bunu gerçekleştirirken ana-babaların, çabalarının anlamlı ve doğru yönde olup olmadığını düşünmelerini sağlamaya çalıştım.

Ancak deneyimler, kendinden sonra gelen farklı bir deneyime kadar değerlidir. Bu nedenle, tüm bilgilerde olduğu gibi, bu kitaptaki bilgilerin de değişmeye ve tartışmaya açık olduğunu vurgulamak isterim.

Bu kitabın, çocuklarınızı ve tüm çocukları daha iyi TANIMAYA ve daha da önemlisi ANLAMAYA yardımcı olacağını ümit ediyorum.

Kitabın hazırlanmasının her aşamasında "bilgi ve tasarımına" olan katkılarıyla beni destekleyen eşim Dr. Nurgül Yavuzer'e, müsveddeleri titizlikle okuyan okutman Filiz Meşeci'ye, konuyla ilgili sıcak karikatürüyle kitaba renk katan, güldürürken eğiten Ramize Erer'e, resim katkılarından dolayı Eyüboğlu ve Özel Kalamış okulları ile Marmara Eğitim Kurumları'na, editoryal açıdan büyük bir katkıda bulunan Neclâ Feroğlu'na, sayfa ve kapak düzenini büyük bir emek, titizlik ve ustalıkla gerçekleştiren Ömer Erduran'a, her zamanki sıcak ilgisiyle kitabın yayınlanmasında beni yüreklendiren Erol Erduran'a teşekkür ederim.

Haluk Yavuzer
İstanbul, Şubat, 2003

Bölüm 1

Aile İçinde Disiplin ve Çocuk Yetiştirmede Farklı Ebeveyn Tutumları

Aile İçinde Disiplin

Çocuğun saygıyı öğrenmesi, yetişkinlerin onun alan ve sınırlarına saygı göstermesiyle olur.

Disiplin, bireye kazandırılan alışkanlıklar yoluyla onu, kendisi ve çevresiyle uyumlu yaşamaya hazırlama sürecidir. Disiplin, sorumluluğu ve uyulması gereken kuralları öğreterek, içdenetim demek olan "ahlak gelişimi"ni sağlar. İçdenetim, dıştan gelen zorlamayla olmaz. Ancak sevgi temeline dayanan bir disiplin uygulamasıyla gerçekleşebilir. Görüldüğü gibi disiplin, sorumluluğun içselleştirilmesiyle ilgilidir ve "ceza"yla eşanlamlı değildir.

İlk temel alışkanlıkların kazanıldığı dönem, erken gelişim yıllarıdır. Bu nedenle disiplin açısından okulöncesi dönemin özel bir önemi vardır.

DİSİPLİNİN İLKELERİ

Kararlılık: Çocuktan yapmasını istediğiniz şey konusunda kararlı olun. Tartışmayın, gerekçesini söyleyip istediğinizi yapmasını bekleyin. Kararlı bir tonda sunulan istekler, genellikle dinlenir. Ancak, çocuk bunu zamanla öğrenir.

Kesinlik: Koyduğunuz kurallar konusunda tavrınız kesin olsun: "Sevgili çocuğum, ben hayır demişsem o, olmayacak."

Süreklilik: Disiplinde önemli bir ilkenin de süreklilik olduğunu aklınızdan çıkarmayın: "Aynı konuda geçen defa hayır demiştim. Bu defa ısrar gereksiz."

Sakinlik: Kriz durumlarında soğukkanlılığınızı koruyun: "Çığlık attığında kulaklarım çok rahatsız oluyor. İstersen ağlamana öteki odada devam et."

Ödüllendirme: Başarılmış bir eylemden sonra, gerektiğinde sosyal ödül niteliğindeki bir övgü ya da öpücüğü ihmal etmeyin: "Aferin oğlum (kızım). Bir öpücüğü hak ettin."

ÇOCUĞA SINIR KOYMA

Çocuk da, yetişkinler gibi kabul ve takdir edilmek ister. Gelişiminden dolayı anne-babasının onunla gurur duyması ve memnun olması, çocuk için çok önemlidir. Anne-babasından kabul mesajları ile sevgi tebessümleri bekleyen çocuğun, çatık kaşlı, gergin yaklaşımlarla karşı karşıya gelmesi, onu kırıklığa uğratır ve kazandırılmak istenen davranışı etkin şekilde öğrenmesini güçleştirir. Bu nedenle, öfkeli bakış ve yüksek ses, çocukla iletişimde kabul edilemez.

Çocuk, dış dünyanın kendisini memnun etmediğini anladığında, onu kontrol etmek üzere elinden geleni yapmaya çalışır. Kendi yoluna ısrarla devam eder. Ebeveyninin otoritesini sınar, onu ne ölçüde etkileyebileceğini dener. Ebeveynin kendisinden güçlü olup olmadığını anlamaya çalışır. Örneğin, yere uzanmak, çığlık atmak şeklindeki girişimleri kalabalık ortamlarda gerçekleştirdiğinde, genellikle kazanan o olur.

Çocuğu disipline ederken, doğruyu yaptırmak önceleri olanaksızdır. Çocuk, istediğini yapma konusunda ısrarlı bir tavır sergiler, çünkü doğru ve yanlışı birbirinden ayırt etmek için gerekli akıl yürütme yeteneği henüz olgunlaşmamıştır. Yine de gerektiğinde çocuğun davranışlarına sınır koyabilmek önemlidir. Anne baba, gerektiğinde "Hayır" veya "Dur" demesini bilmelidir. Çocuk sınırları zorlama çabası içinde olsa da, istenen davranış ona tekrar tekrar, nedenleriyle anlatılmalıdır.

Sınır koyma, çocuğun davranışının bazı net ve anlaşılır gerekçelerle kısıtlanmasıdır. Örneğin; "Dışarıda koşabilirsin ama ev içinde sadece yürüyebilirsin. Eğer evde koşarsan, oyun oynamana izin veremem, " ya da, "Eğer benimle bu şekilde tartışmaya devam edersen, sakinleşmek ve yaptıklarını düşünmek üzere odana gitmen gerekecek."

Çocuğunuz, yapmaması gereken hareketi, sizin hatırınız için değil, yapılmaması gerektiği bilincine ulaşarak yapmamalıdır.

? *Disiplin ne işe yarar?*

1. Disiplin, öncelikle çocuğa nasıl hareket edilmesi gerektiğini öğretir. Etkili bir disiplin yoluyla çocuk, kendinin ve başkalarının yararına olan inanç, değer ve kuralları içselleştirerek öğrenir. Ancak çocuğun bunları içselleştirmesinden önce, ebeveynin kural, değer ve inançları, söz ve eylem yoluyla somuta indirgeyerek sergilemesi gerekir.

2. Disiplin, çocuğa dürtülerini kontrol etmeyi öğretir. Çocuk dürtüleriyle hareket ettiği için kararları zayıftır. O, düşünmeden önce hareket eder. Biz, çocuklara, önce düşünüp ardından hareket edebilmeleri için fırsatlar veririz.

3. Etkili disiplin, akla ve mantığa uygun olandır.

4. Etkili disiplin, çocuğun gelişimine uygun olandır. Sözgelimi 4 yaş çocuğu için uygun olan bir disiplin yöntemi, 1 yaşındaki bir çocuğa etkili olamaz. Bu nedenle ebeveyn olarak biz, kendimizi, hangi metodun hangi yaş için uygun olduğu konusunda eğitmeliyiz. Sözgelimi okulöncesi dönem çocuğu, sözden çok eylemi daha kolay algılar ve tepki verebilir.

? *Çocuğuma en iyi nasıl yardımcı olabilirim? Onu disipline ederken nasıl davranmalıyım?*

Çocuğunuzu sadece gözlemleyerek ve davranışlarını anlamaya çalışarak, onun hangi alanlarda yetenekli olduğuna dair fikir edinebilir ve bu alanları daha da geliştirmesinde ona yardımcı olabilirsiniz. Çocuklarına en iyi yardımcı olabilen anne ve babalar, çocuklarının yeteneklerini görebilen, kendi beklenti ve desteklerini ona göre ayarlayabilenlerdir. Her geçen gün, çocuğunuzun elde ettiği küçük başarıların da farkında olun. Çocuğunuzun yetersizliklerini büyütmemeye çalışın. Bunun yerine, her olumlu eyleminde ilerlemesine dikkat ettiğinizi fark ettirin ve onu övün.

Burada temel ilke, çocuğun olumsuz davranışlarını görmezden gelerek, olumlu davranışlarını ödüllendirmektir. Çocuğun bağırışlarını duymazdan gelerek, sessiz olduğu zamanlarda onu oyun ve birlikte etkinlikle ödüllendirip cesaretlendirmek, bu istenmeyen davranışın giderek ortadan kalkmasını sağlayacaktır.

Çocuklar, 8 yaşına kadar, örneklerle ve taklit yoluyla öğrenirler. Ona doğru bir örnek olmanın en iyi yolu, onunla birlikte hareket etmektir. Örneğin, yemeği kaşık ve çatal kullanarak birlikte yemek suretiyle olumlu bir model oluşturmak, sözle, "Elle yemek yeme," demekten daha etkilidir.

"Davranışının sonucuna katlanmak" yaklaşımı, istenen davranışın gerçekleştirilmesi için desteklemek, istenmeyen davranışın yapılmaması için caydırmak amacıyla kullanılır. Örneğin; "Yemeğini bitirmediğin takdirde, tatlıyı alamazsın", "İlk kez ev ödevini zamanında bitirdin, hafta sonu ilave bir TV dizisi seyretmeye hak kazandın," gibi.

Çocuklar, kurallar ve standartlar hakkında kendilerine rehberlik edilirken açık olunmasını isterler. Bu da onların, kendilerine olan güvenlerini kazanmalarını sağlar. Bu nedenle arkadaşına vurmak isteyen bir çocuk karşısında, "Diğerlerine vurmamalısın!" şeklinde kuralı açıkladıktan sonra, "Arkadaşına vurursan onun canını acıtırsın," gibi gerekçeli bir uyarıyı da ihmal etmemelidir. Böylelikle, çocuğun, karşısındakinin ne hissettiğine karşı duyarlı olması da sağlanmış olur.

Genellikle anne-babalar, çocuğun ***neyi*** yapmaması gerektiğini söylemek için çaba sarf ederler. Oysa önemli olan, ***niçin*** yapmaması gerektiğini söylemektir.

? *Ana-baba olarak çocuğa, uyması gereken kuralları ve davranış kalıplarını nasıl öğretebiliriz?*

Uyulması gereken kuralları dört yolla öğretmek mümkündür:

A. *Ona örnek olarak:* Çocuğa bir kural veya davranış kalıbını öğretmenin birinci ve en basit yolu, o davranışı sergilemektir. Çocuklar, söylediklerimizden çok, yaptıklarımızı öğrenme eğilimindedir. Çocuklarımızdan, başkalarına karşı kibar bir şekilde konuşmalarını isterken, biz onlara kaba davranırsak, kendimizle çelişkiye düşmüş oluruz. Eylem, sözden daha etkilidir.

B. *Olumlu geribildirim vererek:* İkinci öğretme yolu, olumlu geribildirim vererek mümkündür. Eğer biz çocuklara, söz dinledikleri için memnuniyetimizi ifade edersek, onlar bu olumlu davranışlarını tekrarlamak isteyeceklerdir.

C. *Hiçbir geribildirimde bulunmayarak:* Ebeveyn, çocuğun yaptığı olumsuz davranışları görmezden gelerek de istenen davranış kalıplarını ona öğretebilir. Geribildirim almayan davranışlar zaman içerisinde azalma eğilimi gösterir.

D. *Cezalandırarak:* Son olarak, istenmeyen bir davranışın ardından ebeveyn olumsuz geribildirim verebilir veya cezaya başvurabilir. Ancak şu bilinmelidir ki ceza, çok uygulandığı takdirde, diğer olumlu yöntemlere kıyasla etkisi azalan bir yoldur. Başarılı bir ebeveyn, hatadan sonra cezalandıran değil, hatayı önleyendir. Özellikle ağır ve sık ceza uygulanması karşısında, çocuğun cezaya gösterdiği duygusal tepki nedeniyle, olumsuz davranışında artış görülebilir. Katı cezalara kıyasla bazı haklardan mahrum etme ya da ara verme şeklindeki cezalar, kuşkusuz göreceli olarak daha etkilidir.

? *Çocuk yetiştirme konusunda anne-babanın aynı tavrı sergilememesi çocuğu nasıl etkiler? Anne ya da babadan biri çocukla diyalog halindeyken, diğerinin müdahalesi ne yönde olmalıdır?*

Disiplini, "bireye kazandırılan alışkanlıklar yoluyla onu kendisi ve çevresiyle uyumlu yaşamaya hazırlama süreci" olarak tanımlamıştık. İşte bu disipline etme sürecinde, öncelikli olarak ebeveynin kendi aralarında "tutarlı" olması özel bir önem taşır. Çocuk, karşısında aynı görüşü paylaşan, uzlaşmış bir ebeveyn tutumu bulursa, herhangi bir durumda "nasıl hareket edilmesi gerektiğini" daha kolay öğrenir. Aksi halde, bir kaos ve bir çatışma yaşar. Neyin doğru, neyin yanlış olduğu, kimin doğru, kimin yanlış söylediği konusunda çelişkiye düşer. Zaman zaman, böyle bir durumu kendi lehine kullanır; ebeveynden birini kendi tarafına çekerek, ailede yönetimi ele geçirmeye çalışır.

Bu nedenle çocukla ilgili bir konuda, ana-babalara, biri diyalog halindeyken, diğerinin farklı yönde bir müdahalede bulunmamasını, gerekli uyarılarını çocuğun bulunmadığı bir ortamda yapmasını önemle tavsiye ederiz.

Ana-babalara, kendi aralarında "uzlaşmacı bir ortak tutum" oluşturabilmeleri için, özellikle çocuk eğitimini konu alan kitapları okuyarak, çocuklarını objektif ölçütlere göre tanıma ve değerlendirmelerini öneririm. Aksine bir ortamın oluşması halinde ise, "yemek yeme" ya da "uyuma"yla başlayıp sadece bunlarla sınırlı kalmayan ve çocuğu ilgilendiren tüm konularda bazı görüş ayrılıklarına bağlı olarak yaşanabilecek olası çatışmalar, huzursuz bir ailenin oluşumuna zemin hazırlar.

? *Çocuğum istenmeyen bir davranışı yaptığında, zaman zaman ani çıkışlarım oluyor. O sırada onu küçültücü, aşağılayıcı ifadeler kullandığım oluyor. Bu durum çocuğu olumsuz etkiler mi?*

Stres sırasında ani çıkış yapan ve duygularını uygunsuz biçimde ifade eden bu ebeveynin yaklaşımı, "duygusal istismar"dır. "Aptal", "hayvan", "geri zekâlı" şeklindeki aşağılayıcı sıfatları çocuklarına yakıştıran ana-babalar, "geçmişte kendilerine söylenenleri" söylemekte, "bunun, yapılacak en doğru yol olduğunu" düşünmektedir. Oysa aşağılayıcı ifadelerin, küçük düşürücü tutumların çocukları nasıl yıkıma uğrattığını bilemezler.

Ana-babasının kendisine, "Sen aptal bir çocuksun," ya da, "Keşke hiç doğmasaydın!" dediğini duyan çocuk, "Annemin/babamın benim hakkımdaki gerçek düşünceleri bu," yorumunu yapar. Çünkü o, ana-babasının söylediği her şeye inanır.

Bu nedenle çocukları aşağılayıcı ve küçük düşürücü ifadelerin, tıpkı bedensel cezada olduğu gibi onların benlik saygılarını olumsuz etkileyebileceği gerçeğini göz önünde bulundurun. Söylediğiniz sözlere dikkat edin. Yirmi saniye sonra bitecek bir öfkeyle ağzınızdan çıkan sözcüklerin, çocuğu duygusal ezime uğratabileceğini, örseleyebileceğini, onda kalıcı izler bırakabileceğini aklınızdan çıkarmayın.

? *Çocuğumuz aramızdaki tartışmalara tanık olmamasına rağmen, bundan olumsuz etkilenir mi?*

Şunu hiçbir zaman aklınızdan çıkarmayın: "Çocuklar, evde olup biten her şeyi bilirler." Senelerce şiddetli tartışmalar yaptıktan veya belli bir nedenden dolayı bir mutsuzluk içinde olan ve bana gelip, "Tabii ki, çocukların bundan hiç haberi yok," diyen ebeveyn karşısında çoğunlukla büyük bir şaşkınlığa kapılıyorum. Doğrusu şu ki, çocukların gözünden hiçbir şey kaçmaz. Zaman zaman, bildiklerini kendilerine saklayıp duygularını belli etmeyebilirler ya da tepkilerini, yalnızca geceleri yataklarını ıslatmak gibi dolaylı bir biçimde gösterebilirler, ama sonuçta olup biten her şeyi bilirler.

Bu nedenle gerek sözel iletişim yoluyla, gerekse beden diliyle olumlu uyaranlar vermiş olsanız bile, onların öncelikli haklarının, huzurlu bir aile ortamında yaşamak olduğunu unutmayın.

? *Yapılan bir hata karşısında nasıl davranmak gerekir? Çocuğumu nasıl cezalandırmalıyım?*

Bedensel cezanın zararlarına bir sonraki bölümde değinilmiştir. Diğer bir cezalandırma biçimi "psikolojik cezalandırma"dır. "Yemeğini yemezsen seni sevmeyeceğim!" cümlesindeki tehdit, sevgi esirgeyerek denetleme, en az bedensel ceza kadar çocuğu olumsuz etkiler ve suçluluk duygusuna neden olabilir. En sağlıklı yaklaşım konuyu, sebep sonuç ilişkisi içerisinde açıklayıcı bir şekilde ortaya koymak ve çocuğu doğru davranmaya ikna etmektir. Bu yaklaşımda çocuk, olası tehlikeler konusunda uyarılır ve davranışının sonuçları konusunda aydınlatılır.

"Davranışın sonucuna katlanmak", uygulanabilecek bir başka eğitici cezalandırma yöntemidir. Bu şekilde, çocuğun, "olayların doğal sonuçlarından ders alması" hedef alınmıştır. Masayı kirleten çocuktan temizlemesini istemek, yemeğe geç gelen çocuğun, soğumuş yemeği yemesi gibi. Yine "ayrıcalıkların kaldırılması" bir başka yöntem olarak uygulanabilir. Örneğin, televizyon seyretmenin o gün için yasaklanması ceza olarak etkili olabilir.

Ceza gerçekten gerekliyse, davranışın hemen ardından verilmeli ve asla ertelenmemelidir. Olabilecek en kötü yaklaşım, çocuğu, "Baban akşam gelince görürsün!" tehdidiyle korkutmaktır. Sürekli olarak disiplin görevini eşine yükleyen bir annenin, gerçekte problemi, baş edilmez derecede yaramaz bir çocuğa sahip olması değil, sorumluluklarını üzerine alamayacak kadar eşine bağımlı olmasıdır.

Disiplinde Olumlu Kontrol Nasıl Sağlanır?

Çocuğa bir yaptırım uygularken nedenini ve sorunun nasıl ortadan kalkabileceğini açıkça anlatın.

OLUMLU KONTROL

Olumlu kontrol, önceki konuda sözü edilen disiplinin temel ilkelerini çocuğun öğrenmesiyle gerçekleşir. Olumlu kontrolün geçerli olduğu ortamda çocuk, anne ve babasının kararlı hareket edeceğini ve öfkeli anlarında bile ona sevgiyle yaklaşacağını bilir. Böylece, kendisini güvende hisseder ve artık anne-babasını sınama girişimlerine son verir. Oyun ve öğrenme çabalarını aksatmadan sürdürür.

OLUMSUZ KONTROL

Bedensel ceza ve tehdit gibi olumsuz kontrol yöntemleri, çocuğun davranışını o an için değiştirebilir. Kimi ebeveyn, bu tür yöntemleri, işlerinin yoğunluğu nedeniyle çocuklarına zaman ayıramadığında kullanır. Ancak aynı yöntem ikinci kez uygulandığında genellikle işe yaramaz. Uzun süre anababalarından baskıcı ve saldırgan bir yaklaşım gören çocuklar da, yetişkin olduklarında saldırgan davranma eğiliminde olacaklardır.

Ne kadar kötü hareket ettiklerini sık sık duyan çocuklar, çok geçmeden öyle olduklarına inanmaya başlayacaklar ve kendilerine yüklenen rolü benimseyeceklerdir.

Doğumundan itibaren çocuğuna anlayışlı ve sevecen yaklaşan anne-babanın çocuğunun, yaramaz olma olasılığı daha azdır. Çünkü ***yaramazlık, çocuğun, ihtiyaçlarının karşılanmasını sağlayacak başka bir yol bilmediği için başvurduğu yöntemdir.***

Negatif kontrol yoluyla baskı altında tutulan çocuk, başarısızlıktan çok korkan çocuktur. Bu durum, çocuğun atılımlarını engeller.

KONTROLSÜZLÜK

İlgisiz ve kontrolsüz anne-baba tutumu, olumsuz kontrolden de kötüdür.

Uygun kontrolün sağlanamaması karşısında çocuk, neyin kabul edilebilir, neyin kabul edilemez davranış olduğunu bilmek ister. Bunu, kararlı ve sevecen ebeveyn rehberliği olmadan öğrenemez. Kontrol edilmeyen veya aynı hareketinden dolayı bir gün ağır sözle, bir başka gün ise tebessümle karşılaşan çocuğun sorunları, bu istikrarsız ortamda iç çatışma şeklinde ortaya çıkar. Bu da gelişimi olumsuz etkiler.

OLUMLU KONTROLÜN GERİSİNDE, EBEVEYNİN OLUMLU DAVRANIŞLARI YATAR

Çocuklar gördüklerini taklit eder. Yaşamlarında önemli yeri olan yetişkinler, çocuğun olumsuz bir davranışı karşısında saldırganlık tepkisinde bulunuyorsa, çocukların da bu örneği izleyerek benzer davranışı gösterme eğilimleri olur. Bununla beraber, eğer anne-baba, aynı durumda kendini denetleyen ve çocuğa karşı saygı duyan bir davranış sergilerse, çocuk da böylelikle hem saygının değerini ve hem de çatışmayı yapıcı bir şekilde çözebilmeyi öğrenir. Bunun yanı sıra çocuk, birbirini seven insanların farklı görüşlere sahip olsalar da, birbirlerine saygılı ve düşünceli davranabildiklerini görür.

Ebeveyniyle olumlu ilişkiler, çocuğun sağlıklı bir benlik değerine kavuşmasını ve davranışlarının denetiminde başarılı olmasını sağlar. Çocuğun ana-babasıyla olan ilişkilerinin niteliği, onun gelişimi açısından büyük bir önem taşır.

? *Çocuğa vurmanın kötü bir şey olduğunu düşünüyor musunuz?*

Dayağın, eğitsel hiçbir yararı olmayan, çok yanlış bir yöntem olduğu kanısındayım. Dayak yiyen çocuk, şiddet yoluyla cezalandırmanın doğru bir yaklaşım olduğuna inanır. Bu olumsuz şekillenme, onun aynı davranışı başka çocuklara ve kardeşlerine sergileme olasılığını artırır. Çünkü saldırgan disiplin yöntemi uygulayan ebeveyn, çocuğuna saldırgan bir şekilde davranmayı öğretir. Dayak yiyen çocuk, güçlü olmak için daha az güçlü olanlara, amaçlarına ulaşmak için diğer bireylere vurabileceğini öğrenir (İşmen, 1999). Çocuk bunu yaparken, kendisinde başkalarını dövme yetkisi varmış gibi davranır ve bunun için öncelikle kendinden küçük çocukları seçer.

Araştırmalara göre vurma, utandırma şeklindeki cezalar, istenmeyen davranışların, yaramazlıkların artmasına, buna karşılık benlik değerinin azalmasına, ahlaki yargıların zayıflamasına sebep olur. Yine araştırmalar, bu çocukların öfkeli, depresif ve saldırgan olma eğilimlerinin daha fazla olduğunu ortaya koymuştur.

İnsanoğlu, doğası gereği korktuğu ve öfkelendiği zaman kırıklık yaşar ve buna bağlı olarak saldırgan davranış ortaya koyar. Bu nedenle çocuklar da, dayak yediklerinde, bedensel cezaya karşı duydukları öfke ve kırıklık nedeniyle saldırgan davranmak isterler. Daha da önemlisi, yukarıda söz edildiği gibi, çocuklar gördüklerini aynen taklit ederek saldırgan davranışlar sergiler.

Ayrıca dayak yoluyla cezalandırma, çocuğa bir daha hata yaptığında yakalanmaması gerektiği dışında bir şey öğretmez. Bu tür cezalandırma, caydırıcı olmanın aksine çocuğa, yaptığı hatanın karşılığını ödediği hissini verir. Oysa çocukların, öğrenmek için dayağa değil, açıklamaya ihtiyacı vardır. Önemli bir başka tehlike de, çocuğunu döven ebeveynin kontrolünü kaybederek çocuğa bir zarar verebileceği riskidir. Çünkü öfkeli insan, ne kadar sert davrandığının farkına varamaz.

Bütün bunların dışında şiddet, bir döngüdür. Çocukluğunda şiddete maruz kalan birey, ana-baba olduğunda kendi çocuklarına da şiddet uygulama eğilimindedir. Şayet birey, çocukluğunda bir yandan şiddet mağduru olup, bir yandan da ana-babanın birbirine uyguladığı şiddete tanık olmuşsa, kendisinin de şiddet uygulayıcısı olma riski ikiye katlanmaktadır.

Kısaca dayak, özeleştiri ve özdenetimi gerçekleştirme fırsatını çocuktan alır. Ona, şiddetin uygulanabilir bir yöntem olduğunu düşündürür.

? *Ana-baba, nadiren istenmeyen bir yaklaşım içine girmiş ve uygun olmayan bir ceza yöntemini uygulamışsa, bu da çocuğu olumsuz etkiler mi?*

Eğer çocuk temelde mutlu bir evde yaşıyorsa ve insanların birbirlerine ve kendisine karşı sevgi dolu olduğunu biliyorsa; bir kavga, 'adil olmayan bir ceza' veya bir öfke nöbeti, onun güvenliğine karşı bir tehdit oluşturmayacak ve ona sevilmediğini düşündürmeyecektir. Ebeveynin olumlu yaklaşımları, olumsuzları dengeleyecektir.

Uzun süre sevildiğini hisseden çocuk, ebeveyninin kusurlarıyla başaçıkmayı ve yavaş yavaş kendini kontrol etmeyi öğrenecektir.

Diğer yanda, temelde mutsuz bir aile ortamında yaşayan ve böylece sevgi ve güvenlik duygularından yoksun olduğuna inanan çocuk, kendisine verilen her cezayı, sevilmediğinin bir kanıtı olarak algılayabilir.

Yaramazlık

Çocuklar, ihtiyaçlarının karşılanmasını sağlayacak başka bir yol bilmedikleri için yaramazlık yapar.

ÇOCUKLAR NİÇİN YARAMAZLIK YAPAR?

Çocuklar, sıkıldıkları için yaramazlık yapar, size sorun yaratırlar. Bunu gidermek için yaramazlık yapan çocuklara, onların daha fazla uyaranla karşılaşmalarını sağlayacak zenginleştirilmiş bir ortam hazırlayın; arkadaşlarını eve çağırmak, oyun bahçesinde bir oyun grubuna katılmalarını sağlamak, düş gücüne dayalı oyunlar için bir işe yaramayan kırpıntı eşyalarla dolu büyük bir kutu bulundurmak gibi.

Çocuklar, istenmedikleri düşüncesiyle yaramazlık yapar, söz dinlemezlik ederler. Tüm dikkatinizi vererek ve fiziksel temas kurarak çocuklarınıza ayıracağınız etkili bir zaman dilimi, onların istenmediklerini düşünmelerini engeller.

Çocuklar, fark edilmek için yaramazlık yapar, istenmeyen davranışlar sergiler. Doğru olanı yaptıklarında, uygun hareket ettiklerinde gösterilen bir miktar ilgi ve dikkat, çocukların fark edildiklerini hissetmelerine yeter.

Çocuklar ihtiyaçlarının karşılanmasını sağlayacak başka bir yol bilmedikleri için de yaramazlık yapar.

ANA-BABALAR YARAMAZLIĞA NASIL TEPKİ VERİR?

Yaramazlık karşısında ana-babalar, üç ana biçimde tepki verir:

a. Saldırgan

b. Pasif

c. Yetkili ve güvenilir (isteklerini, görüşlerini güvenle dile getiren, düzen sağlayıcı denetimini kabul ettiren).

Saldırgan Ebeveyn

Hemen hemen her an çocuklarına kızgındır. Öfkesi ise çoğunlukla çocuğun davranışının bir sonucu değildir. Saldırgan bir ana-baba, belki de mutsuz evliliklerine veya ters giden işlerine kızgındır. Yaşadıkları bu gerginlikten çocuklarını ezerek, aşağılayarak kurtulmak istemektedir.

Bazı çocuklar ana-babalarının bu saldırgan tutumu karşısında yürüttükleri mantıkla bunu onların sevgilerini gösterme biçimi olarak algılar ve, "En azından bana bağırıp çağıracak kadar ilgi duyuyorlar ve çok yüksek sesle bağırdıklarına göre beni çok seviyor olmalılar!" diye düşünür. Çocuk da bağırarak karşılık verebilir ve sonunda ebeveyn ile çocuğun kavga ederek ilişki kurdukları bir durum ortaya çıkar. Bazı çocuklar ise ana-babalarının küçük düşürücü, ezici yaklaşımlarının gerçekten de kasıtlı olduğunu düşünerek duygusal bir rahatsızlık duyar ve kendi içine döner.

Saldırgan ebeveyn, davranışlarından dolayı çocuğu susturur, aşağılar, ona sürekli bağırır, kızarak onu döver. Bu yaklaşım çocukta, "kendine güvensizlik", "çekingenlik" ve "düşük benlik saygısı"na sebep olabilir.

İşmen (1993) yaptığı bir araştırmada, aşağılama, reddetme, korkutma gibi davranışlara maruz kalıp "duygusal istismar" yaşayan çocukların, ergenlik çağında "kendilerini kabul etme" seviyelerinde düşme olduğunu tespit etmiştir.

Ayrıca yapılan diğer bazı araştırmalar, şiddet uygulayan ana-babaların ürkek, özgüveni yetersiz olan ve duygusal olgunluktan yoksun kişiler olduklarını ortaya koymuştur.

Pasif Ebeveyn

Çocuğun egemen olduğu, ebeveynin pasif olduğu bu tür ortamlarda, çocuk her istediğini kabul ettirir. Oyuncak âdeta sevgi simgesi olarak çocuğa yağdırılır. ***Ancak çocuğun benmerkezciliğinin körüklendiği bu tür ailelerde, çocuğun duygusal doyumsuzluk yaşadığı ve sosyalleşmesinde gecikmeler görüldüğü dikkati çeker.***

Çağdaş pedagoji, ana-babalara çocuklarını tanımalarını, onlara önem ve değer vermelerini önermekte, "Ana-Baba Okulları" uygulamalarıyla da bu bilgilerin hayata geçirilmesi sağlanmaktadır. Günümüzde birçok aydın anne ve babanın, çocuk sahibi olmadan önce kitaplarımızı okuyarak bilgi edinme çabasında olduğunu gözlemlemekteyim. Ancak bazı aileler çocuğun üzerine aşırı derecede düşmekte ve çocuk, evi yöneten kişi olmaktadır. Buna örnek olarak, sırf 4,5 yaşındaki çocuğu istedi diye, cipinin direksiyonunu ona teslim eden babayı verebiliriz. Böyle bir ortamda, aile içindeki sağlıklı denge bozulmaktadır. Yukarıda da vurgulandığı gibi çocuk, "Dur" ve "Hayır" sözcüklerinin ne anlama geldiğini öğrenebilmeli, sınırlarını ve duracağı yeri bilebilmelidir. Buna bağlı olarak da her şeyi elde edemeyeceğini anlamalıdır.

Yetkili ve Güvenilir Ebeveyn

İsteklerini ve görüşlerini güvenle dile getiren, düzen sağlayıcı denetimini kabul ettiren ebeveyn, çocuğun kendisini güvende hissetmesini sağlar. Bu ana-babalar, tutumları açısından açık ve anlaşılırdırlar.

Ne yönde davranacakları önceden tahmin edilebilir; iç dünyalarında özgüvenli, gerginlikten uzak ve rahattırlar. Bu tür ebeveynin çocukları, anne veya babanın sözünün geçtiğini öğrenirler, ama aynı zamanda, aşağılanmayacaklarını veya küçük düşürülmeyeceklerini de bilirler. Baumrind'e göre, "Yetkili ana-babalık, kendi başına hareket etmek ve birlikte olmak arasında bir denge oluşturur." (Kâğıtçıbaşı, 2000).

Yetkili ve güvenilir ebeveynin çocukları; kararlarda, karşılıklı sorumluluk ve katılımın temel alındığını bilerek büyürler. Bu çocuklardan bilinçsiz bir itaat beklemektense, onlara mantıklı açıklamalarda bulunmak tercih edilir. Kendilerinden beklenenlerin sebepleri açıklandığında, çocukların bunları yapma eğilimleri artar.

? *Çocuğun ısrarlı kural tanımazlığı karşısında çaresiz kalan ana-babaya ne önerirsiniz?*

Çocuğun ısrarlı kural tanımazlığı karşısında, istek ve görüşlerinizi dile getirebilmek için;

- Öncelikle kendi düşüncelerinizde/içinizde bir açıklığa kavuşun.
- Onunla iyi bir iletişim kurmaya çalışın.
- Söylediklerinizde açık ve anlaşılır olun. Sözünüz dinlenmez, istediğiniz yapılmazsa, isteklerinizi ve beklentilerinizi tekrarlayın.
- Çok ateşlenip birden öfkeye kapılmayın; dayanın, yılmayın ve boyun eğmeyin.
  Bu, işin püf noktasıdır. Çocuğunuz pes etmediğinizi, hedefinizden ödün vermediğinizi, şaşmadığınızı görünce, isteklerinizi kendiliğinden kabul edecektir.

En büyük yanlış, öfkeyle cezalandırmaktır. Kontrolü yitirme tehlikeli olabilir ve şiddet, çocukta ciddi bir hasara yol açabilir. Ayrıca, çocuğa, bir dahaki sefere yakalanmaması gerektiğini öğretmesi dışında bir şey kazandırmaz. Üstelik çocuk kendine uygulanan yöntemleri, başkalarına uygulamak için hak elde ettiğine inanır. Belki anne-babasını dövemeyecek, ancak onların yerine küçük kardeşini seçecektir. Adler'in (1922) belirttiği gibi, inatçılığın önlenmesi, özellikle döverek önlenmesi girişimi, daima huzursuz bir çocuk ortaya çıkarır.

Kısaca, kural tanımayan çocuk karşısında, istek ve beklentilerinizi tekrarlayın. Ancak söyledikleriniz açık ve anlaşılır olsun. Sizin ısrarlı tutumunuz karşısında çocuk, kendiliğinden istekleri kabul edecektir.

Çocuk ile Ebeveyn Arasındaki İşbirliği Nasıl Oluşturulur?

Ana-baba tutarlı olduğu takdirde, çocuğuyla işbirliği içine girme fırsatı bulabilir ve ona nasıl davranması gerektiğini en iyi şekilde öğretebilir.

Çocuk ile ebeveyn arasındaki işbirliğinin oluşturulabilmesi için, "çevrenin yapılandırılması" ile "tutarlılık" kavramları özel bir önem taşır.

Aile ve çocuk ilişkilerinde, çevrenin yapılandırılması gerekir. Örneğin; yemek öncesi tatlıyı çocuğun görme alanının dışında tutmakla, yemekten önce tatlı istemesini engellemiş, böylelikle çevreyi beklenen davranışa uygun bir şekilde yapılandırmış olursunuz.

Ebeveyn, önceden tahmin edilebilir, mantıklı bir şekilde davranmalı yani tutarlı olmalıdır. Böylelikle çocuk, ne tür geribildirimlerle karşılaşabileceğini önceden kestirebilir.

İşbirliğini öğrenmek çocuk için kolay değildir. Bu konuda çocuğun hedefleri şunlardır:

- Davranışının sonuçlarını öğrenmek,
- Dürtülerine dayalı eylemlerini kontrol edebilmek,
- İşbirliğinin yararlarını öğrenmek.

Ebeveynin hedefleri ise şunlardır:

- Çocuğun yaşına ve yeteneğine uygun olarak oluşturulacak seçenek ve geribildirimleri öğrenmesini sağlamak,
- Sınır koyma konusunda tutarlı olmak,
- Çocuğun önceden kestirebileceği istikrarlı geribildirimler verebilmek.

İşbirliğinin öğretilmesi süreci beş aşamada oluşabilir:

ÇOCUĞU HAZIRLAMA

Çocuğa, faaliyetini değiştirmesi için bir süre tanınması halinde, onun işbirliğine daha yatkın olduğu görülür. Çocuğun mevcut eylemi sürerken yeni bir eyleme başlayabilmesi için, beş dakika önceden haber vermek uygun bir yaklaşımdır.

Örnek: "Üç kere daha atladıktan sonra denize girmiyorsun!", "El yıkamak ve yemeğe oturmak için son beş dakika." Söylenen yapılmamışsa, yavaş bir tonda, "Şimdi ben ne söyledim?", "Benim tam ne söylediğimi tekrarlayabilir misin?"; yapılmışsa, "Tamam, beni çok iyi dinlediğinden emin oldum,", "Beni dinlediğin zaman mutlu oluyorum,", "Dikkatle dinlediğin için teşekkürler," denebilir.

CESARETLENDİRME VE ÇEVRESEL YAPILANMAYI OLUŞTURMA

Çevresel yapılanma şu şekilde oluşturulabilir:

- Sınırlı seçenekler sunarak,
- Küçük sorumluluklar vererek,
- Yapılması istenenle ilgili olarak olumlu uyarılarda bulunarak,
- "Lütfen" ve "teşekkür ederim" sözcüklerini kullanarak,
- Empati, mizah, övgü ve ödülle.

Çevreyi yapılandırmada, küçük görevler vermek ve sınırlı seçenekler sunmakla çocuğun işbirliğini artırmak kolaylaşır. "Yemek yedikten sonra temizliğini de yap," yerine, "Lütfen tabaklarını bulaşık makinesine koy," denebilir. Bu, olumlu uyarıdır.

Çocuğa olabildiğince, neleri yapmaması gerektiği değil, neleri yapması gerektiği anlatılmalıdır. Oysa çoğu ebeveyn, "Koşma,", "Onu öyle yapma," şeklinde olumsuz uyarılarda bulunur.

Lütfen ve teşekkür ederim: Ana-baba, çocuklarından bir şey isterken, "lütfen" ve "teşekkür ederim" sözcükleriyle iyi bir model oluştururlar. Buradaki "lütfen" sözcüğü, benim söylediklerime kulak ver, anlamına gelir. Ayrıca çocuğun saygılı bir biçimde nasıl istekte bulunabileceğini öğrenmesine yardımcı olur. "Lütfen oyuncaklarını mutfağın dışına taşı," isteği gerçekleşmemişse, "Ben sana oyuncaklarını mutfaktan kaldırmanı söyledim, şimdi onları alman lazım," denilebilir. Eğer çocuk işbirliğine girmekte nazlanıyor ve şikâyet ediyorsa, "Teşekkür ederim," diye-

Olumsuz Uyarı	Olumlu Uyarı
Koşmayı bırak!	*İster hızlı ister normal şekilde yürü.*
Kabalaşma!	*Görgü kurallarını hatırla.*
Kişnemeyi kes!	*Her zamanki sesinle konuş.*
Sus!	*Konuşmamı bitirinceye kadar lütfen bekle.*

rek işbirliğini derhal pekiştirin. Küçük bir direnmenin ardından ebeveynin isteği yerine gelir. "Yapmak istememene rağmen bana yardımcı olduğun için teşekkür ederim," ya da, "Oyuncaklarını odana götürdüğün için teşekkür ederim," "Sana söylediğim bir şeyi yaptığın için çok memnunum," diyerek olumlu davranışlarını pekiştirmesini sağlayın.

Empati: "Oyun oynamaya devam etmek istediğini biliyorum. Ben de keyif aldığın sırada seni bölmek istemezdim."

Mizah: "Şimdi şakacıktan sen kuş ol. Yemeğe uçuyormuş gibi yap."

Övgü: "Çok iyi bir yardımcısın,", "Sen gerçekten ne yapılması gerektiğini biliyorsun."

Ödül: "Banyonu yapıp, dişlerini ben uyarmadan fırçalarsan, yatarken bir hikâye daha okuyacağız."

EBEVEYNİN KENDİ KONTROLÜNÜ SÜRDÜRMESİ

Çocuğun karşı koyuşunun öfkeye sebep olması halinde kendinizi kontrol edin.

Ebeveyn, gerekirse kendini daha güçlü hissedebilmek için kendine ara verebilmelidir. Bu ara verme, aynı zamanda çocuğa, bir tahrik karşısında öfkenin nasıl kontrol edilebileceğini gösterme fırsatı da verecektir. "Giderek sinirleniyorum. Bu nedenle bir dakika ara verelim, sonra devam ederiz," diyebilmelidir. Birkaç dakika sonra, "Tamam, şimdi daha sakinim," diyerek çocuğun yanına gelebilir.

UYARMA

"Söyleneni yapmazsan, sonuç bu olur," şeklinde uyarmak yararlı olur. "Odanı toplamaya başlamazsan, bazı haklarını geri almak zorunda kalacağım. Örneğin, bir oyuncağını ortadan kaldıracağım," "Eğer kendini kontrol etmemeyi sürdürürsen, kısa bir süre, odana 'ara verme'ye gitmen gerekecek.

SINIR KOYMA

Yukarıda sözü edilen uyarılara rağmen, istenmeyen davranışın devamı halinde, ebeveyn 'sınır koyma' yöntemini uygulamalıdır: "Ben sana kendini kontrol edemediğin takdirde 'ara vermek' için odana gitmen gerekeceğini söylemiştim. Kontrolünü sağlayamadığına göre, kendini kontrol edinceye kadar şimdi odana git."

Özetlenecek olursa; kendini kontrol, doğuştan gelen değil, sonradan öğrenilerek kazanılan bir beceridir. Öğretme, cezalandırmadan daha etkilidir. Çocuklar, kendilerine sunulan seçenek ve geribildirimler açık ve anlaşılır olduğu, yaş ve yeteneklerine uygun olduğu takdirde en iyi şekilde öğrenirler. Ebeveyn tutarlı olduğu takdirde, çocuğuyla işbirliği içine girme fırsatı bulabilir ve ona nasıl davranması gerektiğini en iyi şekilde öğretebilir.

? ***Çocuklar neyin yapılması, neyin yapılmaması gerektiğini hangi yaşlarda anlar?***

Henüz anaokulu çağına gelmemiş bir çocuk, sadece sözcüklerle ifade edilen emirleri almaya hazır değildir. Bunun için mümkün olduğunca, ona söylediklerimizi hareketlerle belirtmeli, gerekirse resimlerle göstermeliyiz. "İçeri girerken kapıyı çarpma," yerine, "Biz kapıyı yavaşça kapatırız," demek ve kapıyı yavaşça kapatma hareketini, onun elini kapı tokmağının üzerine koymak suretiyle birlikte yapmak en doğru olanıdır.

Çocuktan, yapması ve yapmaması gerekenleri hatırlamasını, 5 yaşından önce beklememelisiniz. Bellek yeterince olgunlaşınca, birkaç tekrardan sonra, hatırlama çok daha kolaylaşır. Küçük bir çocuktan, bir yetişkin kadar uzun süreli dikkat beklenmemelidir. Yapılması gereken en önemli şey, bir faaliyete dikkatini yoğunlaştıran çocuğu, dikkatini oradan başka bir yere verinceye kadar engellememek, dikkatini yarıda kesmemektir.

6-7 yaşlarına kadar genellikle iyiyi, kötüyü, doğruyu, yanlışı, yasak olanı olmayanı ayırt etmiş olsa bile henüz kendi içinde bir yargılama, yasaklama sistemi yani süper-ego tam olarak gelişmemiştir. Bu nedenle aile içindeki disiplinde ebeveynin tutumu özel bir önem taşır.

Anne ve Baba Olarak Kendinize Zaman Ayırın

Ancak kendinize özen gösterdiğinizde, doyumlu ve dolayısıyla doyurucu anne-baba olabilirsiniz.

Ebeveyn olarak üç temel sorumluluğunuz bulunmaktadır. Bunlar, önem sırasına göre şu şekilde sıralanabilir:

- Kendinize bakmak, özen göstermek,
- Eşinizle birlikteliğinize özen göstermek,
- Çocuklarınızın bakımını üstlenmek, onlarla ilgilenmek.

Kendinizi iyi hissettiğinizde, birlikte olmaktan hoşlandığınız kişiler arasında, sağlıklı ve dinlenmiş olduğunuzda, çocuklarınıza bir şeyler verebilir ve bundan zevk duyarsınız.

Çocukları için aşırı fedakârlık gösteren ebeveyn, "Saçımı sizler için süpürge ettim," ya da, "Yaşamımızın en güzel yıllarını sizin için feda ettik," diyerek bunun faturasını yine onlara çıkartabilir. Oysa bilmeniz gereken en önemli nokta, ebeveyn olmanın kendi isteğinizle gerçekleştiğidir. Evlilikte, ebeveynliğe hazır olduktan sonra çocuk sahibi olmak bu nedenle özel bir önem taşır. Burada yeri gelmişken, "Hiçbir çocuk dünyaya gelmek üzere ana-babasına dilekçeyle başvuruda bulunmaz. Anne ve baba, çocuklarını planlayarak ve isteyerek dünyaya getirir," diyen hocam Prof. Dr. Refia Şemin'i rahmetle anıyorum.

Mademki ebeveyn olmak sizin kendi arzunuzla gerçekleşmiştir, o zaman kendinize, birlikteliğinize ve çocuklarınıza göstereceğiniz özenin bir bütün ve birbirinden ayrılmaz olduğunu unutmayın. Birlikteliğinize karşılıklı özen göstermeniz, size eşinizin gözünde yalnızca çocuklara bakmakla veya ailenin geçimini sağlamakla yükümlü biri olmadığınızı, aynı zamanda değer verilen bir yetişkin olduğunuzu anımsatır.

Çocuklarınıza bakmak ise yukarıdakilerin doğal bir sonucu olarak gelişir: Ana ya da baba olmayı kendi isteğinizle seçtiğinizi düşünüyorsanız, kendinize özen gösteriyorsanız, eşiniz sizi destekliyor ve size değer verdiğini gösteriyorsa, çocuklara karşı verici olmak kendiliğinden gelişecek, size kolay gelecektir.

Yapılan araştırmalar, "sıcak anne-çocuk ilişkisinin" gerisinde, destekleyen ve sorumluluğu paylaşan babaların varlığını ortaya koymaktadır. Anne mutlu, doyumlu ve huzurlu olduğu takdirde çocuklarına karşı olumlu tepkiler geliştirecektir.

Sağlıklı ve doyumlu çocuklar yetiştirebilmenin yolu eşinizi mutlu etmekten geçer. Bu amaçla;

- İşten eve geldiğinizde 10 dakika eşinizle birlikte zaman geçirin. Eğer ikiniz de çalışıyorsanız, evde birbirinize zaman ayırın.
- Sürekli çocuklara göre pişen yemekler yemek yerine, kendi damak zevkinize uyan yemekler de pişirin.
- Sizin zevkinizi yansıtan müziği çalın.
- Eşinizle birlikte, ortak zevk aldığınız etkinliklere katılın.

ÇOCUKLARINIZ İÇİN YAPACAĞINIZ EN İYİ ŞEY, BİRBİRİNİZİ SEVMEKTİR

Çocuğunuzun mutluluğu, öncelikle eşinizin, ailenizin mutluluğuna bağlıdır. Ana-babaların birbirlerine duydukları sevgi ve çocuklarına gösterdikleri yakınlık, çocuktaki güven ve huzurun temelini oluşturur.

Bu cümlelere dikkat etmek ve önem vermek gerekir. Çocuk ve gençler için "aile içerisindeki barış ortamı", yaşama, düşünme, gelişme ve mutlu olmanın önkoşuludur. Tersine, bu ortam, "çatışma"yla dolu olduğunda, çocuğun zihinsel, psiko-sosyal dünyası ile benlik değeri yara alır. Dış dünyayla, arkadaş çevresiyle etkili bir beraberlik yaşayamaz olur. Bu da onu, "doyumsuzluğa", "mutsuzluğa", "yalnızlığa" itebilir.

Dengeli ve güçlü bir beraberlik üzerine kurulu olan, karşılıklı sevgi ve saygının egemen olduğu dingin bir aile ortamında, ufak tefek olumsuz rüzgârlar çocuğu etkilemez. Sözgelimi, "destekleyici ve demokratik" bir aile ortamında sevgiyle büyümekte olan bir çocuğun izlediği "şiddet içerikli" bir film onu çok fazla etkilemez. Ama şiddetin aile içerisinde uygulanmasına tanık olan, şiddetin pekiştirildiği bir ortamda büyüyen çocuk için aynı filmin izlenmesi onu olumsuz yönde etkiler. Çünkü şiddet eylemlerinin olumsuz sonuçlarına en açık olan çocuklar, dürtü kontrolü az, engelleme eşiği düşük, duygusal ve sosyal yoksunluktan gelen çocuklardır.

Ailelerinde sevgiyle büyütülmekte olan çocuklara kıyasla, bu çocuklar, şiddeti daha kolay benimseyip kabullenmektedirler (Gökler, 1993). Böyle bir ortamda çocuk, şiddeti kendi yaşamına aktarabilir, arkadaş ve kardeşlerine karşı uygulayabilir. Mutsuz bir ailede büyüyen çocuğun geleceğe dönük hedefleri olumsuz etkilenir, onda "gelecek kaygısı" gelişebilir.

"Cinsel eğitim", daha ilk yıllarda aile içinde başlar. Aile sahnesindeki başrol oyuncuları olan ana-babasının birbirlerine olan sevgi ve saygısını hisseden çocukta, cinsel kimlik gelişimi de sağlıklı olur. Seçtiği özdeşim modeli olan ebeveyni, onun yaşamını olumlu etkiler. Tersine, çatışmalı bir ailede büyümekte olan çocukta, bu olumsuz ortam, onun gelecekteki cinsel yaşamını bile olumsuz etkileyebilir.

ANA-BABAYA ÖNERİLER

- Ebeveyn-çocuk ilişkilerinin kalitesini, ebeveyn tutumları oluşturur ve şekillendirir.
- Eğer ebeveyn, çocuk gelişimi hakkında temel bir bilgiye ve davranışın nasıl değiştiği ve şekillendiği hakkında bir anlayışa sahip olursa, ebeveynlik görevini kolaylaştırmış olur.
- Ana-baba olma, basit olmaktan son derece uzak olan bir dizi beceriyi gerektirir. Bunlar sağduyu, sezgi ve empatidir.
- Empati, olayları başka birinin gördüğü açıdan görebilme yeteneğidir. Empatik ve anlayışlı olma, çocuğun sakinleşmesine ve o şekilde davranmasına yardım eder. Çocuklar anlaşıldıklarını hissederlerse daha olumlu davranırlar. Bu nedenle, gerginliğinizi kontrol ederek, çocuğunuza karşı anlayışlı olmaya özen gösterin.
- Empatik ve problem çözücü yaklaşımlar, uzun vadede en yararlı olan yaklaşımlardır. Çünkü böylesi yaklaşımlar, çocuklara ne yapmaları gerektiğini öğretmeyi hedefler.
- Aşırı hoşgörülü ebeveyn tutumu, çocuk için aşırı baskıcı tutum kadar zararlıdır.
- Küçük çocukları, başarı motive eder. Bu nedenle olumlu pekiştirme ve destekleyici yaklaşım, çocuğun olumlu davranışı hoşlanarak öğrenmesini sağlar.
- Siz gerginliğinizi kontrol ederek anlayışlı bir yaklaşım içinde olursanız, çocuğunuzun da sizi daha iyi dinlediğini ve sakinleştiğini görürsünüz. Çünkü çocuklar, ana-babalarının kendi duygularını anladıklarını kabul ettikleri takdirde, sınırlama ve kısıtlamalara karşı daha olumlu davranırlar.
- Çocuğun bir hedefe ulaşması ödüllendirildiği gibi, hedefe ulaşma çabası da ödüllendirilmelidir. Çünkü önemli olan performans değil çabadır. Kuşkusuz bu çaba doğru yöne yönelmiş anlamlı bir çaba olmalıdır. Ödüllerin içinde sır paylaşımı, övgü, iyi dilekler gibi birçok sosyal pekiştireç yer almalıdır. Olumlu pekiştireçler, değişmesi için çocuğu motive eder. Çocuklar, istedikleri yemeği ve/veya giysiyi seçebilme, bir gece TV'yi geç vakte kadar seyredebilme veya uyku zamanı kendilerine fazladan bir hikâye okunmasını bekleme gibi kendilerine tanınan seçim hakkı ve imtiyazlar yoluyla da motive olurlar.
- Çocuğu sevmenin yolu; onunla bütünleşmek, bazı etkinliklerde beraber olmak ve bir birey olarak onun gerçeklerini anlamaya çalışmaktan geçer.
- Ana-baba, çocuğun sahip olduğu yetenekleri tanıyarak, fark ederek, onu desteklemeli, cesaretlendirmelidir. Anne ve babası tarafından desteklendiğini gören çocuk, kendi yeteneklerinden haberdar olur ve buna bağlı olarak kendine güveni gelişir.

Ana-Baba Öfkesini Kontrol Edemezse Çocuk Neler Hisseder?

Ana-baba öfkesini kontrol edemezse, çocuk kendini yalnız hisseder ve kötü olduğunu düşünür. Onlara karşı öfke duygusu yaşar.

Kışkırtıcı düşünceleriniz ve öfkeniz, çocuğun davranış probleminin altındaki gerçek nedeni görebilmenizi ve ona göre davranabilmenizi engelleyeceğinden, çocuğunuzda üç olumsuzluğun yaşanmasına yol açar:

1. Öncelikle çocuğunuz, kendisinin kötü olduğunu düşünür. Onu suçlarken sesiniz yükseldiğinde, çocuğunuz bunu kendi değerini yansıtan olumsuz bir yargı şeklinde algılar. Sık sık yaşanan öfke, çocukta "ben kötüyüm" inancının yerleşmesine neden olur.

2. Çocuğunuz işbirliğine daha az yatkın bir birey olur. Çocuklar, ana-babalarının öfkesinden oldukça çekinirler. Böyle bir ortamda işbirliği içinde olma isteği daha yavaş gelişir.

3. Çocuğunuz kendini yalnız hisseder. Size karşı öfke duygusu yaşar. Sizi sürekli öfkeli ve bağırır halde gören çocuk, zaman içinde size karşı kapanmaya başlar. Böyle bir ortam, çocuğun kendini korumak amacıyla, savunmacı öfke duygusu geliştirmesine ya da sizden kaçmak üzere bir strateji geliştirmesine neden olabilir.

ANA-BABA, KENDİ ÖFKESİYLE NASIL BAŞAÇIKABİLİR?

Genellikle ana-babalar çocuğun olumsuz davranışlarını farklı yorumlayarak tepki verirler:

1. Bu sadece bir evre. Tüm çocuklar bu evreyi yaşar.
2. Onun yaşına göre bu davranışı doğal.
3. Bunu ciddiye almamak gerek.
4. Bu doğal bir dürtüsellik.
5. O, gerçekte, beni kızdırmak için bu hareketi yapmıyor.
6. O, ağlamasını veya kızgınlığını engelleyemiyor.
7. Olayları kendi haline bırak ve durumu yaşa. Başaçıkabilirsin, sinirlenmemelisin.

Ana-baba olarak kendi öfkenizle başaçıkabilmek için:

1. Önce sizi tetikleyen kışkırtıcı düşüncelerden vazgeçin.
2. Gerildiğinizi fark ettiğiniz anda aklınızdan geçenleri tartın ve kendi kendinize söylediklerinize kulak verin.

Yorumlarınızla çocuğu bir kalıba koyarak etiketliyor musunuz? Yoksa problemi abartıyor musunuz? Kışkırtıcı düşünceyi net olarak belirlediğiniz takdirde, kendi kendinizi nasıl gerdiğinizi görürsünüz. Bunu durdurmanın iki yolu vardır:

Dayak yiyen çocuk, ebeveynine karşı korku, öfke ve kızgınlık duyguları yaşar. Bu duygular, çocuğun günlük yaşamına olduğu gibi, resmine de yansır. Dayak, çocuğa saldırgan olmayı ve sorunlarını şiddet yoluyla çözmeyi öğretir.

Birincisi kışkırtıcı düşüncenin yerine "başaçıkma" düşüncesini koyabilmek. Örneğin; "Sakin olmalıyım. Gerginliğe gerek yok. Bununla başaçıkabilirim," gibi. Gerginliğin başladığını hissettiğiniz an, bu 'başaçıkabilirim' sözcüklerini tekrarlayabilirsiniz. Kışkırtıcı düşünceyi durdurabilmenin diğer bir yolu da onu delillerle çürütmektir. Eğer kışkırtıcı düşünce gerçeği çarpıtıyorsa, en büyük silahınız gerçekle yüz yüze gelmek olmalıdır. Olayı etiketlemeyi, abartmayı ve davranışlara olumsuz niyet atfetmeyi bırakın. Bunun yerine problemi görebilmek için kendinize daha gerçekçi yollar bulun.

Kışkırtıcı Düşünce	**Gerçekçi Yaklaşım**
Varsayılan Niyet	
O hareketi beni kızdırmak için yapıyorsun!	*O gerçekte beni kızdırmaya çalışmıyor. Bu durumla nasıl başaçıkabilir? Onun şu andaki ihtiyacı nedir?*
Bana karşı geliyorsun!	*Bu doğal bir dürtüsellik; kızgınlığıma yenik düşmemeliyim. Acaba burada onun gerçek ihtiyacı ne?*
Beni çıldırtmaya çalışıyorsun!	*Bu son derece doğal. Durumla başaçıkmaya çalışıyor. Davranış bana karşı değil. O, bunu bilerek yapmıyor.*
Beni sınamaya çalışıyorsun!	*Belki beni sınıyor ama ben bununla baş edebilirim. Bu yaşta sınırları zorlamak son derece doğal.*
Abartma	
Buna dayanamayacağım!	*Çocuklar bu evrelerden geçmek zorunda. Bu durumla başaçıkacağım. Bunu yaparken de parlamamaya çalışmalıyım.*
Bu davranış hoş görülebilir türden değil!	*Bu davranışı sevmiyorum ama onunla başaçıkabilirim. Yeterince olgunlaşmadığı için kendini durduramıyor. Oysa ben yetişkinim. Kendimi yönetebilirim.*
Etiketleme	
Sen kontrolün dışına çıktın!	*Bu doğal bir dürtüsellik. Çocuklar zaman zaman haşin olabiliyor, zaman zaman da duygularını yoğun bir şekilde yaşayabiliyor. Etiketlemeyi bırak. Sakin bir şekilde sınır koymaya çalış.*
Bu bir manipülasyon!	*Bunu çok ciddiye alma. O, kendi yolunda gidilmesi gerektiğini anlatmaya çalışıyor. Çocuklar erişkinlerden daha güçsüzdür. Bu nedenle sahip olmak istedikleri her şeyi elde etmeye çalışırlar.*

Sık Karşılaşılan Problemlerde Kullanılabilecek Gerçekçi Yaklaşımlar

Çocukların, oldukları gibi büyümeye ve koşulsuz olarak kabul edilmeye ihtiyacı vardır.

! Çocuğunuzdan bir şeyi yapmasını istediğiniz halde o bunu yapmıyor

Tipik kışkırtıcı düşünceler:

Varsayılan niyet: "Sen bile bile bana karşı geliyorsun."
Abartma: "Bu korkunç bir şey."
Etiketleme: "Sen tam bir yaramazsın."

Alternatif Açıklamalar:

Yapısal Özellik: Çok sayıda etkinlik içinde olan bir çocuk, sadece meşgul olduğu için istediğinizi yapamayabilir. Dikkatinin aşırı dağılmış olması, çocuğun sizin isteğinize yoğunlaşmasını veya onu hatırlamasını zorlaştırabilir. Eğer istediğiniz şey, çocuğun o andaki faaliyetini değiştirmesini gerektiriyorsa, geçişi hemen gerçekleştiremeyebilir. Bu da onun size olan tepkisini etkileyebilir. Bütün bunların dışında, eğer çocuğun istenen davranışı gerçekleştirme yönündeki yetersiz tepkisi sizin otoritenize meydan okumaktan kaynaklanıyorsa, onun ısrarı, bu meydan okumayı sürdürme çabasına bağlı olabilir.

Gelişime Bağlı Olarak Değişen Davranışlar: Ebeveyne direnme, bağımsız bir birey olabilmek için çocuğun ihtiyaç duyduğu normal mücadelenin bir parçasıdır. Bu mücadele, her yaşın özellikle ikinci yarısında daha zorlu bir biçimde kendini hissettirir (2.5, 3.5 yaşlar gibi).

Özellikle bağımsızlık yolundaki çabaları sürekli olarak engellenen çocuklar, bu ihtiyacı çok daha güçlü bir biçimde hissederler. Buna bağlı olarak daha fazla direnç gösterebilirler.

İhtiyaçlar ve Başaçıkma Stratejileri: Ebeveyne direnme, çocuk tarafından tekrarlanan bir davranışsa, çocuğun temel ihtiyaçlarının karşılanmamasına bağlı olabilir.

Çocuk uygun davranışlar gösterdiğinde dikkat çekemiyorsa, zaman içinde önemli bir birey olmadığını düşünmeye başlar. O zaman da, kendini önemli hissedebilmek için, güç kazanma girişiminde bulunması gerektiğini düşünebilir. Bu durum, hangi yaşta olursa olsun, otoriteye karşı koyma tepkisi olarak, normalden daha uzun süre ve şiddetli olarak yaşanabilir.

Pekiştirme: Eğer çocuk geçmişte sizin isteğinize uymadığında, bu davranışı kabul görmüş, pekiştirilmişse, şu anda yaptığı, sadece sizin öğrettiğiniz tepkiyi vermek olmaktadır.

Örneğin, eğer çocuğunuz istediğinizi yapmadığı halde ısrar etmeyip birkaç dakika içinde vazgeçmiş ve o işi siz üstlenmişseniz, çocuğunuzun reddedişini pekiştirmiş olursunuz. Eğer çocuğunuz sizden sürekli bir şeyler istediğinde hep red cevabı alırsa, sizin davranışınızı taklit etmeye başlar. Böylelikle reddetme davranışı doğal bir şekilde pekiştirilmiş olur.

! *Çocuğunuz izin almadan size ait bir eşyayla oynuyor veya haber vermeden sokakta oynuyor*

Tipik kışkırtıcı düşünceler:

Varsayılan niyet: "Bunun yanlış olduğunu bildiğin halde yine de yapmaya devam ediyorsun."
Abartma: "Bunu yaptığın zaman senden nefret ediyorum."
Etiketleme: "Söz dinlemez, itaatsiz bir çocuksun."

Alternatif Açıklamalar:

Yapısal Özellik: Dikkatini yoğunlaştırmada yaşadığı güçlük nedeniyle çocuk, izin alıp almadığını ya da o sıradaki isteğinin ne olduğunu hatırlamakta zorluk çekebilir. Ayrıca o, aşırı hareketliliği nedeniyle yeni ortamlara korkusuzca girme eğilimindedir.

Gelişime Bağlı Olarak Değişen Davranışlar: Çocukta gelişmekte olan otonomi ve bağımsızlık arzusu, otoriteye karşı koymasını ve sınırları zorlamasını gerektirir. Bu nedenle izin almadan yapılan bir şey, gelişim gereği normal bir girişim olarak değerlendirilebilir. Çocuk, 2 yaşından 5 yaşına kadar her şeye dokunmak ister. Yeni objeleri ve yeni mücadeleleri sever. O, elinde olanın kendi mülkiyetinde olduğuna inanır.

İhtiyaçlar ve Başaçıkma Stratejileri: Eğer çocuk, kurduğu ilişkiler ve sahip olduğu yeteneklerle aile içinde önemli bir yeri olduğunu hissedemezse, o zaman bu ihtiyacını karşılamak üzere kendisine başka bir yol arayacaktır. Sözgelimi, güç kullanarak daha fazla önemseneceğine inanabilir. Bu nedenle otoritenize karşı koyma çabasını, sadece bu ihtiyacını karşılamak amacıyla sürdürebilir.

Pekiştirme: Eğer çocuğunuza ait bir eşyanın onun izni olmadan kullanılmasının doğal olduğuna inanırsanız, çocuk da bu davranışınızı taklit ederek size ait bir eşyayla izin almaksızın oynayabilmeyi doğal karşılayabilir. Tesadüfen izinsiz dışarıya çıktığında tepkisiz kaldığınız zaman, bu davranışı kabul ettiğinizi ima etmiş olursunuz. Olumlu davranışlarıyla dikkat çekmeyi başaramamış bir çocuk için, bir şeyi izinsiz yapmak suretiyle dikkat çekebilmek de bir pekiştireçtir.

! *Birisiyle konuşurken çocuğunuz sizin konuşmanızı bölmeye çalışır*

Tipik kışkırtıcı düşünceler:

Varsayılan niyet: "Bunu beni kızdırmak için yapıyorsun."
Abartma: "Bundan nefret ederim."
Etiketleme: "Çok saygısızsın."

Alternatif Açıklamalar:

Yapısal Özellik: Uyum, dikkat dağınıklığı ve ısrar, konuşmayı bölme davranışını etkileyen en önemli üç özelliktir. Kolayca duygusal kırıklığa düşebilen ve stresiyle başaçıkmakta zorlanan duyarlı bir çocuk, dikkatinizi onun üzerinden çekip, başkasıyla konuşmaya başlamanız karşısında benzeri zorlanmayı yaşar. Çocuğun size karşı ısrarcı tepkileri, dikkatinizin bölünmesine sebep olabilir ancak, "Ben konuşurken sessizce oyna," şeklindeki uyarılarınız problemi daha da ağırlaştırabilir.

Gelişime Bağlı Olarak Değişen Davranışlar: Çocuk hangi yaşta olursa olsun, ebeveyninin ilgisine ihtiyaç duyar. Bu ihtiyaç, özellikle ebeveyn ilgisini bir başkasına yönelttiğinde ortaya çıkar. Bunun yanı sıra çocuk keyif aldığı etkinliği geciktirmek yerine, o anda yaşamak ister. Bu da çocuk açısından bakıldığında, ilginizin sürekliliğine bağlıdır.

İhtiyaçlar ve Başaçıkma Stratejileri: Çocuğun bu davranışını açıklayan temel ihtiyaç, ilgi ve sevgi ihtiyacıdır. Zaman içinde bu davranış, çocuğun güç elde etme girişiminden kaynaklanabilir.

Pekiştirme: Arkadaşıyla konuşan çocuğunuzun konuşmasını bölmeye kalktığınızda da, problem davranışa bir örnek oluşturmuş sayılacağınızdan, durumu pekiştirmiş olursunuz.

ÖNERİLEN KAYNAKLAR

Kâğıtçıbaşı, Çiğdem, *Kültürel Psikoloji,* Evrim Yayınevi, İstanbul.
Yavuzer, Haluk, *Çocuk Eğitimi El Kitabı,* Remzi Kitabevi, İstanbul.
Yavuzer, Haluk, *Çocuk Psikolojisi,* Remzi Kitabevi, İstanbul.

Çocuk Yetiştirmede Farklı Ebeveyn Tutumları

Çocukluk yaşamınız boyunca edindiğiniz deneyimler; anne, baba ve çocukların rolleriyle ilgili hafızanızda yer eden kalıntılar, şimdiki tutumlarınıza etki eder.

Çocuğun benlik kavramı, yetişkinlerin ona yönelttikleri tutumların bir yansımasıdır. Bu nedenle, ana-babasından gelen itici tutumlar, çocuğun kendini değersiz bulmasıyla sonuçlanır.

İstenen davranışları gösterdiğinde desteklenmeyen çocuk, onaylanan ve onaylanmayan davranışlarının ayrımını yapmakta zorluk çeker. Sonunda umudunu keserek, ana-babasının onayını sağlama çabalarından vazgeçer.

Buna karşılık, istenen davranışları gösterdiğinde desteklenen çocuk, onaylanan davranışlarının hangileri olduğunu öğrenir. Bu ortam, özgüvenli ve otonom (kendi kendini yöneten) bir çocuk yetiştirmenin ön koşuludur.

Çocuk yetiştirmede karşılaşılan ebeveyn tutumları şu şekilde gruplandırılabilir:

BASKICI-OTORİTER TUTUM

Baskıcı ebeveyn, çocuklarının davranışlarını, hiç esnemeyen, mutlak ölçütlere göre biçimlendirme, denetleme ve yargılama eğilimindedir.

Baskıcı ve itaat odaklı bu tür ebeveyn tutumunda, ana-babanın, kısıtlayıcı ve cezalandırıcı bir yol izlediği, çocuklarını kendi kurallarına uymaları ve saygılı olmaları konusunda uyardıkları görülür. Bu tutum, yetersiz sosyal gelişimin nedenidir. Böyle bir ortamda, tartışmaya yer yoktur. Ana-baba düşüncesini, "Bunu sadece benim söylediğim şekilde yapacaksın, o kadar. Ben anneyim/babayım, sen ise çocuksun," cümlesiyle sınırlar ve isteklerinin yapılması için çocuğu zorlar. Çocuğun istek ve gereksinimlerini dikkate almaz.

Böyle bir ortamda büyüyen çocukların, akranlarına kıyasla sosyal ve iletişim becerileri ile girişimcilik yeteneklerinin zayıf olduğu görülür. Bu tür sağlıksız aile koşullarında çocuk, nasıl düşünüp, davranması gerektiğini belirleyen katı kalıplara sokulur. Ana-baba, her şeyin en iyisini ve en doğrusunu kendilerinin bildiği, çocukların da bunu hiç sorgulamaksızın kabul etmesi gerektiği inancıyla, iletişime gerek duymaz. Baskı uygulanarak istenen davranışı yapmak üzere zorlanan çocukta oluşan korku, ona, doğru davranış kalıbını öğrenmesinde yardımcı olmayacak, sadece geçici olarak davranışını değiştirmesine yol açacaktır.

Aşırı otoriter tutumda ana-baba, disiplin aracı olarak cezayı kullanır ve çocuğa karşı öfkesini kolaylıkla ifade eder. Bu da çocukta, kendine güvensizlik, düşük benlik saygısı ve çekingenliğe sebep olur.

DESTEKLEYİCİ-YETKİLİ VE GÜVENİLİR TUTUM

Bu tür ebeveyn yaklaşımında, ana-baba çocuklarını destekler ama bunun yanında sınırlarını koymayı da ihmal etmez ve onların hareketlerini kontrol eder. Ebeveyn ile çocuk arasında sözel iletişim kanalları açıktır. İstek ve görüşlerini açık ve anlaşılır bir şekilde dile getiren ebeveyn, çocukla sıcak bir iletişim içindedir. Çocuğuyla bire bir ilişki içindeyken ona karşı ilgilidir ve ona aktif dinleme uygular. Böyle bir ana-baba yaklaşımı, çocuğa başarılı bir sosyal gelişim için gerekli olan ortamı hazırlamış olur. Yetkili ana-baba tavrı (Baumrind, 1989), düzen sağlayıcı denetimi ve sevgiyle birlikte özerkliği de içermesiyle, iki tezat yaklaşım olduğu varsayılan denetim ve sevgiyi bir arada barındırmaktadır (Kâğıtçıbaşı, 2000).

Destekleyici tutum, yakınlık ve ilgi göstermek, sözle ve dokunarak sevgi belirtmek, ortak faaliyetlerde bulunmak anlamını taşır. ***Böyle bir sağlıklı aile ortamında, çocuğa, kendi başına karar verme-***

si ve bu kararın sorumluluğunu yüklenmesi öğretilmiştir. Çocuğu olduğu gibi kabul eden, onu destekleyip yüreklendiren aile üyeleri, çocuğun benlik saygısının tohumlarını eker. Çocuğun kendi olarak gelişmesine, kendine özgü anlayış ve görüşlerini ifade etmesine olanak sağlar.

Ana-baba konuya; "Bunu böyle yapmaman gerektiğini biliyordun. Gel şimdi böyle bir sorunla bir daha karşılaştığında, daha iyi nasıl ele alabileceğini birlikte tartışalım," şeklinde yaklaşır. Böyle bir ortamda yetişen çocuk, sosyal gelişim açısından yeterli, özgüvenli ve sorumluluğunun bilincindedir.

GEVŞEK TUTUM

İhmalkâr ve aşırı hoşgörülü olmak üzere iki farklı boyutu içerir:

İhmalkâr Tutum: İhmalkâr ebeveyn, çocuğun yaşamıyla ilgili değildir. Bu ana-babalar için "kendi sosyal yaşamları", çocuklarından daha önemlidir. Böyle bir ortamda, sosyal yönü zayıf, özellikle benlik kontrolü düşük, bağımsızlığı kolayca elde edemeyen çocuklar yetişir. Bu çocuklar, ana-babalarının kendileriyle ilgilenmesine büyük bir gereksinim duyarlar.

İlgisiz ve kayıtsız aile; saldırganlığı körükler, çocuğun, çevresindeki kişi ve eşyaya zarar vermesine sebep olabilir.

Aşırı Hoşgörülü Tutum: Bu yaklaşım içerisinde olanlar, çocuklarının karşısında teslim olan, onların ısrarlı isteklerini yerine getiren, onları şımartan, onlara fazlasıyla özgürlük tanıyan, kolaylıkla boyun eğen, yumuşak başlı ve tutarsız davranan, çok aşırı boyutlarda çocuklarını ihmal eden ve terk edebilen ana-babalardır. Görünürde çocuğuyla çok ilgili olan bu ana-babalar, çocukları üzerinde çok başarısız bir kontrol sergilemekte ve az sayıda talepte bulunmaktadır. Böyle bir ortamda, sosyal gelişim yetersizdir. Benlik kontrolü düşüktür. Aşırı hoşgörülü ana-babalar, çocukları ne isterlerse yapılmasına izin verir. Tabii bunun sonucu olarak, böylesi ailelerin çocukları, hiçbir zaman kendi davranışlarını kontrol etmeyi öğrenemezler. Her zaman kendi yollarının izlenmesini, isteklerinin gerçekleştirilmesini beklerler.

Bu tür çocuk merkezli ailelerde; çocuğun benmerkezciliği körüklenir. Sosyal gelişmesinde gecikmeler görülür. Bir kısım ana-baba, çocuklarını bile bile bu yöntemle yetiştirmeye özen gösterir. Çünkü onlar, böyle bir ortamda yetişen çocuğun özgüvenli ve yaratıcı olacağına inanır. 3 yaşındaki çocuğuyla ilgili olarak, bir anne, içinde yaşadığı durumu şu cümlelerle anlatmaktadır: "Bir çığlık atıyor her dediğini yaptırıyor. Yemek öncesi çikolata istiyor. Kesinlikle vermek zorundayız."

Böyle bir ortamda yetiştirilen çocuk, yetersiz sosyal gelişim sonucu, arkadaşları arasında kabul görmeyen, dışlanan bir birey olur. Nadiren başkalarına saygı duymayı öğrenebilir ve kendi davranışlarını kontrolde zorlanır.

Çocuk, aşırı hoşgörü ve şımartma ortamındaki sınırsız özgürlüğü, kuralların ve sınırlı özgürlüğün olduğu diğer ortamlara, örneğin anaokuluna tercih edebilir. Buna bağlı olarak da okula uyum sağlayamayan, evde de ana-babasını yönetmeye çalışan, doyumsuz, bencil, kendine güveni olmayan, diğer kimselere aşırı bağımlı bir kişi olabilir.

AŞIRI KORUMACI TUTUM

Ana-babanın aşırı koruması, çocuğa gereğinden fazla kontrol ve özen gösterilmesi anlamına gelir. Bebekleştirme, aşırı korumacı yaklaşımın tipik özelliğidir. 8-9 yaşlarına geldiği halde, yemeğini annesinin yedirmesini bekleyen, 11-12 yaşlarında ana-babasıyla aynı yatağı paylaşan, hatta annesi tarafından yıkanan çocuk örneklerimiz vardır. Böyle bir ortamda, annenin çocukla iç içe geçmiş beraberliği, çocukta bir anne bağımlılığının oluşumuna neden olabilir.

Büyümesine izin verilmeyen bu aşırı korumacı ortamda, çocuğun "toplumsal gelişimi" engellenmiş olur. Bu da onun arkadaş ilişkilerini olumsuz etkileyebilir ve arkadaşları tarafından dışlanmasına neden olabilir.

Gözlemlerimiz, "aşırı korumacı anne"nin, evliliğinde bulamadığı doyumu, çocuklarıyla olan ilişkilerinde aramakta olduğunu göstermektedir. Bu gereksiz ve sağlıksız özverinin faturası, ilerideki yıllarda annenin yüksek beklenti içine girmesiyle, yine çocuğa kesilmektedir.

TUTARSIZ VE KARARSIZ TUTUM

Ana-babanın kararsız ve tutarsız tutumu, neyin uygun davranış olduğu konusunda çocuğu ikileme düşürür. Aynı davranışı yüzünden ana-baba tarafından bir keresinde ödüllendirilir, bir diğerinde cezalandırılırsa ya da bir davranış, anne tarafından farklı, baba tarafından farklı değerlendirilirse, çocuk hangi davranışın uygun olduğunu belirleyemez. Bu farklı tutumlar, çocuğun davranışlarına rehberlik edecek dengeli değer ve yargılarının oluşumunu engeller.

Günümüzün aydın ebeveyni, artık ailesinden gördüğü geleneksel çocuk yetiştirme tutumu yerine, "kendi kendini yönetebilen", "atılgan", "kendi başına karar verip, sorumluluğunu üstlenebilen" çocuk ve gençleri yetiştirmek üzere, bir değişim içine girmiş durumdadır. Bu değişim ve dönüşümün ne yönde olması gerektiğini öğretmek amacıyla açılan "Ana-Baba Okulları", "davranışlarını değiştirmek" üzere gelen binlerce ana-babaya ışık tutmakta, yazdığımız kitaplar, "çağdaş ebeveynin" bilmesi gerekenleri onlara aktarmaktadır. Kısaca; bugünün ana-babası, artık dünü devam ettirmek yerine, modern, aydın ve pedagojik doğrular ışığında çocuğunu yetiştirmeyi amaçlayan bir tavır sergilemektedir. Özlenen de budur.

? ***Çocuğa kendi başına karar vermesi ve kararın sorumluluğunu yüklenmesi hangi yaklaşımla öğretilebilir?***

Bu sorunun cevabı; çocuğu önemseyen, ona değer veren, onu anlamaya çalışan, böylelikle de çocuğun kabul edildiğini, sevildiğini düşünmesine ortam hazırlayan ebeveyn yaklaşımında saklıdır.

Başka bir deyişle ebeveyn tepkisi, çocuğun kendine güven duymasına fırsat veren bir yaklaşım olabildiği gibi, aralarında yıkılması güç olan duvarların örülmesine de neden olabilir. Bu duvarların örülmesine sebep olan ebevyen yaklaşımını, 'okuldan eve üzgün gelen' bir çocuğa verilen üç tipik ebeveyn tepkisiyle örneklemeye çalışalım:

Koruma altına alma: "Ooo, zavallı küçüğüm benim. Üzülme, ben her şeyi hallederim."

Söylev çekme: "Böyle bir soruna bulaştığın, bu duruma düştüğün için aptalsın. Şimdi beni iyi dinle..."

İlgi ve dikkatini başka yöne çevirme: "Boşver, takma kafana. Haydi sinemaya gidelim!"

Böyle bir durumda, sizin tarzınız hangisi olurdu? Acele kurtarıcılığı mı tercih edersiniz, söylev mi çekersiniz yoksa konuyu mu değiştirirsiniz?

Bu üç tepki biçimini biraz daha ayrıntılı ele alabiliriz:

Koruma altına alma: — Günün nasıl geçti?

— Berbat!

— Zavallı bir tanem. Gel, anlat bakalım ne oldu.

— Matematik dersine yeni bir öğretmen geldi. Ve ben de dersi izleyemedim.

— Bu gerçekten çok kötü. Ödevde sana yardım etmemi ister misin?

— Eve getirmedim ki.

— Yarın okulu arayabilir ve müdürle görüşebilirim belki.

— Bilmiyorum, doğru olur mu, emin değilim.

— Bence durum daha da kötüleşmeden, sorunların temeline inip bir çözüm bulmaya çalışmak gerek, sen de böyle düşünmüyor musun?

— Bilmem, sanırım öyle.

— Eğitiminin zarar görmesini istemem.

— Hı hıı.

Söylev çekme: — Günün nasıl geçti?

— Berbat!

— Bana sorarsan, sen, sürekli şikâyet edecek bir şeyler bulan birisin. Senin dönemindeyken ben, günümü bilmediğim pek çok şeyi öğrenerek geçirmekten çok mutlu olurdum.

— Aslında, biz sıkıntılı bir gün geçirdik. Şu yeni gelen aptal matematik öğretmeni...

— Bak şimdi, öğretmenin hakkında böyle konuşmamalısın. Biraz daha çok ilgi ve dikkat gösterseydin, her şey kolaylaşırdı, bir sorun yaşamazdın. Her şey, dilediğin anda, önüne hazır konsun istiyorsun, böyle olması gerektiğini düşünüyorsun!

— Hımm.

İlgi ve dikkatini başka yöne çevirme: — Günün nasıl geçti?

— Berbat!

— Hadi canım, o kadar da kötü olamaz? Sandviç yemeye ne dersin?

— Matematik dersi konusunda biraz kaygılıyım...

— Tatlım, sonunda matematikçi olmayacaksın zaten. Şimdi git, televizyonu aç ve bu konunun keyfini kaçırmasına izin verme...

— Hı hı.

Bu üç örneğin bazı ortak yönleri var: Konuşmanın çoğunu yetişkin yapıyor, diyalog oldukça kısa bir süre sonra sona eriyor; çocuk gerçek sorunu hakkında konuşma olanağını bir türlü yakalayamıyor; konuşma ilerledikçe çocuğun duyguları geçiştiriliyor, bir kenara atılıyor; ebeveyn sorunu 'çözüyor' ya da öyle sanıyor; çocuğun ağzından giderek daha az söz çıkıyor.

Şimdi yukarıdaki tepkileri (çocuğun anlattıkları karşısında verilen yanıtları) şu farklı tutumla karşılaştırın:

— Günün nasıl geçti?

— Berbat!

— Gerçekten çok üzgün görünüyorsun. Ne oldu, yolunda gitmeyen bir şey mi var?

— Aaah... Matematik dersine yeni bir öğretmen geldi. Konuları çok hızlı işliyor.

— Derse uyum sağlayamayıp geri kalmaktan mı kaygılanıyorsun?

— Evet. Sınıfta, bir bölümü biraz daha açıklamasını istedim; daha çok dikkat etmemi söyledi, o kadar.

— Hmm... Peki sen ne hissettin?

— Çok bozuldum; diğer çocukların hepsi benimle dalga geçti... Ama onlar da zorlanıyorlar.

— Sessizliği bozup ilk sen soru sorduğun için, başına dert açtığına öfkelenmişsin sanırım.

— Evet, herkesin gözü önünde olmaktan, tüm ilgi ve dikkatin üzerimde olmasından hoşlanmıyorum.

— Peki ne yapacaksın?

Emin değilim, sanırım ders bittikten sonra bir kez daha sorabilirim.

— Bu sence daha çok mu işe yarar?

— Evet, hem o zaman bu kadar çok utanmam. Bana sorarsan, o da biraz gergin. Dersleri böylesine hızla işlemesinin nedeni bu belki de.

— Duruma onun açısından bakıp onu anlayabiliyorsun demek.

— Evet, sanırım bizim karşımızda gerginlik duyuyor.

— Şaşırmamak gerek, sizin gibi akıllı çocuklara öğretmenlik yapmanın nasıl olduğu düşünüldüğünde...

— Evet, tabii ya!

İşte bu, etkin dinlemedir. Duyarlı ebeveyn, bu tür durumlarda çocuğunun duygu ve düşüncelerini ifade etmesine olanak tanır ve durumu daha ayrıntılı, daha derinliğine düşünmesine destek olur.

Bu yaklaşımı benimseyen ebeveyn, hiçbir zaman hazır çözümler sunmaz veya çocuğunu kurtarmaya kalkışmaz ('Okulu arayacağım');

Çok ender öğüt verir ('Yardım istemelisin');

Çok seyrek olarak çocuğun dikkatini sorunun kendisinden başka yöne çevirmeye çalışır ('Boş ver, bir sandviçe ne dersin?)

Ebeveyn, etkin dinleme aracılığıyla, sorununa kendi başına çözüm getirme sorumluluğu ve zevkini çocuğuna bırakırken, aynı zamanda ona destek de olabilir.

? *Tehdit içeren ebeveyn tutumu, çocuğu nasıl etkiler?*

Çocuklarda kaygının oluşumunda, ebeveynin eğer çocuk uslu olmazsa, onu sevmeyecekleri yönündeki tehditlerinin önemli bir role sahip olduğunu belirten çalışmalar yapılmıştır. Ancak çocuğa yönelik, terk etme tehdidi onu sevmeme tehdidinden daha olumsuz etkilere sahiptir. Terk etme tehdidi birçok şekilde dile getirilebilir; örneğin çocuk uslu olmazsa onu yatılı okula gönderme ya da polis tarafından tutuklanacağı tehdidi; yine, çocuğu disipline etme kaygısı ile çocuğa annesi ve babasının uzaklara gidip onu terk edeceği tehdidinde bulunulması, bunlar arasında sayılabilir. Benzer şekilde, eğer çocuk uslu olmazsa anne ve babanın hasta olacağı ya da öleceği tehdidi aynı kaygıyı besler. Ayrıca, muhtemelen en büyük öneme sahip olan, bir ebeveyn tarafından çaresizlik anında dile getirilen ve genellikle intihar etmeyi içeren tehdittir ve bu tehdit çocuğu oldukça olumsuz etkiler. Son olarak ise, çocuğun anne ve babası arasındaki tartışmaya tanık olması ve doğal olarak ebeveynlerinden birinin gideceğinden korkması, çocuklarda kaygı tepkisinin oluşmasında oldukça etkilidir. Eğer çocuk, bir disiplin aracı olarak ya da evlilik ilişkisindeki huzursuzluktan dolayı terk edilme tehdidi ile karşı karşıya kalıyorsa, gerçek bir ayrılık durumunun çocuk üzerindeki etkisi hem daha büyük hem de daha uzun süreli olacaktır. Sonuç olarak, çocuğun tekrarlanan ayrılmalar ya da ayrılma tehditleri karşısında yoğun biçimde kaygı duyması ve sahiplenme davranışı ile birlikte öfke duygusunu ebeveynine yöneltilmesi yaygındır. Bunun sonucu olarak, bağlanma ilişkisi kurulan ebeveyne yöneltilen tepkilerin niteliği ve dengesi büyük oranda bozulabilir ya da karışabilir (Bowlby, 1981b, Çev. Eryenen).

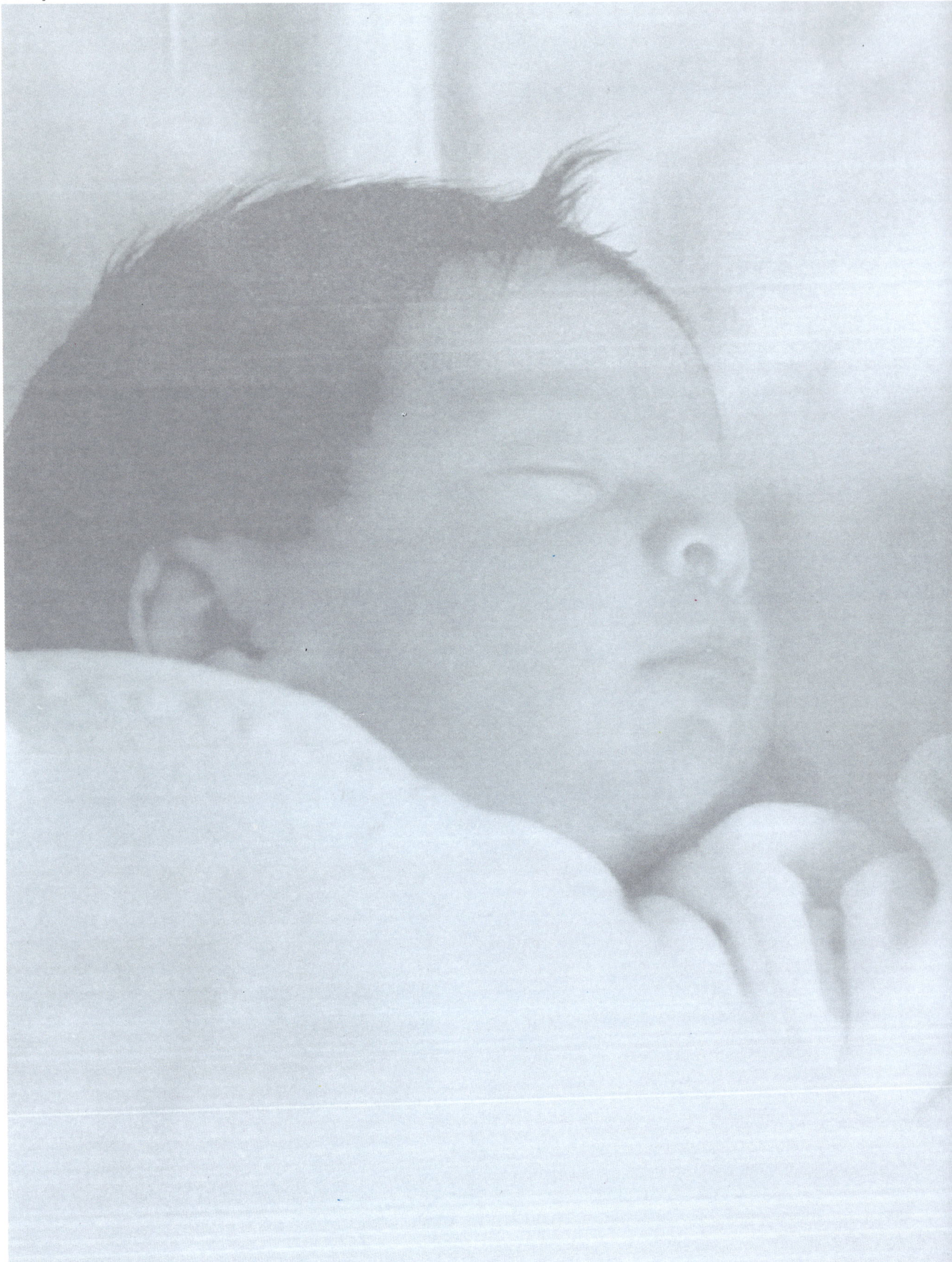

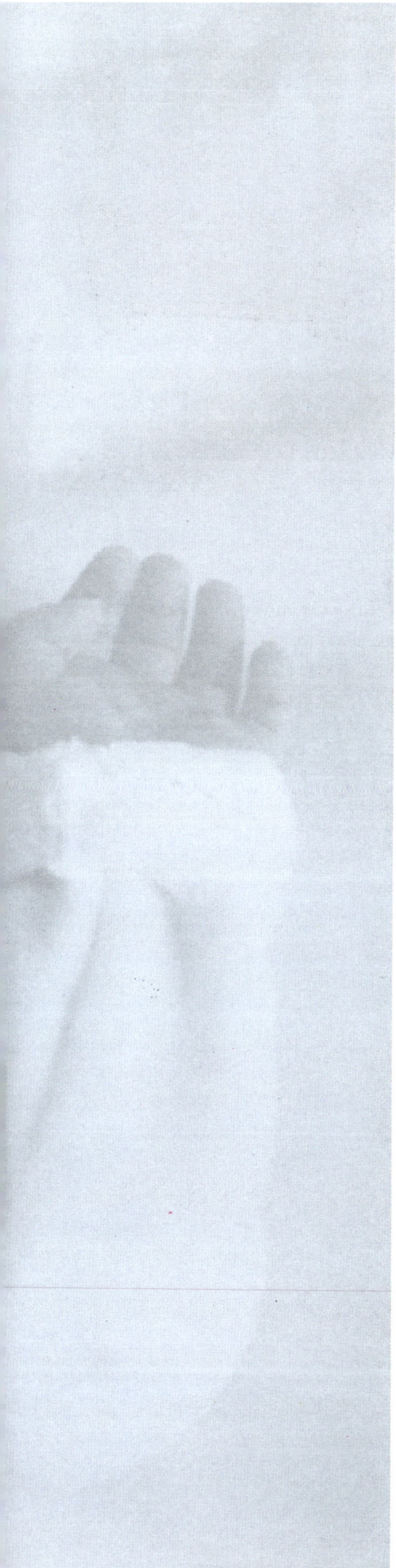

Bölüm 2

Okulöncesi Dönem Çocuğu

ERKEN GELİŞİM YILLARINDA İLK TEMEL ALIŞKANLIKLAR

Uyku Düzeninin Oluşturulması

Her çocuk, ihtiyaçları, kişiliği ve fiziksel yapısı doğrultusunda kendi uyku standartlarını oluşturur.

Temel uyku döngüsü doğuştan kazanılmıştır. Biyolojik olarak belirlenmiş olan bu uyku döngüsü, beyin merkezinde sinir hücrelerinden oluşan bir sistem tarafından düzenlenir. Yaşamın ilk altı ayı dolaylarında uyku düzeni, çocuğun bireysel biyolojik gelişimini yansıtır.

Ancak bu, çocuğunuzun uyku biçimini olduğu gibi kabul edeceğiniz anlamına gelmez. Ana-babanın görevi, yavaş yavaş, iyi uyku alışkanlıklarının temel taşlarını atarak, çocuğuna, ailenin standartlarına uygun uyku düzenini kazandırmaya çalışmak olmalıdır. Çoğu kez küçük bir müdahaleyle uyku alışkanlığı düzene girebilir.

Yeni doğan bebekler, 24 saatlik günün %75'ini uykuda geçirir. Gün boyunca çoğunlukla kısa süreli dilimler halinde yaklaşık 8 uyku dönemleri olur. Uyku uzunluğu, bebekten bebeğe değişir. Yenidoğanlar, tipik olarak her seferinde 2-4 saat arasında değişen süreler boyunca uyurlar. Uykuya duydukları gereksinim de hayli değişiklik gösterir: Herhangi bir 24 saatlik dönem içinde 11-21 saat arasında değişebilir. Bebekler, 6. ayda 24 saatin yaklaşık %50'sini uykuda geçirir. Doğumdan 6 yaşa kadar olan ortalama uyku ihtiyacı, aşağıdaki tabloda verilmiştir:

Ortalama Uyku İhtiyacı

Bu tabloda, bir haftalıktan 6 yaşına kadar çocukların uyku ihtiyaç süreleri gösterilmiştir. Uyku ihtiyaçları, gündüz ve gece olmak üzere ikiye ayrılmıştır. Aşağıdaki verilerin ortalama olduğu ve bireysel anlamda çocuklarda farklılık gösterebileceği unutulmamalıdır.

	Gündüz	Gece
1 haftalık	8 saat	8 saat 30 dak.
4 haftalık	6 saat 45 dak.	8 saat 45 dak.
3-4 aylık	5 saat	10 saat
6 aylık	4 saat	10 saat
9 aylık	2 saat 45 dak.	11 saat 15 dak.
1 yaş	2 saat 30 dak.	11 saat 30 dak.
1,5 yaş	2 saat	11 saat 30 dak.
2 yaş	1 saat 15 dak.	11 saat 45 dak.
3 yaş	1 saat	11 saat
4 yaş		11 saat 30 dak.
5 yaş		11 saat
6 yaş		10 saat 45 dak.

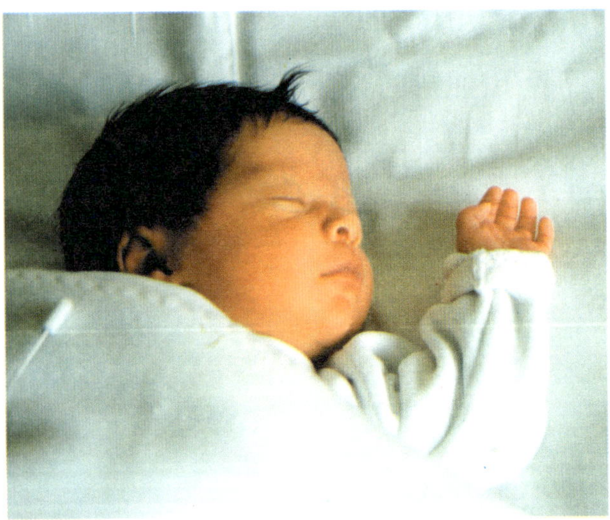

Yenidoğan, 11-21 saat gibi, günün büyük bir kısmını uykuda geçirir. Gün boyunca, çoğunlukla kısa süreli dilimler halinde, yaklaşık sekiz uyku dönemi olur.

Ana-Babalara Öneriler

UYKU DÜZENİ NASIL SAĞLANIR?

• Tabloda yaşa göre uyku süreleri belirtilmiş olsa da, her çocuğun kendine özgü özellikleri olduğu ve biricikliğine bağlı olarak uyku ihtiyacının da değiştiği bilinmelidir. Ana-babalar, bazı çocukların standartlara uyduklarını, bazılarının ise belirtilen uyku sürelerinin altında veya üstünde uyuyabildiklerini akıldan çıkarmamalıdır.

• Uyku bir bütün olarak değerlendirilmeli, gündüz uykusunun, gece uykusunu etkilediği unutulmamalıdır. Bu nedenle, uyku problemi olan çocukların, gerekirse gündüz uykularını kısaltmak suretiyle gece uykularına ek yapmak yerinde olur.

• Uyku düzeninin sağlanmasındaki temel amaç; çocuğa kendi kendine uykuya dalmasını öğretmek ve onu kendi yatağında uyumaya alıştırmaktır. Bu amaca ulaşabilmek için, çocuğun her zaman kendi yatağında ve sükûnetle uykuya geçmesi konusunda gerekli ortam hazırlanmalıdır.

• Uyku alışkanlığı iki adımda gerçekleşir. Bunlardan ilki, çocuğun uyanıklıktan uykuya geçişini kolaylaştırmak, ikincisi ise "uyuma zamanı"nın geldiğinin işaretini vermektir. Bunun için çocuğun yatağa girmeye hazırlanma ve uyumaya ilişkin yarım saatlik kısa bir rutini öğrenmesi ve buna alışması gerekir.

• Alışkanlıklar rutin olmalı ve her günkü uyku saatinde benzerlikler göstermelidir. Bu konuda katı olmaktansa tutarlı olmak daha önemlidir. Uyku alışkanlığı oluşturmada gerekli aşamalar şöyle özetlenebilir:

Aşama 1: Yatağa Girmeye Hazırlanma: Bu, iyice belirlenmiş bir zaman ve rutinle çocuğun hoşuna gidebilecek, ona güven verecek ve kaygılarını giderebilecek bir süreç olmalıdır. Bu aşamada televizyon kapatılmalı, çocuğun uyku öncesi temizliğine fırsat verilmelidir (diş fırçalaması, el yüz yıkaması gibi). Bunun yanı sıra bir bardak ılık süt veya meyve suyu verilebilir ve çocuğun odasında hafif bir müzik çalınabilir.

Aşama 2: Uyumaya Hazırlanma: Bu aşamanın, çocuk yatağa girdikten sonra gerçekleştirilmesi gerekir. Çocuk kendi yatağında yatarken, yanında bir koltukta oturan ana-baba, onunla sohbet ederek, bir-iki öykü kitabı okuyarak ona eşlik edebilir. Bu aşamanın en son bölümü, çocuğun üstünü örtüp birer öpücük kondurmayı ve sakin fakat kararlı, yeterince belirgin bir tonda, "İyi geceler, iyi uykular. Biz odamıza gidiyoruz. Sabaha görüşürüz," demeyi içerir.

Aşama 3: Uykunun İlk Birkaç Saati: Çocuk uyku sırasında ağladığında veya sizi yanına çağırdığında, sesinde bir panik ya da acil durum belirtisi yoksa, yatağından çıkıncaya kadar önemsemeyin. Yatağından kalkıp sizin odanıza geldiğinde, onu odasına götürün. Yatağına yatırdıktan sonra, "Yatağında kalmalısın, yatağından çıktığın takdirde, seni tekrar yerine yatıracağım," deyin. Bunları söyledikten sonra kısa bir süre çocuğun yatağının yanındaki koltukta oturun.

Aşama 4: Çocuğun yataktan her kalkışında bu eylemin sürekli ve tutarlı bir biçimde tekrarı gerekir. Gece boyunca bu etkinliklerde, öpme ve okşama gibi pekiştireçleri olabildiğince az sayıda uygulayın.

Aşama 5: Karelere bölünmüş ve haftanın her gününe belli bir karenin karşılık geldiği bir 'yatma vakti' çizelgesi hazırlayıp asın. Çocuk yatağından kalkmazsa, uygun kareye bir işaret koyun ve çizelgeye mutlu bir surat resmi çizin veya minik bir çıkartma yapıştırın. Gösterdiği her başarıda onu övün. Haftanın bitiminde çizelge tamamlandığında, sonuç olumluysa oynaması için bir arkadaşını çağırmak veya çocuk bahçesine gitmek gibi ona özel bir jest yapın.

Çizelge, yatak odasından alınıp oturma odasında bir onur köşesine asılabilir. Herhangi bir gece uyanıp da yatağından kalktığı takdirde, hiç ödün vermeden sürekli bir kararlılıkla 3. ve 4. aşamaları yineleyin.

? *Çocuğun yatak odasını ne zaman ayırmalıyız?*

Doğumun hemen ardından, bebek eve getirildiği gibi kendi yatak odasında uyutulmalıdır. Yani çocuğu kendi yatak odasında uyutmaya, doğumdan itibaren başlamalıdır. Eğer bebeğin kendine ait bir odası yoksa kardeşinin odasına konulan bir yatakta yatabilir. Ama ana-babanın odası kesinlikle düşünülmemelidir.

? *3 yaşındaki oğlum gece bizimle beraber yatıyor, sabaha kadar saçlarımla oynuyor. Ne yapmalıyız?*

'Uyku Düzeninin Oluşturulması' bölümünde ayrıntılarıyla açıklanan yöntemi uygulayarak öncelikle çocuğun kendi odasında ve kendi yatağında uyumasını sağlayın. Uykuya geçerken ve/veya uyku sırasında saç, el tutmak gibi tensel temastan kaçının. Gece sizin yanınıza gelen çocuğu, biriniz yatağına geri götürsün ve uykuya dalıncaya kadar bir koltukta yanında kalsın.

Burada önemli olan, yatağa almadan veya çocuğun yatağına girmeden, onun yeniden uykuya dalmasını sağlamaktır. Çocuğun gece el ya da saç tutarak uyuma girişiminin kökeninde, anneye olan ihtiyacının gün boyu yeterince karşılanamamış olması bulunabilir. Bu nedenle iş dışı saatlerinizi çocukla birlikte değerlendirin. Çocuk, yemek yaparken mutfakta da yanınızda olabilir, hafta sonu gittiğiniz kitapçıda da. Birlikteliğin kalitesi, niteliği, niceliğinden daha önemlidir.

? *3 yaşındaki çocuğumuzun biraz daha fazla uyuması için ne yapabiliriz? Bizi her sabah 5:30 civarında uyandırıyor. Onu yeniden yatırmak imkânsız oluyor.*

Her çocuğun ortalama uyku ihtiyacını gösteren liste, sadece genel bir bilgi vermek amacıyla hazırlanmıştır. Bu listeye harfi harfine uymak isteyen ebeveyn, çocuklarının önerilen saatler kadar uyumadıklarını görünce kendilerini suçlu hissetmeye başlar. Oysa her çocuğun ihtiyacı listede belirtildiği gibi standartlara uymaz. Kimi çocuk daha az uykuyla yetinebilir.

Ayrıca her normal çocuk, uyanık kalmaktan zevk alır. Kendi istediği saatlerde uyumayı, yirmi dört saatin geri kalan kısmını da onun için heyecan verici olan dünyayı keşfederek ve her gün yeni bir şeyler öğrenerek geçirmeyi ister.

Çocuğunuz, ihtiyaç duyduğu uykuyu 5:30'a kadar almakta ve o saatten itibaren sizinle oynamak istemektedir. Çocuğunuzun sizden daha az uykuya ihtiyacı olduğunu öğrendiğinizde ve onun uyanık kalma isteğiyle mücadele etmeyi bıraktığınızda, problemin kendiliğinden hallolacağını aklınızdan çıkarmayın. Buna bir de, çocuğun sizinle oyun ihtiyacını giderecek, "etkili birliktelik"i eklediğinizde, sorun çözülmüş olacaktır.

? *4 yaşında bir kızımız ve 5 yaşında bir oğlumuz var. Çocuklarımız gece genellikle bizlerle yatmak istiyor. Bunun sebebi ne olabilir?*

Çocuklarınız bu davranışlarını sürdürdükleri takdirde, bunu yalnızken kendilerini yeterince güvende hissetmemelerinin doğurduğu bir sonuç olarak nitelendirebiliriz. Okuyacağınız 'Uyku Sorununun Türleri'nde ayrıntılarıyla anlatıldığı gibi, yalnız başına uyumakta yaşanan zorluğun gerisinde, karanlık ve gece korkusu olabildiği gibi, ayrılık kaygısı da olabilir. Bu nedenle uyku öncesi olası tüm kaygıları gidermeye çalışarak, "güven ve huzur içinde" uykuya geçişin sağlanması, gerekirse tüm ev gezilerek korkuya neden olacak bir etkenin olmadığının çocuğa yaşatılması en uygun yoldur.

? *4 yaşındaki oğlum üç aydır anaokuluna gidiyor. Gece uyanıp bizim yatağımıza geliyor. Ne yapmalıyız?*

Bu bölümde anlatılanları öncelikle uygulamanızı, çocuğa doğru "uyku alışkanlığı" kazandırmanızı öneririm. Öncelikle gece uyanıp yatağınıza gelen çocuğu, kendi yatağına götürerek, bir koltukta oturmak suretiyle uyumasını bekleyin.

Okula yeni başladığına göre, çocuğunuz, size duyduğu özlem nedeniyle yatağınıza gelmek arzusunda olabilir. Bu ihtiyacını karşılayabilmek üzere, okuldan çıktıktan sonra onu çocuk parkına götürebilir, uyku öncesi evde onunla oyun oynayabilir, hafta sonunu ev dışında birlikte sinema veya tiyatroya giderek değerlendirebilirsiniz.

Kısaca birlikte gerçekleştirebileceğiniz faaliyet, zaman içerisinde onun anne özlemini ve ihtiyacını karşılayacağından, aynı yatağı paylaşma isteği de giderek azalacaktır.

? *9 yaşındaki kızım bazen yanımızda yatmak istiyor. Bazı durumlarda izin veriyoruz. Bu doğru mu?*

Çocuğun "kendi odasında ve kendi yatağında" yatma alışkanlığını ortadan kaldıracak her türlü yaklaşımdan kaçının. Sabahları sohbet amacıyla sizin yatağınıza gelmesi dışında, bu kuralın herhangi bir nedenle bozulması, zaman içinde alışkanlığa dönüşebilir.

Bu konuda bazen ana-babaların da çocukla birlikte yatmaya, ondan daha fazla arzulu olduklarına, birlikte uyumaktan keyif aldıklarına tanık olmaktayım. Bunun son derece bencilce bir yaklaşım olduğunu ve çocuğa yanlış bir uyku alışkanlığı kazandırmasının ötesinde bir yararı olmadığını bir kez daha vurgulamak isterim.

ERKEN GELİŞİM YILLARINDA İLK TEMEL ALIŞKANLIKLAR

Uyku Sorununun Türleri

Bir çocuğun uyku alışkanlığı, çocuğun kendi veya ebeveyni için sürekli tekrarlanan sıkıntılar yaratıyorsa, bu durumda "uyku sorunundan" söz edilebilir.

Çocuğunuzun hayatında, onun uykusunu etkileyecek ve sizin önceden tahmin edebileceğiniz dönemler vardır. Diş çıkarması, hastalık, yeni bir bebeğin doğması, mevsimsel değişiklikler veya rüyalar, gibi. Bu etkenler uyku sorununa neden olabilir. Çocuğun yaşadığı sorunlar doğrudan gelişimiyle de ilgili olabilir ve çocuk gelişip yeni deneyimler kazandıkça, bu sorunlar da değişecektir. Çocuğun yaşadığı sorunun arkasındaki gerçek nedeni keşfetmek, davranışını doğru tanımlamamıza, dolayısıyla ona yardım edebilmemize olanak sağlayacaktır.

UYKU SAATİNDE YAŞANAN DAVRANIŞ SORUNLARI

Uyku saatinde yaşanan davranış sorunları, dört ayrı şekilde görülebilir:

Uyku Saati Mücadelesi

Burada çocuk, belirlenen saatte yatağa girmeyi doğrudan reddeder ve hiç aldırış etmeyerek veya öfke nöbetine girip bağırıp çağırarak her türlü talebe meydan okur. Burada, çocuğun, çalışan anne ve/veya babasını gün boyu görememiş olmasından kaynaklanan bir özlem ve onlarla birlikte oyun oynama isteği önemli bir etken olabilir.

Uyku Saati 'Oyun'u

Bu türde uyku saatini ertelemek için çeşitli hilelere başvurur: Örneğin, televizyondaki bir programı seyredebilmek için birkaç dakikanın daha gerekmesi, bir öykü daha okunmasını isteme.

Yanına Çağırmalar

Bazı çocuklar zamanı geldiğinde hemen yatağa giderler, fakat daha sonradan defalarca ana-babalarından birini yanlarına çağırır, bu istekleri yerine gelmediğinde ağlayarak veya bağırarak gittikçe şiddetini artırdıkları bir 'şantaj'a girişirler.

Anne-babanın Yatağına Gelme

Çocuklar çeşitli nedenlerden ötürü ana-babanın yatağında onlarla birlikte yatma alışkanlığını edinirler. Korku duygusu egemen olmadığında bile bu alışkanlıktan vazgeçmek güç olabilir.

UYKU SORUNUNUN TÜRLERİ

Sık Sık Uyanma

Çocuğun, gelişim dönemine göre, beklenenden daha sık aralıklarla uyanmasıdır. Bu uyanmalar, gece boyunca defalarca olabilir. Problem yalnız başına uyuyacak olmasının getirdiği zorlukla ilintili olabildiği gibi, tekrar uykuya dalabilmek için ebeveynin yardımını beklemeye alışmasından da kaynaklanabilir. Bunun yanı sıra bu uyanma alışkanlıkları, hastalıktan, rüyalardan veya gelişimsel dengesizliklerden de kaynaklanıyor olabilir. Bu durumda bir çocuk doktoruna danışmakta yarar vardır.

Beslenme İçin Uyanma

Bazı bebekler, "öğrenilmiş açlığını" tatmin etmek için uyumadan önce emmeye ihtiyaç duyar. Bu durumu bir anne, "Bir süre emziriyorum hemen uyuyor; fakat buna gerçekten ihtiyacı olup olmadığını bilemiyorum," şeklinde açıklıyor.

Uykuya Dalmada Güçlük

Bu problem bütün yaşlarda etkili olabilir. Bunun, ayrılık kaygısı ve kendi kendine uyuma alışkanlığını kazanamamış olma gibi pek çok nedeni olabilir. Uyumak, çocuk için sevdiklerinden ve güvendiklerinden ayrılmak anlamına gelebilir. Bebek, 7.-9. aylar arasındaki dönemde, özel bir bağlılık geliştirdiği anneden ayrı kaldığında, bu duruma karşı çıkar. Bebeğin annesinden ayrılırken gösterdiği bu tepki, tek bir kişiye olan kuvvetli bir bağın kanıtıdır ve bu tepkiye "ayrılık kaygısı" adı verilir. İşte "ayrılık kaygısı" gelişimin bir parçası olduğunda, uyku problemi baş gösterebilir. Çocuk böyle bir durumda şu şekilde düşünecektir: "Gözlerimi kapadığımda karanlık oluyor ve her şey gidiyor. Nereye gittiğimi ve senin nerede olduğunu merak ediyorum."

Bu nedenle ebeveynin, çocuk uykuya dalıncaya kadar bir koltukta sohbet ederek veya kitap okuyarak ona eşlik etmesi, özellikle ayrılık kaygısı yaşayan çocukların uykuya rahat bir şekilde başlamasına neden olacaktır.

Yalnız Başına Uyumada Zorluk

- *Gece Korkusu:* Çocuk için uyumak, onu koruyan kişilerden uzaklaşmak, tamamıyla savunmasız hale gelmek demektir. Normal korkular çocuk tarafından gece boyunca büyütülür. Kapının açık kalması veya ışığın yanık bırakılması, çocuk için korkuyu daha az rahatsız edici kılar.
- *Kâbuslar:* Rüyalar, iç dünyanın anlatımı ve boşalmasıdır. Korkulu rüya (kâbus), gelişim sürecinde doğal kabul edilmekle birlikte sık tekrarlandığı takdirde bir iç sıkıntısı veya tedirginlik belirtisi kabul edilebilir.
- *Uyku Terörü:* Uyku terörü, genellikle uyku sürecinin ilk dört saatinde oluşur. Uyku terörü sırasında çocuk uyanık değildir. Ana-babasının varlığıyla sakinleşmez. Korkma, çığlık atma, konuşma, çırpınma, amaçsız bir şekilde yürüme tepkileri gösterir. Nitekim bir anne, uyku terörü yaşayan çocuğunun durumunu şöyle anlatmaktadır: "Kızım çığlıklarla uyanıyor. Göz kapakları sonuna kadar açık ama bizi görmüyormuş gibi davranıyor. Terliyor ve etrafta dolanıyor. Sabah olunca hiçbir şey hatırlamıyor."

DSM-IV, uyku terörünü, "Asıl uyku döneminin ilk üçte birinde ortaya çıkan ve yersiz bir korku içinde çığlık atmayla başlayan, yineleyen, yoğun bir korku ve taşikardi, hızlı soluk alıp verme ve terleme gibi otonomik uyarılma bulguları görülen, başkalarının kendisini rahatlatmak için gösterdiği çabalara karşı tepkisiz kalınan 'Uykuda Korku Bozukluğu'" olarak tanımlar.

? *Uyku terörü yaşayan çocuğumuza nasıl davranmalıyız?*

Bazı çocuklar uyku terörünü çok nadir yaşarken bazıları gecede birkaç kez yaşayabilmektedir. Bu olay yoğunluk ve sıklık açısından da değişiklikler göstermektedir.

Uyku terörü yaşayan çocuğunuzla iletişime geçmek yerine oturup onu gözlemlemeniz gerekir. Gerekiyorsa onun güvenliğini sağlayın. Sizin ilginize ihtiyaç duyduğunda bu ilgiyi gösterin. Sizi iterse ona kızmayın ve suçluluk duymayın. Çünkü o ne yaptığının bilincinde olmayacaktır.

Çocuğun yaşadığı bu durum, sizin sebep olduğunuz bir sorun değildir. Onu bu durumda iken uyandırmak kolay değildir. Eğer bunu başarabilirseniz bu defa da çocuk korkabilir. Soru sorulduğunda, rüyasında gördüğü bir şeyi anlatacak ve bir sonraki gece uyumak istemeyecektir. Bu nedenle kaygılarınızı çocukla paylaşmayın ve ona yansıtmayın.

Gecenin rahat ve sakin geçebilmesi için gündüz yeşil alanda oynama, enerji boşaltarak rahatlama, gündüz uykularını azaltma akla gelen ilk önlemler arasında sayılabilir. Bunun yanı sıra, uykuya geçişin sakin olabilmesi için gerekli ortam hazırlanmalıdır. Uyku öncesinde, çocukla o gün yaşadıkları hakkında konuşmak, birlikte klasik müzik dinlemek gibi.

Sorunun sürekli olması durumunda, profesyonel yardım alınmalıdır.

ERKEN GELİŞİM YILLARINDA İLK TEMEL ALIŞKANLIKLAR

Yemek Yeme Alışkanlığı ve Beslenme Sorunları

Beslenme, her canlının gelişimi için gerekli olan doğal bir ihtiyaçtır. Bu doğal ihtiyacın keyifli ve mutlu bir ortamda gerçekleşmesi önemlidir.

Çocuklar, davranışlarının büyük bir bölümünü anne-babalarının tepkilerini gözlemleyerek öğrenirler. Bu durum yemek zamanı için de geçerlidir. Ana-babalarının masada yemek yeme biçimleri, konuşmaları ve davranışları, çocukların yemek yeme alışkanlığını kazanmasında önemli bir rol oynar. Yemek yeme alışkanlığının kazandırılmasında izlenmesi gereken strateji şu olmalıdır:

1. Yemek, aile bireylerinin tümünün katıldığı keyifli bir sohbet ortamında gerçekleştirilmelidir. Yemek zamanı mümkün olduğu kadar zevkli bir hale getirilmeli, yemek yeme konusu hiçbir zaman güç gösterisine dönüştürülmemelidir. Birlikte yemek yeme, sadece fizyolojik bir gereksinimin karşılanması olmayıp, aynı zamanda aile hayatında düzen yaratmaya yarayan sosyolojik bir önemi de içerir. Öğünlerde beraberlik, bir güç ve güvenlik duygusu verir. Bu nedenle yemek zamanı, bütün aile için sakin ve uyumlu bir ortam olmalıdır. Yemek sohbetlerinde çocukların da katılımını sağlayabilmek için, yetişkin konularına yer vermemeye özen gösterilmelidir. Başka bir deyişle yemek mekânı; dinlemek, paylaşmak, sohbete katılmak ve bazı şeyler öğrenmek için uygun bir ortam olmalıdır.

2. Çocuğa sınırlı ölçüde seçenek sunun. Çocuğunuz yemek seçen ve zor beğenen bir tutum içindeyse, kendine sunulan yemekleri reddediyorsa, onun kabul edebileceği bir yemek türünü yemekte bulundurun ve onu seçmesine izin verin. Nasıl olsa gün boyu alacağı gıdalarla dengeli beslenme kendiliğinden oluşacaktır.

3. Masada görgü kurallarına uyarak yemek yediğinde ödüllendirin. Yerinde oturduğu, çatalı bıçağı gerektiği gibi kullandığı ve sakin bir şekilde konuştuğu için çocuğunuzu övebilirsiniz. Düzeni bozan çocuk, arzu edildiği gibi yemek yerse, bunu onayladığınızı ve takdirle karşıladığınızı hemen gösterin.

4. Öğünlerin süresini ve miktarını sınırlayın. Yemeklerin saatlerce sürmesine izin vermek yerine, çocuğunuzla anlaşıp yemeğini bitirmek zorunda olduğunu ve bunu 20-30 dakikada tamamlaması gerektiğini söyleyin Bu süre zarfında aile bireylerinin tümünün masada kalmasını sağlayın. Buna ek olarak, ne yemeği televizyon karşısında yedirmek ne de yemeğini bitirdiği takdirde alınacak oyuncaktan bahsetmek gibi rüşvete kalkışın.

Ölçünün sizin midenize göre değil, çocuğun midesine uygun olması esastır. Bu nedenle, çocuğun kendi tabağına sevdiği türden az miktarda yiyecek koyup, onunla bu konuda ilgilenmeden yemeğini tamamlamasını beklemek en uygun yoldur. Gözünüz çocuğun tabağında olmamalıdır.

5. Yemek yemeyle ilgili baskı yapmayın. Yemek yemesiyle aşırı ilgilendiğinizi gören çocuk, bu hassas yanınızı yakaladıktan sonra bunu kullanmaktan zevk alacaktır. Çocukların ortak özelliği, en çok baskı altında tutuldukları konuya karşı negatif tutum geliştirmeleridir. Problemi yok etmenin en doğru yolu, çocuğunuza yemesiyle ilgili yaptığınız tüm baskılara son vermektir. "Yemeğini bitir," demek yerine, basit şekilde yemek faslı bittiğinde (ister boş olsun ister dolu olsun), onun tabağını da kaldıracağınızı açıkça belirtmeniz uygundur. Bu bir ceza değil, onun aşama aşama karşılık vereceği bir yaşantı şeklidir. Onu yemeğe zorla oturtmayın, öğünleri olabildiğince basit ve heyecanlı hale getirin, yemekte onun en sevdiği yiyeceklerden de bulundurun. Yemekleri tabağına azar azar koymayı unutmayın.

"Ana-Baba Okulu"ndaki eğitimimize katılan bir anne, çocuğunda yaşanan yemek yeme sorununu aşmak üzere, seminerde söylenenleri hemen uygulamaya başlar. Yemek yemeği reddeden 4 yaşındaki çocuğuna, "Eğer toksan bu akşam yemeği dolaba kaldırabilirim," der. Çocuğun yanıtı ise; "Sen buraya gel bakalım. Başına taş mı düştü? Ben, o konferanstan önceki anneyi istiyorum," şeklinde olur. Bu örnekte de görüldüğü gibi, çocuk anneyi yakaladığı en hassas noktada kullanmak, direksiyonu elinden bırakmak istememektedir. Özgüvenli, yetkili ve güvenilir ebeveyn, bu fırsatı çocuğuna vermez.

? *Çocukları yemek yemeye zorlamanın nelere yol açacağından bahseder misiniz?*

Çocuğu yemek yemeye zorlama, istenmeyen bir şeyin zorla yaptırılması anlamına gelir. Zorla yaptırılmaya çalışılan bu eylem, aslında doğal ve temel bir gereksinim olan açlığı giderme isteğidir.

Yemek yeme işleminde ebeveynin aşırı derecede hassasiyetini gören çocuk, zaman içerisinde yemek yoluyla tüm isteklerini kabul ettirebileceğini, yemeği bir şantaj aracı olarak kullanabileceğini öğrenir. Bu şekilde başlayan olumsuzluk, anne ile çocuk arasında yaygınlaşan iletişim kopukluğuna, ardından da babaya sıçramasıyla, aile içinde yaygınlaşan bir iletişim bozukluğuna sebep olabilir.

Annenin kişilik özelliklerine ve eğitim yaklaşımına göre, yemek yedirmek amacıyla baskının ötesinde bir şiddet de uygulanabilir. Böyle bir durumda çocuğun özgüveni ve benlik saygısı olumsuz etkilenir. O, şiddeti uygulayan ebeveyne dönük öfke geliştirir. Araştırmalar göstermiştir ki, çocukluk yıllarında sağlıklı bir yemek yeme düzeninden yoksun büyüyenler, ileri yaşlarda da çeşitli beslenme bozuklukları göstermektedir.

? *7 yaşlarında bir oğlum ve 10 yaşlarında bir kızım var. Az yemek yemekte ve yemek seçmektedirler. Ne yapmalıyız?*

Uyku ihtiyacının karşılanmasında nasıl bireyin özellikleri önde geliyor ve herkes aynı standart sürelerde uyumuyorsa, beslenme ihtiyacının karşılanmasında da bireyin gelişim hızına ve fizyolojik ihtiyaçlarına göre, yemek yeme miktarı değişiklik gösterir.

Aynı anda doğan iki bebekten, standart kilonun altında doğmuş olan ile standart kiloda doğmuş olan bebekler karşılaştırıldığında, altı aylık süre içerisinde, düşük kilolu doğan bebeğin hızla çok kilo aldığı, buna karşılık kilolu doğan bebeğin az kilo aldığı, altı ay sonunda ise her iki bebeğin kilolarının eşit olduğu görülür.

Bu örnekten de anlaşılacağı gibi, her iki çocuğun fizyolojik ihtiyacı farklılık gösterir. Bu farklılık, bireyden bireye olabildiği gibi, bireyin günlük ruhsal durumuna göre de yaşanabilir.

Yemek seçme konusunda ayrıntılı bilgi yukarıda verilmiştir. Çok sınırlı seçenek sunmak ve sevdiği türden bir yemeği her öğünde bulundurmak, bu sorunun aşılmasında yardımcı olur.

? *Çocuğun aşırı yemek yemesi nasıl açıklanabilir?*

Aşırı yemek yemenin sembolik anlamı, duygusal ihtiyaçları karşılama, duygusal doyumsuzluğu telafi etmeye çalışma olabilir. "Yalnızlık ve sıkıntı", aşırı yemek yemeyi tetikleyen uyarıcı bir etken olabilir. Ayrıca çocuk, yemek yemeyi, aşırı kontrolcü olan ebeveynle arasının düzelmesi için bir yol olarak da görebilir.

Aşırı yemek yeme sorununun çözümü, nedenlerinin anlaşılmasına bağlıdır. Bu arada sorunun tamamen fizyolojik bir etkene bağlı olabileceği düşüncesiyle, diyetisyen bir hekimden profesyonel yardım almak gerekebilir. Ayrıca ailenin tüm ilgisinin fazla kilolar üzerinde yoğunlaşması yerine, sağlıklı beslenme alışkanlıkları geliştirmesi ve kendi görüntüsü hakkında olumlu düşünmesi için çocuğun cesaretlendirilmesi gerekir.

ERKEN GELİŞİM YILLARINDA İLK TEMEL ALIŞKANLIKLAR

Tuvalet Alışkanlığı ve Tuvalet Eğitimi Sorunları

Tuvalet alışkanlığı, belirli bir olgunluk sonucu oluşur. Yeterli zihinsel ve bedensel gelişim olmadan, bu alışkanlık gerçekleşmez.

On sekiz-yirmi aylıktan itibaren bebeğin en önemli gelişim görevlerinden biri, tuvalet işlevleri üzerinde yeterli bir denetim kurabilmektir. İdrarını tutabilme, bağırsak işlevlerine egemen olabilme, başlangıçta bütünüyle istem dışı olan eylemleri engelleyebilme anlamına gelir. Bebeğin kaslarının, bedenin atmaya çalıştığı boşaltım maddelerini tutmak –bunların çıkışını engelleyebilmek– için yeterince güçlü olana ve eşgüdüm içinde çalışana kadar gelişmesi, olgunlaşması gerekir. Gövde bölgesinde yer alan tüm kaslar arasında boşaltım işlevlerini denetleyen kaslar, istemli denetimin en yavaş kurulabildiği kaslardır.

Anaokuluna başlama yaşına gelinceye kadar çocukların, idrar keseleri üzerinde gün boyunca gerekli ve yeterli bir denetim kurabilecek düzeye ulaşmış olmaları beklenir. Bu dönemde idrarını tutamayan, bağırsaklarına egemen olamayan bir çocuk, giderek yoğunlaşan bir sosyal baskı altında kalacaktır.

Bağırsak denetimi, idrar kesesi denetiminden önce gelişir. Gelişim genelde şu sırayı izler:

- Geceleyin bağırsak denetimi.
- Gün boyunca bağırsaklarını denetleyebilme.
- Gün boyunca idrar kesesi denetimi.
- Geceleri idrarını tutabilme.

Bu sıra değişebilir, kimi çocuklar bağırsak ve idrar kesesi denetimine aynı anda ulaşırlar.

Tuvalet alışkanlığı, belirli bir olgunluk sonucu oluşur. Yeterli zihinsel ve bedensel gelişim olmadan, bu alışkanlık gerçekleşmez.

Çocukların bu beceriye ulaşma hızları değişkendir. Bazı çocuklar hızla öğrenir, bazıları ise daha yavaştır.

İlk aşamalar şöyle kolaylaştırılabilir:

- Belli bir düzeni izleyen çocuğun verdiği işaretlere göre önceden tahminde bulunup ona göre davranmak. Örneğin çocuğu beklenen zamanda ya da tuvaletinin geldiğine işaret eden kimi belirtiler (yüzünün kızarması gibi) göstermeye başladığında oturağa oturtmak.
- Oturağa oturmayı, sabah ve akşam yapılan rutin işlerden biri haline getirmek. Sabahları giyinmeden önce, geceleri yemekten sonra, yatma vakti geldiğinde belli bir zamanı oturağa oturmaya ayırmak.
- Başarıyı ve çabayı övgüyle karşılamak ancak beklenmedik dönüşler olabileceğini kabul edebilmek. Eleştirmekten ve cezalandırmaktan kaçınmak, olumlu hareketleri üzerinde yoğunlaşıp, duygularını yansıtabilmek özel önem taşır.
- Oturağa oturma seanslarının sıklığını giderek artırmak (zorlamaktan ve aşırı uzun ve sıkıcı 'oturak seanslarından' kaçının).
- Altını ıslattığı ya da dışkısını altına kaçırdığında, bakımından sorumlu kişilere haber vermeye özendirmek. (Altını ıslatmış olma veya üstünü kirletmiş olma farkındalığı, idrarın gelmesi veya bağırsak hareketi farkındalığından önce gelir.)
- Bir süre sonunda, çocuk bezi kullanma alışkanlığına son vermek.
- Artık tuvaletini kendi kendine yapabilmesi için pantolonunu giymesine ve çıkarmasına yardımcı olmak.
- ***Tuvalet eğitimi sırasında, ana-babanın yüksek düzeydeki endişelerini yansıtmaması özel önem taşır.***

Doğumdan itibaren çocuklar, yavaş yavaş artan süreler boyunca kuru kalabilirler. Aşağı yukarı 15. aydan itibaren altlarını ıslattıkları veya idrarlarını yaptıkları yerdeki ıslaklığı göstereceklerdir. Geceleri uyanabilir ve giysilerinin değiştirilmesini isteyebilirler. 18 ay ile 2 yaş arasındaki dönemde çoğu çocuk, dışkısını altına kaçırdığını annesine bildirecektir. İki buçuk yaşına geldiklerinde, kızların % 90'ı, erkeklerin % 80'i çişinin geldiğini annesine haber verir. 3 yaş dolaylarında çocuklar tuvalete kendi başlarına gider. Kendi kendini denetleyebilme, çocuğun olgunluk düzeyine bağlıdır. Çocuk, bir geceyi altını ıslatmadan kuru geçirdiğinde, gerekli denetim mekanizmalarının geliştiğini anlamış oluruz.

? *Tuvalet eğitimine başlamak için uygun zamanı nasıl belirleyebiliriz? Çok erken başlamak zararlı olur mu?*

Yukarıda da belirtildiği gibi, çocuklar genellikle 2 -3 yaşları arasında, tuvalet eğitimine başlamak için hazır olurlar. Bu dönemde oturağa sızlanmadan oturabilmeye ve kısa bir zaman içinde kendi ihtiyaçları doğrultusunda, oturağı alıp kullanabilmeye başlarlar. Her ne kadar küçük yaşta tuvalet eğitimine başlansa da, çocuğunuz, olumsuz bir yaklaşım göstererek işbirliğine yanaşmayabilir. Anne çocuğu oturağa zorla götürme hatasında bulunduğu takdirde, çocuk bunu reddedecektir ve çocuğun küçük ya da büyük tuvaletini altına yapmasıyla da bu girişimler bir çatışma halini alacaktır. Bunun sonunda, anne daha fazla uğraşmayacak ve çocuğun altını bağlayarak, ona tuvaletini altına yapması için istenmeyen bir mesaj vermiş olacaktır. Çocuk da daha fazla mücadele etmeyecek ve altına yapmayı sürdürecektir.

Çocuğunuz, büyük tuvaletini oturağa yaptığında, çok abartılı tepkiler vermekten kaçının. Bazı ana-babalar bu konuda savurganca övgüler yağdırarak büyük tuvaletin, karşılıklı ilişkide merkez haline gelmesine yol açar.

Çocuğa eğitimi sırasında, yüksek düzeydeki endişelerinizi yansıtmamaya özen gösterin. Sabırlı ve dingin olun. Acelecilik gösteren ebeveyni uyarın. Kontrolü kazanabildiği yaşın bir önemi yoktur. Bu nedenle yakınlarınızla yarışa girme tuzağına düşmeyin. "Temiz" sözcüğünün sık kullanımı, bu yanlış tutumun bir işaretidir. Çocuğunuzu "temiz", diğer çocukları ise "pis" olarak nitelendirmeyin.

Bazı çocuklar, bir aşama kaydedebilmek üzere alt bezlerinin çıkarılmasına ihtiyaç duyar. Alt bezleri ıslaklık ve kirlilik içindir. Bu nedenle çocuklar bunlar çıkıncaya kadar kendinden bekleneni anlayamayabilir.

? *Gece altını ıslatma kaç yaşından itibaren patolojik sayılır? Gece yatağını ıslatma durumunda çocuğa nasıl davranmalıyız?*

Gece altını ıslatma, 4 yaşından itibaren bir sorun olarak değerlendirilir. Çünkü 4 yaş çocuğu, artık idrarını gece ve gündüz kontrol edebilecek biyolojik olgunluğa erişmiştir.

Alt ıslatma (enürezis) iki biçimde görülebilir. Bunlardan ilki, "birincil (primer) enürezis"tir ki bu, sinir-kas kontrolünün gelişimindeki aksaklıktan kaynaklanır.

Birincil enürezis, yatak ıslatma sorununun hemen hemen % 75-80'ini oluşturur. Geri kalan % 20-25 oranındaki enürezis, "ikincil (seconder) enürezis" adını alır.

Bu tür alt ıslatma olayında tuvalet kontrolü oluştuktan sonra bir gerileme söz konusudur. İkincil enürezis, tipik olarak yeni bir kardeşin doğumu ya da yeni bir eve taşınma gibi bazı ruhsal gerginlik durumlarında ortaya çıkar.

Bu etkenler, çocuğun bir süre için daha, olgunlaşmamış davranış biçimlerine dönmesine neden olur. Bazı uzmanlara göre, özellikle bu gerileme türü, çocuğun annesine olan öfkesinin sembolik bir ifadesi olarak yorumlanabilir.

Alt ıslatmanın ilkokul yıllarında hâlâ süregelmesi halinde, önce sorunun kaynağını saptamak amacıyla bu duruma yol açabilecek çeşitli etkenler araştırılmalı, varsa ortadan kaldırmak üzere yerine göre organik ya da psikolojik tedavi yoluna gidilmelidir.

Bu amaçla enürezisin tedavisinde organik nedenlerin araştırılması, uyku ağırlığının giderilmesi, ruhsal çatışmaların önlenmesi gereklidir.

Enürezisin tedavisi, doğrudan ve dolaylı olarak ikiye ayrılabilir. Doğrudan tedavi çocuğa, dolaylı tedavi ise ana-babaya yönelik olarak uygulanır.

Fonksiyonel ve psikolojik enürezisin tedavisinde, "mesane eğitimi" diyebileceğimiz bir uygulama başlatılır ve ana-baba tarafından kontrol edilecek şekilde, çocuk belirli saatlerde idrar yapmaya alıştırılır. Böylece, "mesane dolduğunda idrar yapılır" şeklinde bir klasik koşullama oluşturulur.

YAŞA GÖRE DEĞİŞEN DAVRANIŞLAR
VE GELİŞİME BAĞLI KARŞI KOYUŞLAR

Yaşamın İlk Yılı (0-1 Yaş)

Duyarlı bir anne, bebeğin güvenle bağlanmasını sağlar. Buna karşılık, istismar eden, ihmalkâr veya tutarsız, değişken bir ilgi, güvensiz bir bağlanmayla sonuçlanır.

Çocuğunuzun niçin belli bir davranışı sergilediğini anlayabilmek için öncelikle gelişim evreleri ve bu evrelere özgü davranış değişikliklerinden haberdar olmanız gerekir. Örneğin 2,5 yaş dolaylarında çocuğu olan pek çok ebeveyn, bu yaştan "korkunç ikinci yıl" diye bahseder. Bu evrede "hayır"-lar çok sık duyulur. Öfke nöbetleri yaşanır. Tıpa tıp benzeri davranışlara 10.-11. ay gibi erken gelişim evrelerinde de rastlanır.

Her çocuk farklı karakteristik özellikleri ve farklı gelişim hızıyla ayrı birey olduğuna göre, tipik davranış tanımlamaları her çocuk için geçerli değildir.

Doğuştan gelen mizaç farklılıkları da, yaşa uyan pek çok davranışın farklı derecelerde sergilenmesine neden olur.

Her aile, çocuğun iyi dengelenmiş bir kişilik yapısıyla büyümesini ister. Bu da çocuğun büyürken geçirdiği evreleri bilmekle olur. Ancak akıldan çıkarılmamalıdır ki bebekler aileleri tarafından yönlendirildikleri kadar, onlar da aileleri üzerinde bir denetim kurar ve onları geliştirir. Aile, bebek tarafından büyütülerek bebeğini büyütür. Çünkü her bebek, aile için yeni bir deneyimdir.

Erikson, bebeklik döneminin en önemli görevinin, başkalarına karşı temel bir güven gelişimi olduğunu ileri sürer. Ona göre yaşamın ilk ay ve yıllarında, bebek dünyanın yaşanabilir ve tatmin edici bir yer mi, yoksa acı, üzüntü, düş kırıklığı ve kararsızlıkla mı dolu olduğunu öğrenir.

E. Fromm'a göre "kişinin başkasını sevebilmesi için, öncelikle kendisini sevmesi gerekir. Kendisini sevmeyen başkasını sevmez. Çünkü güveni yoktur." Güven ve güvensizlik duygusunun temelleri bu evrede atılmaktadır.

Gereksinimlerinin yeterli derecede tatmin edilmesinin sonucu olarak çocukta, dünyaya karşı güven duygusunun gelişimi bir hayli önemli bir süreçtir. Yetişkinlikte güven duymama ve kendini güvende hissetmemenin kökenleri, potansiyel olarak, yaşamın bu evresinde çocuğun gereksinimlerinin ihmal edilmesinde yatar. Ana-baba çocuğu dışlıyor, reddediyor ve/veya ihmal ediyorsa, çocuk dünyayı uyum sağlanabilir ve yaşanabilir iyi bir yer olarak değil, fakat onu tehdit eden ve kendini güvende hissetmeyeceği, ürkütücü bir yer olarak algılayabilir.

YAŞAMIN İLK YILI

Doğum sonrası dönemin başlangıç noktası, göbek bağı kesilip çocuğun soluk almasıyla birlikte başlar. Çocuğunuzun hayatının ilk yılında güven duygusunu geliştirmesi ve kritik evreyi başarılı veya başarısız olarak atlatması sizin davranışlarınıza bağlıdır. 1 yaşına kadar çocuğun bulunmak istediği ortam güvenli bir ortamdır. Güven ve güvensizlik duygularının tohumu bu evrede atılır. En ideal çözüm, bebeğin annesine veya ona bakan kişiye güvenmeyi öğrenmesidir. O, ayrıca kendi yeteneklerine güvenmeyi de öğrenmelidir. Bütün bunların anahtarı, bebeğin sizinle güven dolu bir ilişki içinde olmasıdır.

ANNENİN BEBEĞİNE SEVGİYLE BAĞLANMASI

Gülümseme, mimikler, okşama, öpme, birtakım sesler çıkarma ve uzun süreli bakışmalar gibi yakın teması gösteren davranışlar bağlılık belirtileri olarak görülür. Bebek, kendi dünyasını etkin bir şekilde yapılandırma ve örgütleme girişiminde bulunur. Anne bebeğine karşı duyarlıdır ve tatmin sağlayana kadar onun tepkilerine karşılık vermeyi sürdürür, buna ek olarak bebeğiyle arasında belli bir etkinliği başlatan da odur.

İşte doğum sonrası bu duyarlı dönemde, anne ve bebek arasında, onları son derece güçlü bir bağla birbirine yakınlaştıran ve bu güçlü bağın daha da gelişmesine elverişli bir ortam hazırlayan "bir karşılıklı etkileşim çavlanı akmaya başlar." Böylesi bir 'bağlanma, bütünleşme', annenin kendi bebeğiyle kurduğu özel ve yoğun bir ilişkiye işaret eder. Eğer anne bebeğine büyük bir ilgi ve dikkat gösteriyorsa ve sevgisini 'öpme, okşama ve uzun süre bakışma' davranışlarıyla belli ediyorsa, bebeğine 'bağlı bir anne' olarak değerlendirilir.

Annenin bebeğine yoğun bir sevgiyle bağlanabilmesi için, doğumun hemen sonrasında bebeğinden duyusal uyaranlar alması gerekir. Doğumun hemen arkasındaki o çok duyarlı ve önemli sürede annenin dokunsal, görsel ve işitsel açıdan uyarılmasının özel bir önem taşıdığı düşünülmektedir.

Bu nedenle yenidoğanın, doğumu izleyen saatlerde annenin yanında bırakılmasının gerekli olduğuna inanmaktayım.

BEBEĞİN EBEVEYNE BAĞLANMASI

Bir çocuktan bir kişi olarak söz edebilmek, ancak kendisinin ayrı bir birey, sosyal bir varlık olduğunun bilincine varmasıyla mümkündür. Daha sonradan, kendisine özgü bir birey olabilmek için annesinin koruyucu kozasından, en azından kısmen çıkması ve kendisine ait bir görüş açısı geliştirmesi gerekecektir. Seyahatini gerçekleştirmek amacıyla yerçekiminin dışına çıkmak zorunda olan bir uzay mekiği gibi, çocuklar da annelerinin çevrelediği güven yörüngesinin dışına çıkmak ve dünyada kendi yerlerini edinmeye doğru adım atmak zorundadır.

Dört aylık olduklarında, bebekler insanlara hemen hemen önceki aylarda olduğu gibi davranırlar, fakat annelerine daha belirgin bir tepki vereceklerdir. Diğer insanlara yaklaşımlarıyla kıyaslandığında, annelerine daha çok gülümseyecek, konuşmayı andıran ilk sesleri çıkaracak ve gözleriyle onu izleyecektir.

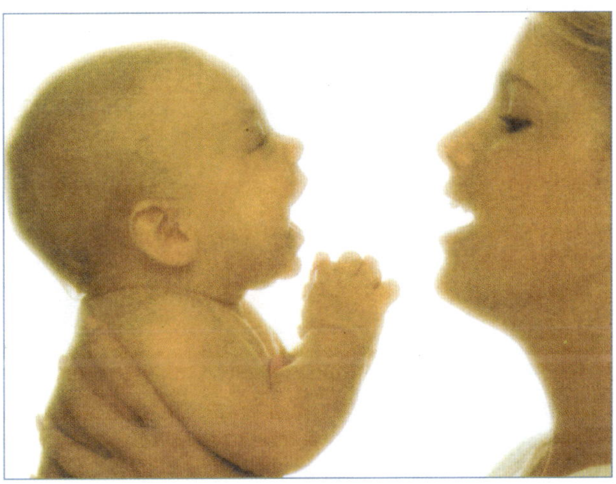

Güven dolu bağlılığın önkoşulu, dikkatli, ilgili ve duyarlı bir bakımdır.

6. ayda, bebeklerin yaklaşık üçte ikisinin, annelerine çok yakın bir biçimde bağlandıkları görülür. Bu eğilimleri, ayrılık karşısındaki sürekli ve ısrarlı itirazlarından anlaşılabilir.

7. ve 9. aylar arasında bebeklerin artan fiziksel yetenekleri ve zihinsel yeterlikleri, duyguları ve sosyal ilişkilerinde ek değişimler doğurur. Yabancılardan sakınabilirler. Tek başına bırakılmaktan hoşlanmazlar annelerine karşı çok güçlü bir bağlılık duyarlar.

9. ayda bebeklerin dörtte üçü annelerine sevgiyle bağlıdır. Bu bağlılık, yalnızca arada sırada başka bazı tanıdık yüzlere de gösterilir.

Erikson, bağlılığı, ebeveyn ile çocuk arasında güvene dayanan bir ilişkinin kurulması biçiminde açıklar. Bowlby'ye göre bağlılık, çocukların çevrelerini araştırıp keşfedebilecekleri güvenli bir destek temeli oluşturarak korku duygusunu azaltır.

Anneye özgü duyarlılık, çocuğun tepkilerini etkileyen en güçlü etkendir. Güvenle bağlı bebeklerde bebeğin davranışlarına karşı duyarlı bir annelik sergilenir. Güven dolu bağlılığın ön koşulu, dikkatli, ilgili ve duyarlı bir bakımdır.

Buna karşılık, istismar eden, ihmalkâr veya tutarsız, değişken bir ilgi ise güvensiz bir bağlanmayla sonuçlanır. Böyle bir ortamda, endişeli ve kayıtsız kalınmış bebeklerin etkileşime girmeyi istedikleri davranışları anneleri tarafından reddedilmektedir. Güvensiz bir biçimde bağlı, endişeli olan ve direnişe geçen bebeklerin ev ortamında, uyumsuz anne-bebek ilişkisi egemendir. Duygusal açıdan istismar edilen çocuk üzerindeki etkiler, onun benlik kavramında, insanlararası ilişkilerinde ve yaşam boyu amaçlarında kendisini ortaya kor.

Güvenli bağlanma gösteren bebeklerin, gelecekteki okulöncesi dönemde; rekabetçi, özgüvenli, arkadaş canlısı, bağımsız özelliklere sahip, sorun çözmede başarılı birer birey oldukları görülür.

Buna karşılık, güvensiz bağlanma gösterenlerin, okulöncesi dönemde ilgi bekleyen, sürekli onaylanma ihtiyacı duyan ve bağlandığı yetişkinin diğer çocuklarla ilişkisini engelleyecek derecede bu kişiye yapışan çocuklar olduğu gözlemlenmiştir.

? *Yaşamın ilk yılında bebeğin temel beklentisi ve gereksinimi nedir?*

Yaşamın ilk altı ayında bebek için ana soru, "Bu insanlara güvenebilir miyim?" şeklindedir.

İlk duygu ve düşünceleri pek açıklık kazanmamakla birlikte bebeğin temel konuları arasında, "Güvende miyim?", "Beni kim doyuracak", "Bu insanların yakınımda kalmalarını nasıl sağlayabilirim?" gibi sorular bulunur. Yeni doğan bebek, çevresinde ne varsa sadece algılamakta, kaydetmektedir.

İsteklerini dile getiremeyeceğinden ihtiyaçlarını (altının değiştirilmesi, beslenme, sevilme-okşanma, gazının çıkartılması, kucakta taşınma, dolaştırılma) tahmin etmenizi bekler. Yardım isteğini belirten ağlamalar karşısında kayıtsız kalmamanız önemlidir. Çünkü bebek, uzun bir süre ilgisizlikle karşılaşır, isteklerine kayıtsız kalınırsa pasif ve mutsuz bir yapı geliştirebilir.

Kısa bir süre için içten bir biçimde ağlamaya başlamasına izin vermek de aynı ölçüde önemlidir. Böylece ihtiyaçlarının karşılanmasını sağlamak için bir şey yapabileceğini, ağlamasının yardım getireceğini öğrenmiş olur. Acıktığını daha söylemeden her zaman doyurulan bir bebek, yaşamın ileriki yıllarında ne istediğini tam olarak bilemeyebilir, güçlük yaşayabilir.

Bu dönemde çocuğu okşamak, sevmek çeşitli sevecen sesler çıkarmak, yüzüne bakarak gülümsemek, onun daha mutlu, daha huzurlu olmasını sağlar. Sonuç olarak bebek, çok daha kolaylıkla uyur, beslenir ve öğrenir.

Yaşamın ilk yılında bebeğin tüm gelişim boyutlarıyla ilgili yeterlikleri belirgin bir ilerleme gösterir.

Kendi başına yardım olmadan oturması ve emeklemesi 9. ay, yürümesi ise 1 yaş dolaylarında gerçekleşir. Bunun yanı sıra ilk yılda, bellek ve sorun çözme yetenekleri geliştiğinden, çevrelerine karşı daha ince bir duyarlık kazanırlar; nasıl ve ne yönde etkileşeceklerini öğrenirler.

Emekleme dönemindeki bebek, fiziksel olarak yorucu olabilir, insanı usandırabilir. Bu nedenle bu aylarda, annenin kendine birkaç saat ayırıp dinlenmesi önemlidir.

? *10 aylık çocuğumuz, bulduğu her şeyi ağzına götürüyor. Bu neden kaynaklanıyor?*

Bebek bakarak, dinleyerek, koklayarak ve tadarak öğrenir. O, ihtiyacı olan bilgiyi edinmek üzere beş duyu organını da kullanır. Ama ağzın onun için özel bir önemi vardır. O, çevresindeki objeleri yalayarak, emerek hissetmeyi öğrenir.

Başka bir deyişle bebek, dış dünyayı, 'ağız mekânı' yoluyla tanır. 1 yaşına geldiğinde bebeğin objeleri ağza alması giderek azalır.

Çocuk, büyük-küçük seçimi yapmadan tüm objeleri ağzına götüreceğinden ana-babanın bu konuda dikkatli olması, küçük oyuncak ve boncukları etrafta bulundurmaması gerekir.

? *Anne sütünün çocuk gelişimi ve sağlığı açısından önemi nedir?*

Yaşamın ilk 4-6 aylık dönemi sürecinde bebeğe verilecek tek besin öğesi anne sütü olmalıdır. Bu sütün bebeğin gereksinimlerini tam olarak karşıladığını saptayan en önemli bulgu ise bebeğin ağırlığında olan artış ve gelişmedir (Bilgel, 1997).

Yenidoğan, annesiyle bakış ilişkisini, en erken ve en iyi meme emerken kurar.

Bu nedenle anne sütüyle beslenme, çocuğun bedensel gelişimi açısından önemli olduğu gibi, tensel temas yoluyla anne ile çocuk arasındaki ilişkinin gelişmesi açısından da büyük önem taşır. Anne sütü kimyasal bileşimi itibariyle yüksek düzeyde besleyici, hastalıktan koruyucu ve bebeği rahatlatıcı, sakinleştirici özelliklere sahiptir.

Ayrıca anne sütüyle beslenen bebeklerin anneyle daha güçlü bir yakınlıkları olması nedeniyle, algılamalarının daha hızlı geliştiğini ve biberonla beslenen bebeklere kıyasla daha yüksek bir IQ'ya (Zêka Bölümü) sahip olduğunu kanıtlayan araştırmalar bulunmaktadır.

? Bebekler hangi sıklıkta beslenmelidir?

İstanbul Üniversitesi Çocuk Sağlığı Enstitüsü'nün "Başarılı Emzirme" isimli kılavuzuna göre, beslenme sıklığı bebekten bebeğe değişir. Her istediğinde emzirilmesi gereken bebek, ağzını açarak, aranarak, sonunda da ağlayarak açlığını belli eder. İlk haftalarda emzirme aralıkları bir-iki saat gibi çok kısa olabilir. Her emzirme sonrası memede yapılan süt miktarı biraz daha artacağından, zamanla beslenme aralıkları uzayacaktır. Bebek ne kadar çok emerse, anne o kadar çok süt üretir.

Anne sütü, ilk aylarda, bebeğin tüm besin gereksinimini karşılayacak bileşimdedir. Sindirimi kolaydır. Anne sütüyle beslenen bebeklerin su da dahil, başka bir ek besine gereksinimleri yoktur.

? Bebeğimizin ilk yılında ne tip oyuncaklar almamızı tavsiye edersiniz?

Çocuğun eğitimi ve gelişimi için son derece önemli bir etkinlik olan oyun, doğumla birlikte başlar ve yaşam boyu sürer. Başlangıçta çocuğun kendi bedeni, el ve ayak parmakları ile annesinin memesi, oyuncak işlevini görür. Yaşamın ilk yılında alınacak oyuncakta aranan özellikler, bebek ağzına götürüp emeceğinden, "temiz" ve "güvenli", yutulmayacak kadar büyük olmasıdır. Karyolasının üzerinde bir uçtan diğerine uzanan, görme alanı içindeki ipe dizilmiş parlak renkte ve ses çıkaran güvenli oyuncaklar da uygundur. Oyuncaklar birbirinden kesin şekilde farklı olmalıdır ki, görme, dokunma, işitme gibi çeşitli duyulara hitap edebilsin. Renkler alabildiğine canlı olmalı; plastik, tahta vb. gibi değişik maddelerin kullanıldığı oyuncaklar seçilmelidir. Hepsi olmamakla birlikte, bazıları ses çıkarmalı ve bu sesler de birbirinden ayrı olmalıdır. Bu oyuncaklar dizisi, onlara uzanabildiği ve uyaranların çeşitliliği arttığı sürece bebeği inanılmaz derecede eğlendirecektir.

Bebek yaklaşık üç aylık olduğunda cisimleri kaldırma yönünde ilk denemelerini yapacak, ancak altıncı aya kadar pek başarılı olamayacaktır. Altıncı ayda ise, tüm avcunu kullanarak büyük olasılıkla cismi kavrayacaktır. Bunun için küçük bir oyuncak uygundur. Büyüdükçe baş parmağı ile işaret parmağını kullanıp kıskaç hareketi yaparak, daha küçük objeleri tutabilir hale gelecektir. Bu, çocuğun ağzına attığı birtakım objeleri çıkarmak için hazır bulunmanız anlamına gelecektir. Çünkü birinci yılın ikinci yarısından itibaren bu davranış görülecektir.

Birinci yılın sonlarına doğru emeklemeye, böylece yerdeki objelerle oynayabilmeye başlar. Bu dönemde büyük, hareket edebilen, itilip çekilebilen, yuvarlanabilen oyuncaklara ihtiyaç duyulacaktır.

Önceleri oyuncağın görüş alanından çıkarak kaybolması onda bir hayal kırıklığı yaratır, ses çıkaran bir oyuncak daha çabuk bulunması açısından yararlı olabilir.

Çocuğunuz, en büyük zevki sizinle oynarken yaşayacaktır. Eşyayı alıp saklamanız, sonra geri vermeniz gibi oyunlardan büyük haz duyacaktır. Burada önemli olan, monotonluğu ve sıkıcılığı önlemektir. Dikkatinin dağıldığını fark ettiğiniz anda faaliyeti değiştirin. Ancak onu asla oyuncak yağmuruna tutmayın. Çünkü bu onu şaşkına çevirecek, zaman içerisinde duygusal doyumsuzluğa neden olabilecektir. Ayrıca herhangi bir nesnenin onun için oyuncak olabileceğini unutmayın. Güvenli ev eşyaları da bu nesnelerdendir. Örneğin mutfaktaki tahta kaşık, onun davul çalması için ideal bir oyuncaktır.

Bazı oyuncaklar da, ısırabilmesi için uygun olmalıdır. Isırma, keşfetmenin başka bir yoludur ve tehlikeli bir yanı yoktur.

YAŞA GÖRE DEĞİŞEN DAVRANIŞLAR
VE GELİŞİME BAĞLI KARŞI KOYUŞLAR

1 Yaş

Bir yaş, çocuğun kendini ve dünyasını keşfetmeye başladığı yaştır.

1 yaş çocuğunun en karakteristik özelliği, tam bir benmerkezcilik örneği sergilemesidir. O, hep alır. Hiç vermez. Kendi bildiğini yapmakta ısrar eder. Objeleri yakalar. Her şeyin sadece kendisine ait olmasını ister. Paylaşamaz. Bir grupla oynarken bile yalnızdır.

1 yaş çocuğu artık ayağa kalkabilir, yürüyebilir. Onun dünyası keşfettikleridir. O koşar, iter, eline aldığı her şeyi tatmak ister.

Otonomi (kendi kendini yönetme) için mücadele, bu yaşın gelişime bağlı olan en tipik karşı çıkışıdır. 1 yaş çocuğu tüm dikkatini, ebeveyninin koyduğu sınırları test etme-deneme ve kendini keşfetmeye vermiştir. Onun bu cüretkâr tavrı tümüyle dürtüseldir. O, iyi ile kötü arasındaki farkı henüz bilemez. "Evet" yerine "hayır", "aşağı" yerine "yukarı" der. Umutsuz olduğu zamanlarda annesine yapışır.

Ebeveynle iyi ilişkilerin nasıl kurulacağı, onun için bir anlam ifade etmez. Kısaca bu yaş, çocuk için işlerin zor gittiği bir yaştır.

On iki aylık ile yirmi dört aylık dönem arasında bebeğin dili kullanma becerisindeki hızlı gelişmeye, taklit oyunu (miş gibi yapma) ve daha karmaşık sorun çözme biçimleri eşlik etmeye başlar. Bebeklik döneminin sonlarına doğru, çocuklar yetişkin ölçütlerine daha yoğun bir ilgi ve dikkat göstermeye ve bu ölçütleri karşılamak için çaba göstermeye başlar.

Yeni yürümeye başlayan çocuğun bu evredeki temel görevi tek, bağımsız bir birey olduğunu öğrenmek ve kendi kendine yeterli olabilmektir. Yeni yürümeye başlayan çocuk, kendisinin farklı ve biricik olduğunu, çevreyi keşfederken, ayrılık, yeterlilik ve bağımsızlık deneyimleri sırasında öğrenir.

Bu evrede çocuğun olumsuzluğu, gerçek anlamda bir karşı gelme değildir. Bu henüz gelişmemiş bir bağımsızlık duygusu ile yalnızlık deneyiminin bir birleşimidir. Cesaretlendirici, yönlendirici ve sakin bir yaklaşım içindeki ebeveyn, bir yandan ciddi problemlerin gelişimini önlerken, öte yandan yeterli olma ve benlik değerini kazanma sürecini olumlu etkilemiş olur.

Yine bu evrede çocuk, ebeveyninin dışında çevreyi keşfetmeye başlar. Ancak ebeveynine fiziki yakınlığını sürdürerek, güven ve rahatlık aramaya devam eder. Uzaklaştığı zaman, ebeveyninin arkasından koşmasını bekler. Böylelikle bağımsızlık pratiği yapmayı güvenli bir biçimde öğrenir.

Yaşayarak öğrenme ve eylem yoluyla çevreyi keşfetme, yeni yürümeye başlayan çocuk için en önemli öğrenme yollarıdır.

? *1 yaşındaki çocuğu daha kolay yönlendirebilmek için evde nasıl bir ortam hazırlamamız gerekir?*

Bu dönem, çocuğun, 'ara-bul, dünyayı keşfet!' ilkesiyle hareket ettiği, size hiçbir yük getirmeden kendini eğitmeye başladığı bir dönemdir. Çevresinde her ne görürse avuçlayarak, itip çekerek, ağzına götürüp tadına bakarak, yiyerek bu kocaman güzel dünyanın içine ilk adımlarını atar.

Sürekli, "Hayır, yapma!" demek zorunda kalmamak için, evinizde çocuk için güvenli bir alan oluşturmakla rahatlamış olursunuz. Müzik setini yüksek bir yere yerleştirin, yeni duvar kâğıdı yaptırmayı daha ileri bir tarihe erteleyin. Böylece çocuğunuz, evde huzur içinde hareket edebilecektir. Evi çocuğa uygun bir hale getirmek, öncelikli göreviniz olmalıdır.

Küçük çocuk, fotoğraf makinesinin tencereden farklı bir obje olduğunu ve birini düşürmenin yaramazlık olarak nitelendirilip, diğerinin nitelendirilmediğini bilemez. Ebeveyni, o, fotoğraf makinesini düşürdüğünde kızmakta, ancak tencereyi düşürdüğünde bunu önemsememektedir. Ebeveynin bu tepkisi çocuğa mantıksız görülür ve ona, ebeveynin öfkesinin garip ve önceden kestirilemez olduğunu öğretir. Bunu önlemenin en iyi yolu, çocuk bazı objelerin değerini anlayıp onları nasıl kullanacağını öğrenecek yaşa gelinceye kadar, değerli ve kırılabilecek olan eşyaları göz önünden kaldırmak olacaktır. Çocuk, objeler arasında bazı farklılıklar olduğunu sonradan öğrenir. Çocuğun bireyselliğine saygı duyduğunuz ve onu oynayabileceği türden objelerle oynamaya yönelttiğiniz takdirde, objelere dikkat etmeyi daha çabuk öğrenecektir.

Ayrıca bu yaştaki çocuklardan, dik oturma ve tuvaletini kontrol edebilme gibi bazı becerileri kazanmış olmaları beklenmemelidir.

? *Oğlumuz 1 yaşını doldurduğu halde, hiçbir yürüme eğilimi göstermemekte. Bu, endişe edilmesi gerekli bir durum mudur?*

Pek çok sağlıklı çocuk, 18 aya, hatta 2 yaşa ulaşmadan yürüyemeyebilmektedir. Benzeri gecikmelere hem "konuşma" becerisinde hem de diğer gelişim alanlarında rastlanabilir. Öncelikle, çocuğunuzun diğer alanlardaki gelişimini göz önüne alın. O, dik oturabiliyor ve emekleyebiliyor mu? Büyük beceriyle emekleyen çocuklar, genellikle geç yürüyen çocuklardır.

Çünkü onlar, el ve ayaklarının üstünde güvenli bir şekilde hareket ettikleri metottan, sadece iki ayaklarını kullanabilecekleri, denge kurması zor yönteme geçmek için bir sebep görmemektedir.

Dikkat etmeniz gereken bir nokta şudur, çocuğunuz sandalyeye tutunup, kendini çekerek ayağa kalkabilmekte midir?

Çocuğunuzun zihinsel gelişimini de göz önüne almalısınız. Anlaşılmaz sesler çıkarıp, hatta bazı uydurma kelimeler oluşturmakta mıdır? Normal düzeyde merak göstermekte midir ve ince el becerisi gelişmiş midir? Objeleri avuçlarıyla yakalama aşamasını geçip, parmaklarını kıskaç gibi kullanarak hareketler yapabilmekte midir?

Tüm bunları normal şekliyle yapabildiği takdirde ve özellikle yattığında bacaklarıyla normal biçimde tekmeler atıyorsa, çocuğun yürüyemiyor olması problem değildir. Ancak şüpheleriniz devam ederse çocuk doktorunuza danışmanız yararlı olur.

Çocuğunuzun gelişimini diğer çocuklarla kıyaslamaktan vazgeçin. Aynı aileden gelen çocukların, hatta ikiz kardeşlerin gelişim hızları arasında bile gözle görülür farklılıklar bulunmaktadır.

? Konuşma gelişimini desteklemek için neler yapabiliriz?

"Dünyayı temsil eden semboller sistemi" olarak tanımlanan dil, düşünce yapısının oluşumunu hızlandırır. Başlangıçta konuşma, düzenleyici ve iletişimsel işleve sahipken, sonraları çocuğun öğrenmesine, düşünmesine ve anlamasına yardım eden işlevlere de hizmet eder. Çocuğun konuşması geliştikçe, eylemlerini kontrolü ve planlaması da artar. Kendi eylemlerini düzenlemedeki sözcük gücü, başkalarını yönetmedeki gücünü de ortaya çıkarır. İşte bu nedenle çocuğun dil gelişimi önemlidir. Ailesi tarafından desteklenmelidir. Bebeğin çıkardığı ve konuşma becerisinin temeli olan anlamsız sesleri desteklemenin en iyi yolu onunla konuşmaktır. Ayrıca onun başarıları karşısındaki teşvikler, çıkardığı bu seslerin artmasına yol açacaktır. Araştırmalar, anneleriyle daha uzun süre birlikte olan çocukların daha çok sözcük öğrendiklerini ortaya koymuştur. Ancak, çocuklarının dile ait davranışlarını sürekli kontrol eden ve yönlendiren, çocuğun konuşmasında fazla ısrarcı olan annelerin çocuklarında dil gelişiminin yavaş olduğu saptanmıştır.

Çocukta konuşmayı reddetme bir çeşit tepkidir. Büyük tuvaletini yapması için zorlanan çocuğun bunu reddetmesi gibi, konuşması için baskı yapılan çocuk da kelimeleri içinde tutar hale gelmektedir.

Ana-babalar, çocuklarının konuşmaları konusunda kaygısız bir yaklaşım benimsemeli ve aynı zamanda onlarla olağan bir şekilde konuşmayı sürdürmelidirler. Çocuktan bir yanıt alamadıklarında ise yorumsuz kalmayı tercih etmelidirler. Çocukların ağzından sözcükleri âdeta kapmaya çalışan birçok ebeveyn, bazen çocuğun istediği bir oyuncağı, adını doğru telaffuz edinceye kadar vermeyi reddetme gibi bir tutum sergileyebilmektedir. Bunun üzerine çocuk hiçbir şey söylememeyi yeğlemekte ya da sözcüğün adını yanlış söylemeyi sürdürmektedir. Bu konudaki doğru yaklaşım; hiç kaygıya kapılmadan, çocuğa oynamak istediği oyuncağı vermek ve oyuncağın adını söylemesi için asla ısrar etmemektir. Ebeveyn, çocuğa ait ilk konuşma veya seslerin, anlamsız hatta saçma olacağını kabul etmelidir. Çünkü çocuk henüz anlamlı sözcükler oluşturacak olgunluğa ulaşamamıştır. O, ağzını oynatabileceğinden daha hızlı düşünmektedir. Becerileri geliştikçe, bu anlamsız sesler gerçek sözcüklerden oluşan doğru telaffuzlu bir konuşma şekline dönüşecektir. Bu adımda düzeltmeler yapmak, çocuğun bu anlamsız sesleri çıkarmada ısrar ederek kekelemesine yol açabilmektedir. Bu nedenle, çocuğunuzla sadece sıradan bir şekilde konuşmanızın, onun dil gelişimine olumlu etkisi olacağı açıktır.

Tehlikeli İlişkiler / Ramize Erer

Dolaylı geribildirim kullanarak da çocuğun konuşmasını geliştirmeniz mümkündür. "Top düş" dediğinde, "top düştü" düzeltmesi buna bir örnek olabilir. Bunun yanında, onunla asla kendi dilinde (bebek dili kullanarak) konuşmayın, çünkü bu, onun bir objeyi iki isimle adlandırmasına yol açabilecektir.

Bu konuda dikkat edilmesi gereken bir başka nokta da çocuğun anadilini akıcı, vurguları düzgün bir modelden kapmasıdır. Ülkemizde son yıllarda çeşitli gerekçelerle çocuk bakıcısı olarak çalıştırılan Moldavyalı veya Filipinli yardımcıların, çocukların anadilini doğru öğrenmesi ve akıcı konuşması açısından ciddi zararı olduğunu vurgulamakta yarar görmekteyim.

? ***Bebeğimizin nesneleri sol eline alıyor olması, onun kesinlikle solak olacağının bir işareti olabilir mi? Onu, sağ elini kullanması yönünde teşvik etmeli miyiz?***

Hangi elin baskın olacağına ilişkin olarak çocuklarda, çok erken gözlemler yapmak olanaklıdır. Yenidoğanın yatarken başını ne tarafa döndürdüğü ipucu verebilir. Bebeklerin % 70-90'ının, başını sağ tarafa döndürdüğü izlenmiştir (Korkmaz, 2000).

Bebek, yaklaşık 6. -7. aylarda, ilk kez objeleri eline almaya başlar. Bunu yaparken elini yakalama pozisyonuna getirdiğinden, tüm parmakları objeye değer. Daha sonra belki diğer elini de ötekine yardımcı olması ve objenin düşmesini engellemek için kullanabilir. Bu aşamada, nesneyi kaldırmak için her iki elini de gelişigüzel bir şekilde kullanacaktır. Eline aldığı nesneyi, diğer eline geçirmekten ve ağzına götürmekten zevk alacaktır.

Bebek, dokuzuncu ayda, başparmağını ve işaretparmağını kullanarak "kıskaç" hareketi yapmaya başlar.

1 yaş dolaylarında, özellikle 18. aya gelindiğinde, bir elini diğerinden daha baskın olarak kullanmaya başlar. Ancak bu aşamada, onun sol elini mi, yoksa sağ elini mi kullandığı konusunda kesin bir yargıya varabilirsiniz. Buna rağmen kesin yerleşme, 8-9 yaşlarında olur. Bu nedenle bu yaşlara kadar her iki elin değişik işler için baskın olması, tek başına önemli bir belirti değildir.

Hiçbir şekilde onu, kullandığı elinden vazgeçirip diğerine yönlendirmeye çalışmamalısınız. Eğer solaksa elbette bu elini kullanacaktır. Ayrıca bu durumun fizyolojik özelliğe bağlı doğal bir olay olduğu da akıldan çıkarılmamalıdır. Ancak iki elini kullanması gereken dönemde, 7 aylık bir bebek sürekli tek elini kullanıyorsa, diğer elinde bir problem olabileceğinden şüphe edilebilir ve çocuk hekimine başvurulabilir.

YAŞA GÖRE DEĞİŞEN DAVRANIŞLAR
VE GELİŞİME BAĞLI KARŞI KOYUŞLAR

2 Yaş

2 yaş dönemi, çocukların kendi yeterliklerini sergilemekte ısrar ettikleri dönemdir. Oluşturulan bu yeni benlik anlayışı içerisinde, yetişkin ölçütlerine karşı giderek artan bir duyarlık görülür.

Bebeklik döneminin bittiği, çocukluk döneminin başladığı ve 6 yaşına kadar sürecek bu okulöncesi evrenin başlıca gelişimsel görevi, Erikson'a göre 'inisiyatifin' elde edilmesidir. Çocuğun yetişkin davranışlarını taklit etmesi, bir ego-ideali olarak anne-babasını özümseyerek 'kendisiyle bütünleştirmesi', olumlu ve role uygun özelliklerine daha seçici bir dikkat göstermesindeki artış hep bu evreye rastlar.

Çocuğun yetişkinlerce onay görmesi, onun tatminkâr bir yeterlik düzeyine ulaştığının göstergesidir. Çocuklar yetişkinler tarafından onaylanmak ister ve buna giderek artan bir ölçüde bağımlıdırlar.

Kendi kimliğine ilişkin giderek artan bir farkındalığa ulaşmak 2 yaş dolaylarında –korkunç ikinci yıl– 'negativist bunalım'ını da beraberinde getirir. Daha önceleri çabalarında, uğraşlarında herhangi bir sorun, huzursuzluk yaratmadan destek görmeyi kabullenmiş olan çocuklar, bu yaşa geldiklerinde, her ne yapıyorlarsa kendi başlarına yapmakta ve kendi yeterliklerini sergilemekte ısrar ederler. Ayrıca ebeveynin ricalarına ve komutlarına da karşı koyarlar.

Disiplin, çocuğun ikinci yılında oldukça önemli bir sorun haline gelir. Doğru ve yanlış kavramları, davranış kuralları, uygun tavırlar ve değerler, kendinden başka birinin bakış açısını görme yeteneği gibi, çocuğu toplumsallaşmış bir kişilik haline getiren bütün temel nitelikler, öncelikle anne-baba tarafından ona kazandırılır.

2 yaşına ulaşan çocuğun, emekleme çağındaki ağlama-bağırma gibi zorlayıcı tepkilerin yerine, oldukça geniş bir çeşitliliğe sahip sözel ve motor beceriler geliştirecek kadar aşama kaydettiği görülür. 2 yaşında çocuk, çeşitli kas düzenekleri arasında artan bir denetim kazanmıştır; böylece dik yürüyebilir, koşabilir, atlayıp zıplayabilir, tırmanabilir ve ihtiyaçlarını açık bir şekilde ifade edebilir. Ellerini kullanmadaki yetkinleşme, kaşıkla yeme yeme ve küçük nesneleri kavrayabilme gibi hareketleri gerçekleştirmesini mümkün kılar. Sindirim ve boşaltım sistemi kasları (dışkılama, idrarını tutabilme) istemli denetim geliştirebilir, ancak toplam ve sürekli denetime henüz bir süre daha ulaşılmaz.

2 yaş çocuğunda, yeni bir düşünce biçimi görülür:

- Belli hedeflere ulaşma amaçlı sistematik sorun çözme becerisi geliştirir.
- Saklanmış nesneleri bulmak için sistematik bir arayışa girişir.
- Belirgin bir deneme-yanılma yönteminin aracılığı olmadan sorunlara çözüm getirir.

Oyun, harekete dayalı olmaktan çıkıp, nesnelerin hayal ürünü durumlarda, -miş gibi kullanımına doğru aşama aşama gelişir. 2 yaş dolaylarında, aracı olarak oyuncak bebek gibi nesneleri kullandığı bir dizi -miş gibi yapma, rol oyunu gerçekleştirilir.

2 yaş çocuğunun en çarpıcı karakteristik özelliği, akranlarına benzeme arzusundan dolayı karar vermede çektiği zorluktur. O, bir seçenekte karar kılar kılmaz diğerini ister.

Henüz empati geliştirememesine, onlarla birlikte oynamak yerine onların paralelinde oyunlarını oynamasına rağmen yaşıtlarıyla birlikte olmaktan keyif alır. Ancak hâlâ oyuncaklarını arkadaşlarıyla paylaşamaz.

2,5 yaşından itibaren çocuk, zorlu, dikkat gerektiren ve duygu patlamaları içeren deneyimler yaşar. Bu dönemde, öfke nöbetlerine sıklıkla rastlanır. Çocuk istediğini ısrarla almaya çalışır. Ana-babayı birbirine düşürerek hedefine ulaşmak için onları manipüle eder. İstediği her şeyi ağlayarak, vurarak, tekmeleyerek elde etmeye çalışır. Bu, gerçek anlamda bir saldırganlık değildir.

O, güçlü arzularına ulaşmak, dürtülerini tatmin etmek üzere sadece oynamaktadır. Onun emredici ve talepkâr görüntüsü, kötülük olsun diye değil, kendine olan güvensizliğinden kaynaklanmaktadır.

Dünya ona büyük ve tehlikeli görünür. Eğer o, dünyanın ana-babasından oluşan küçük bir kısmını bile kontrol edebilir ya da yönetebilirse, kendisini daha güvenli hissedeceğine inanır.

2 yaşındaki çocuğa bir şeyi yapmasını söylediğimizde iki tepkiden birini alırız. Çocuk ya bizi görmezden gelir ya da "hayır" der. Her iki durumda da, yasaklanan işi yapmaya devam eder.

Hayal ile gerçeği ayırmada da sorunu vardır. Rüyalar gerçek görünmektedir; canavarlar gerçekten yatağın altında yaşıyor gibidir.

2 yaşındaki çocuklar, bir duruma ilişkin gerçekler ile bu konuda kendi isteklerini ayırt etmekte sorun yaşarlar.

2-3 yaşlar arasındaki çocuğun kişiliği, diğerlerini kendi isteğine göre yönetebildiği ve gücün onun elinde olduğunu öğrendiği zaman daha çabuk gelişir.

Çocuk ikinci yaşını bitireceğine yakın, yepyeni bir benlik anlayışı belirmeye başlar. Bu anlayışın belirtileri şunlardır:

1. Dilde kendine gönderimde bulunma, kendini kaynak gösterebilme,
2. Yetişkin ölçütlerine karşı giderek artan bir duyarlık,
3. Yetişkin ölçütlerine uymaya çalışma,
4. Kendi hedef ve ölçütlerini belirleme konusunda yeni yeni gelişen bir yetenek,
5. Aynadaki imgesini anında tanıma.

? *2 yaşındaki çocuğumun sürekli soru sormasının nedenini açıklar mısınız?*

2 yaş çocuğu, "sorgu çağı" dönemine girmiştir. O, ebeveyninin ağzından çıkan her cümleye, "Niçin?" sorusunu yöneltir.

Onun temel arzusu daha fazla bilgilenmektir. Sürekli tekrarladığı sorularının ardında, annesini özellikle kızdırmak gibi bir düşüncesi yoktur. O, kendisini çevreleyen tüm nesneleri ana-babasının rehberliğinde öğrenecektir.

Bu dönemde çocuk, mantıklı düşünmeye başlar. 2 yaş, birtakım konulara basit açıklamalar getirmek için elverişli bir dönemdir. Örneğin; "Kedi yavrusunu sıkıştırdığın zaman öfkeleniyor. Gel onu nasıl okşaman gerektiğini sana göstereyim," gibi.

Kısaca, çocuğunuz bu evrede sürekli size soru soracaktır. Sizden beklenen, en basit ve yalın bir şekilde onun sorusunu sabırla cevaplamaktır.

? *2 yaşındaki çocuğumda sık sık öfke nöbetleri yaşamaktayız, sebebi ne olabilir?*

2 yaş çocuğunda varolan yetersiz yargılama düzeyi ve güçlü irade kombinasyonu, onun ebeveyniyle sık sık çatışmaya girmesine neden olur. Öfke nöbetleri, bu çatışmaların bazılarının tepe noktasını oluşturur. Bunlar, çocuğun mutlaka kötü huylu olduğunu göstermez, bu yaşta normal sayılan kontrolsüzlüğün bir ifadesidir.

Çocuk, nöbetin ortasında kendine hâkim olamaz, bu sebeple ona susması söylenir ya da ardından ceza verilir. Aslında problem sakinleşememesidir, bundan dolayı eğer siz de sinirlenirseniz, öfkeniz onunkini besler. Odadan dışarı çıkıp, öfkesi dininceye kadar onu yalnız bırakmak, daha sonra yanına gelmek daha doğrudur. Kimse, seyircisi olmayınca gösteri yapmak istemez. Nöbet halindeki çocuk da, yalnız bırakılınca yatışacaktır. Ancak kapıyı açık bırakmaya ve fazla uzaklaşmamaya dikkat etmek gerekir.

Problemi mümkün olduğunca denetim altında tutun ve dikkatini başka yöne çekmeye çalışın.

Bazı çocuklarda daha sık görülen nöbetler, onların farklı kişilik özelliklerinden ya da güncel yaşamda daha fazla öfke uyandırıcı etkenle karşılaşmış olmalarından kaynaklanabilir.

YAŞA GÖRE DEĞİŞEN DAVRANIŞLAR
VE GELİŞİME BAĞLI KARŞI KOYUŞLAR

3 Yaş

Çocuğun giderek daha az "bencil" ve annesine daha az "bağımlı" olduğu 3 yaş, soruların yoğun bir şekilde yöneltildiği bir dönemdir.

3 yaş çocuğu artık daha az "bencil" ve annesine daha az "bağımlı"dır. Annesine ev işlerinde yardımcı olur. Onunla alışverişe gider, oyun oynar. Kısaca onu memnun eder. Bu yaş, çocuğun yaşıtlarıyla birlikte oynamaya başladığı yaştır. O, yaşıtlarıyla oynamaktan mutlu olur. Zamanını onlarla paylaşır. Öğrenme deneyimini paylaşabilecek başka çocukların da olması onun için yararlıdır.

Bu dönem ayrıca bitmek tükenmek bilmeyen soruların yöneltildiği dönemdir. 2 yaşında başlayan sorgu çağı, "Ne zaman?", "Neden?", "Nasıl?", "Neden olmasın ki?" gibi sorularla artarak sürmektedir.

3 yaşında çocuk, öfke ve kırıklığını hâlâ fiziki olarak yansıtır. Hayalle gerçeği birbirinden ayırmaya başladığı bu dönemde, hayal gücüne bağlı deneyimler yaşar. Kendi kontrolünde hayali bir arkadaş edinir. Bazen kendisi olmak yerine, başkası rolünde olmayı yeğler.

3 yaş çocuğu diğerlerinin duygularına duyarlık gösterir ve onların bulunduğu durumu anlayabilir.

3 yaş çocuğunun daha güçlü bir benlik duygusu vardır ve bağımsızlığı kaybetme endişesi olmaksızın itaat etme eğilimindedir. Çünkü 3 yaş çocuğu, kurallara uymaktan hoşlanır. Bunda, beğendiğiniz hareketlerini övmenizin, onu cesaretlendirerek yönlendirmenizin yardımı büyük olacaktır.

Erikson 2-3 yaşları arasındaki temel çatışmanın, özerklik ve utanç arasında olduğunu ileri sürmüştür. Örneğin bu dönemde çocuklar, mesanelerini ve bağırsaklarını kontrol etmeyi öğrenirler. Bu, onlarda bağımsız bir birey olma duygusunu güçlendirir. Buna karşın eğer kontrolü kazanmada başarısız kalmışlarsa, çocuklar kendilerinden utanç ve kuşku duyarlar.

3,5 yaşında yaşam, çocuk için daha zor olmaya başlar. Otonomi (kendi kendini yönetme) amacına dönük mücadele, kendini yeniden hissettirir. İradesini güçlendirmek ister. Genellikle o artık, kolay karar verebilen, atılgan bir bireydir. Fakat büyümesinin başkalarından bağımsız olarak gerçekleştiğini anlamaya başlaması nedeniyle, hâlâ duygusal anlamda kendini güvensiz hisseder.

Çocuk, bu dönemde zaman zaman kekeleyebilir, parmağını emebilir, çeşitli korkuları olduğundan söz edebilir. Daha önce onu korkutmayan bazı şeylerden korktuğunu ifade edebilir. "Bakma!", "Gülme!", "Konuşma!" şeklindeki baskıcı ebeveyn emirlerinden kaynaklanan güvensizliğiyle başaçıkmaya çabalar.

Bu dönemde çocuk, giderek daha olumlu ve dengeli bir birey haline dönüşmeye başlar. O, yaşıtlarıyla oynamaktan mutlu olur. Zamanını onlarla paylaşır.

? ***Oğlum üç yaşında ve tek çocuk. Kısa bir süre önce yeniden hamile olduğumu öğrendim. Ona yeni bebekten nasıl bahsetmeliyim? Henüz söylemek için çok mu erken?***

Öncelikle yeni durumun getirdiği heyecanla, ona bir kardeşi olacağını hemen söylememelisiniz. Sizin için mutluluk verici olan bu haber, üç yıldır sadece sizinle birlikte olan çocuğunuz için kötü bir haber olabilir.

Bunun aksi durumlarda bile, çocuğunuza haber vermek için acele etmeyin. Çocuklar bekletilmekten çok sıkılırlar ve bebeğin doğumuna kadar geçecek 7-8 ay, çocuk için anlaşılması imkânsız bir süredir.

Bedeninizin şeklindeki değişikliği fark ettiğinde elbette söylemelisiniz. Ancak çok yavaş olmasından dolayı, hamilelikte gelen aşamalı değişimi her çocuk fark etmeyebilir. Beden imajı onlar için henüz fazla anlaşılır bir durum değildir.

Erken ya da geç söylemek, çocuğun gelişim hızına bağlıdır. Ancak en geç hamileliğin son haftasında açıklanması gerekir.

Böylece karnınızı elleyebilir hatta şansı varsa bebeğin hareketlerini hissedebilir. Yeni doğan bebeğin nasıl göründüğünü ona anlatmalısınız. Mümkünse bir tanıdığınızın yeni doğan bebeğini ona göstererek, kendisi gibi yürüyebilen bir çocuğun doğacağı yolundaki olası bir beklentiyi değiştirebilirsiniz. Çünkü çocuklar, gelecek bebeğin, doğduğu andan itibaren kendilerine oyun arkadaşı olabileceğini düşlerler.

Çocuğunuzun kardeşiyle ilk karşılaştığı an çok önemlidir. Bu nedenle o an iyice planlanmalıdır. Bebeğiniz hastanede doğacaksa, çocuğunuz en kısa zamanda sizi ziyaret etmeli ve eşiniz, çocuğunuzun ilk ziyareti olduğu konusunda hemşireyi bilgilendirmelidir. Hemşire, emzirme sonrası bebeği yatağınızın sizden biraz uzak bir noktasına koymalıdır. Çocuğunuz odaya geldiğinde, onu kucaklayabilmeniz için elleriniz serbest kalmalıdır.

Bebek hakkında konuşmayın ve onu hemen göstermeyin. Bebeği kendisinin görmesini bekleyin. İlk ziyaretinde hiçbir şey yapmamayı seçebileceği gibi, hemen bebeği görmek de isteyebilir.

Bebeği sevgi dolu karşılamazsa bundan dolayı kırıklık yaşamayın. Eğer isterse onu kucağına almasına izin verin ve sürekli olarak dikkatli olması gerektiğini söylememeye gayret edin. Gördüğü gibi, bebeğin çaresiz, küçücük bir yaratık olduğunu, beslendiği takdirde kendisi gibi zamanla büyüyebileceğini, arzu ederse beslenme ve oyun konularına yardım edebileceğini anlatın. Buradaki yardımın, zorunluluk değil, arzuya bağlı olduğunu vurgulamakta yarar görüyorum. Bazı örneklerimde çocuk, bebeği büyütme görevinin kendine ait olduğunu düşünerek, bu sorumluluğun altında ezildiğini bana yansıtmıştır.

? ***Üç yaşındaki oğlumuz, inanılmaz derecede utangaç. Anaokuluna başlamadan önce, bu güçlüğün üstesinden gelmesi için ona nasıl yardım edebiliriz?***

Çocuklar doğuştan getirdikleri kalıtsal donanımlara bağlı olarak, farklı mizaç özellikleri gösterirler. Bazıları utangaç olmaya eğilimlidir. Utangaçlık, bireyin yeni sosyal uyaranlarla baş etmek için geliştirdiği bir savunma mekanizmasıdır. Duyguların bir karışımı gibidir. Korkuyu, ilgiyi, gerginliği ve memnuniyeti içermektedir. Utangaçlık, çocuğun sosyal gelişimini ve öğrenmesini zorlaştırır. Burada dikkat etmeniz gereken en önemli nokta, çocuğun duygularına saygı göstermek ve onun kendi kabuğuna daha çok çekilmesine yol açacak sert ve anlayışsız tutumdan kaçınmak olacaktır.

Burada, dışa dönük, duygularını kolaylıkla ifade edebilen bir çocuğa uygulayacağınızdan çok daha ince ve yüksek duyarlılıkta yaklaşımlar denemeniz gerekecektir. Empatik yaklaşarak onu anlamaya çalışmanız ve duygularını kabul etmeniz yanında, ona kendisini ifade edebileceği bir oyun ortamı oluşturmak, birlikte vakit geçirebileceği bir oyun arkadaşı bulmak, ilk anda yardımcı olabilir. Zaman içinde çocuk bahçesi ve lunapark gibi oyun ortamlarıyla, dostlarınızın onunla akran çocukları, "çocuğun kendini tanımasına" ve "özgüvenini" geliştirmesine yardımcı olabilir. Ancak ebeveyn olarak, "başkalarıyla oynaması" ve "çeşitli faaliyetlerde bulunması" konusunda baskı yapmamalısınız. Bu, onun, oyun etkinliğinden korkmasına yol açacaktır. Tekrar güven kazanabilmesi ise uzun bir çalışmayı gerektirebilecektir. Sizden istenen, sadece, "ortam hazırlama" ve "özendirme"dir.

YAŞA GÖRE DEĞİŞEN DAVRANIŞLAR
VE GELİŞİME BAĞLI KARŞI KOYUŞLAR

4 Yaş

Dört yaş, karşı gelme yaşıdır. Çocuk, isteklerine karşı gelindiğinde, yetişkinlerle uygunsuzca, az çok kaba bir üslupla konuşabilir ve oyun arkadaşlarıyla kavga edebilir.

4 yaş çocuğunun göze çarpan özellikleri arasında, sınırları zorlaması sayılabilir. O, tahrik edildiği takdirde vurur, tekme atar, hatta mutlu olmadığı zaman evin dışına çıkar. O şamatalı bir şekilde güler, yüksek sesle ağlar. Bir yandan aşırı sever, öte yandan aşırı nefret eder. Genellikle duygularında, uç noktalarda dolaşan bir maymun iştahlılık görülür.

Onun sözel dünyası; mübalağa, böbürlenme, kasılma gibi aşırılıklar gösterir. Kaba ve ilkel sözcükler kullanmaktan zevk alır. Özellikle bu sözcükleri kullandığında, ebeveynin yüz ifadesini seyretmekten hoşlanır.

4 yaş çocuğu, fantezilerden hoşlanmayı ve düzenli bir şekilde masal anlatmayı sürdürür. O, zaman zaman yalan söyleyebilir. Özellikle yaptığının yalan söylemekten daha kötü olduğunu düşündüğü zaman, cezadan kaçmak amacıyla yalana başvurur.

4 yaş çocuğu, elinde olanın kendi mülkiyetinde olduğuna inanır. Ama bir hırsız değildir. Ebeveynine karşı sık sık kaba ve serttir. Bir manada onların otoritesine meydan okumakta ve bağımsızlık sınırlarını zorlamaktadır.

Ceza korkusu olmaksızın davranan 4 yaş çocuğu, neden kurallara uyması ve ahlaklı olması gerektiğini bir türlü anlamaz. Zaman zaman akranlarına karşı da saldırgan olabilir. Toplumsallaşması açısından büyük önem taşıyan ve akran ilişkilerine ihtiyaç duyulan bu evre, "çete çağı" adını alır.

Bütün bu söylenenlerden de anlaşılacağı gibi, 4 yaş, karşı gelme yaşıdır. Bu yaşta çocuk, özellikle aynı cinsten olan aile bireyiyle çatışma yaşar. Bu da çocuğun kendisini suçlu hissetmesine neden olabilir.

Bu yaşta, doğru ve yanlış kavramları verilmeye başlanmalıdır. Gerektiğinde, "kendi odasına göndermek" veya "bir TV programı seyretmesini engellemek" gibi basit cezalar uygulanabilir. Yalnız çocuğun, niçin ceza aldığını bilmesi gerekir. Çünkü cezalandırılmasının sebebini merak eder ve bu açıklanmazsa kendisine haksızlık yapıldığını düşünebilir.

Evde herhangi bir hayvan besleyen çocuk, sorumluluğu kendisine ait bir hayvanı büyütmenin mutluluğunu yaşar.

? *4 yaşındaki çocuğumuz anaokulunda birtakım kötü kelimeler kapmış. Bu şekilde konuşması bizi endişelendiriyor. Onu, bu kelimeleri kullanmaktan nasıl vazgeçirebiliriz?*

Çocuğunuz çirkin kelimeler kullandığında bunları duymazlıktan gelerek, dikkate almamanızı tavsiye ederim. Sizi, gerçek anlamlarını bilmenizden dolayı rahatsız eden bu kelimelerin, aslında çocuk için bir şey ifade etmediğini düşünmekteyim. Ancak çocuk, bunları kullanarak sizi rahatsız edebileceğini keşfetmiştir. Sizin üzerinizde kurduğu bu yeni gücünden büyük bir keyif almaktadır. Onu azarlamak ve bu kelimeleri söylememesi konusunda ısrar etmek, sadece daha fazla kullanmasına yol açacaktır.

En büyük sorun, yakınlarınızın da sizin isteğinize saygı gösterip, çocuktaki bu davranışı görmezden gelmeleri gerekliliğidir.

Gözardı edilmemesi gereken bir başka nokta ise, bazı baba veya diğer erkek yetişkin akrabanın, yeni konuşmaya başlayan çocuğun yarım yamalak kullandığı küfürlü sözcüklerden keyif alması ve isteyerek bunu pekiştirmeleridir. Bazı örneklerde zaten kendileri de günlük hayatta argo kullanan bu kimselerin, model olarak çocuğun sözcük dağarcığında önemli bir rol üstlendiklerini bilmeleri ve bu bilinçle hareket etmeleri gerekmektedir.

? *4 yaşındaki oğlumuz sürekli gerçekdışı hikâyeler anlatıyor. Onun gerçekleri anlatması için ne yapmalıyız?*

Zekâ, yaratıcılık ve hayal gücü ürünü olan bu uydurma hikâyeler, yaşantılarının çocuk tarafından senaryo haline dönüştürülmesi, yorumlanmasıdır.

Bu nedenle tüm anlatılanlara bir şaka gibi yaklaşın. Bunlardan rahatsızlık duymayın ve onu yalancı olmakla suçlamayın. Onu azarlamak yerine, sessiz bir şekilde oyuna katılın.

Ona inanmış gibi görünüp, hatta zaman zaman benzeri hikâyeler anlatıp, onunla birlikte eğlenmemeniz için hiçbir sebep yoktur.

? *Çocuğa hayvan sevgisi nasıl kazandırılır?*

İnsandaki temel duygular, sevgi, bağlanma ve güvendir.

Çocuğun başarılı sosyal ilişkiler geliştirebilmesi, dengeli, uyumlu, kendisiyle barışık, özgüvenli ve yüksek benlik saygısı olan bir birey olarak yetişebilmesi için sevgi duygusunun geliştirilmesi özel önem taşır.

Bunun için de, insan sevgisi ve kardeşlik duygusunun paralelinde hayvan ve doğa sevgisinin çocuğa aşılanması yararlıdır.

Evde kuş, kaplumbağa, balık, köpek, kedi gibi hayvanlardan herhangi birini besleyen çocuk, sorumluluğu kendisine ait bir hayvanı büyütmenin mutluluğunu yaşar. Bu ikili ilişki, salt bir canlının bakımından öte, terapötik (tedavi edici) bir değere sahiptir.

Kısa bir süre önce babasını yitiren 8 yaşındaki bir çocuk, aile resmi çizmesi istendiğinde ata binmiş bir çocuk çizerek duygusal gereksinimini bu yolla telafiye çalışmıştır.

Nitekim bu resimden sonra çocuk, önerimiz doğrultusunda Ayazağa'da düzenli olarak at binmeye başlamış, gerilim ve taşkınlığında belirgin bir iyileşme gözlenmiştir.

Anne ve babasının kendisine yeterince zaman ayıramaması nedeniyle duygusal doyumsuzluk yaşayan çocuk için de bir hayvanı besleme, sevgi açığını telafi eden önemli bir uğraştır.

Bu nedenle kıl dökmeyen ve sağlığa zararlı olmayan bir hayvanın evde veya bahçede beslenmesi, hayvanat bahçelerinin düzenli ziyaret edilmesi, hayvan ve doğa sevgisinin geliştirilmesi açısından yararlıdır. Bu sevgi, çocuğu insan insana ilişkiye, arkadaş sevgisine taşıyacaktır.

YAŞA GÖRE DEĞİŞEN DAVRANIŞLAR
VE GELİŞİME BAĞLI KARŞI KOYUŞLAR

5 Yaş

5 yaş çocuğu, kendi kendine yeter, sosyaldir, kendinden emindir, şekilci ve uyumludur.

5 yaş çocuğunun mücadelesi, "Nasıl iyi olunur?" sorusu üzerine kurulur. O, bunu gerçekleştirmek için çok çalışır ve çoğunlukla başarılı olur. 5 yaş çocuğu, uyumsuzluk ve huysuzluk dönemini geride bırakmıştır. O, kas hâkimiyetinin gelişmesiyle, daha çabuk karar verebilmesi, düzenli cümleleriyle insanlarla olan sosyal ilişkilerinin artmasıyla farklı bir görünüm sergiler. Anne, 5 yaş çocuğu için dünyanın merkezidir. Annesini memnun etmek, onun yanında olmak, ona yardımcı olmak ister.

5 yaş çocuğu, artık daha çabuk hareket eder. Yeni ve heyecan verici konulardan çok, aşina olduğu konulara ilgi duyar.

Kendi kendine yeter, sosyaldir, kendinden emindir, şekilci ve uyumludur. Rahat ve ciddidir, dikkatli ve kararlıdır. Nazik bir dosttur.

5 yaş çocuğunun "Evet", "Hayır" tarzında yol gösterilmeye ihtiyacı vardır. Olumlu geribildirime, daha iyi tepki verir. Uyarıların tekrar tekrar ve dikkatle söylenmesini bekler.

5,5 yaşına geldiğinde kendini yönetebilme (otonomi) yine ana gündemi oluşturur. O, ebeveynine karşı her zaman açık bir başkaldırı içinde değildir. Buna rağmen yavaş hareketleriyle aynı sonuca pasif bir şekilde ulaşmayı başarır. Zaman zaman öfke nöbetleri ve somurtma tepkileri görülür. Baş ağrısı, soğuk algınlığı ve karın ağrısından sıkça şikâyet eder olmuştur. "Beni seviyor musunuz?" sorusunu sıkça sorar ve yanıt bekler.

Ana-baba, çocuğu başka çocukların önünde utandırmamaya, başkalarının yanında terbiye etmemeye özen göstermelidir.

Bu dönemde, uzunlamasına ve dairesel çizgilerin biçimlenmeye başladığı görülür. 5-6 yaşlarında çocuk, kendi duygu ve düşüncelerini ortaya koyacak girişimlerde bulunur. En sevdiği şey, insan figürü çizmektir.

? ***Yaratıcı düşünce becerisi çocuklara nasıl kazandırılır?***

Yaratıcılık bir düşünme biçimidir ve hayal gücü ile çok yakın ilişkisi vardır. Yaratıcılık tüm duygusal ve zihinsel etkinliklerde, her türlü çalışma ve uğraşın içinde vardır. Yaratıcı yeti insan yaşamının ve gelişiminin tüm yönlerini meydana getirmektedir. "Ana yoldan ayrılma, deneye açık olma ve kalıplardan kurtulma" yaratıcılığı tanımlamada kullanılan anahtar kavramlardır. Okul öncesinde çocuklar her şeyi araştırarak, risk alarak, test ederek, mevcut şeyleri değişik formlara sokarak öğrenirler. Okula başladıktan sonra ise, çocukların öğrenmesi belli kalıplar içerisine hapsedilmekte, standart bazı yöntemlerle eşyayı ve çevresini öğrenmesi beklenmektedir. Haliyle çocuklardaki yaratıcılık yıllar içerisinde körelmektedir (Özden, 1999).

Yaratıcı düşünce zihinsel yönden sağlıklı olabilmek, eğitimde ve mesleki alanda başarı için gereklidir (Torrance, 1965, Akt. Ömeroğlu, 1988). Bloom ve Hunt'un da belirttiği gibi çocuk erken yaşlarda yaşaması gereken deneyimleri yaşamaz ise bu potansiyelini ortaya çıkarma fırsatını kaçırmış olur. Bu potansiyel günlük etkinlikler, evde ve okulda kurulan etkileşimler sonucu oluşur (Fyle, 1965, Akt. Ömeroğlu, 1988).

Ömeroğlu'na göre oyun ortamı çocuğun yaratıcılığının geliştirilebileceği en uygun ortamlardan biridir. Okul öncesi çocuğunun zaten bütün işi oyun olduğuna göre, etkinlikler düzenlenirken bu husus gözönünde bulundurulmalıdır. Köşe etkinlikleri çocukları daha çok dramatik oyuna yönelten etkinliklerdir. Bunlar evcilik, kukla, blok köşelerinde daha çok oynanır. Dramatik oyun ise çocuğun hayal gücünü geliştiren, kendine özgü yeni düşünceler ortaya koymasına fırsat veren bir oyun şeklidir. Çocuk başkaları ile dramatik oyun oynarken kendini değişik rollerle ortaya koyarken, değişik ilişkileri, insan hareketlerini ve özelliklerini detaylı olarak planlar, aynı zamanda da yaratıcılık ve işbirliği gelişir (Woodard, 1984, Akt. Ömeroğlu, 1988). Örneğin çocuk bloklardan yüksek bir binayı oluştururken, öğretmen çocukla binayı oluştururken karşılaşılan problemleri tartışır ve bu arada da problem çözme ve düşünme becerilerini de çocuğa öğretmeye çalışır.

Türkçe dili etkinlikleri çocuktaki yaratıcı gücün ortaya çıkarılabilmesinde önemlidir. Hikâye öncesinde hazırlanan bilmece, şiir, tekerleme ve parmak oyunları, hikâye sonrasında taklidi oyun, yaratıcı hikâye, pandomim, doğaçlama ve dramatizasyon, yaratıcılığın geliştirilmesinde kullanılır. Rol oynama ve doğaçlama çalışmaları da, çocuğun yaratıcılığının gelişmesinde oldukça etkili faaliyetlerdir. Dramatik oyunda bilindiği gibi olayların ve durumların canlandırıldığı görülür, rol oynamada ise oyundaki karakterlerin özellikleri ve hisleri canlandırılmaktadır. Doğaçlama her ikisinin karışımıdır.

Yaratıcılık sürecinde öğretmenin önemli bir rolü vardır: otoritenin olmadığı bir öğrenme ortamı yaratır. Serbestlik yaratıcılığı kolaylaştırır. Öğretmen yaratıcı düşünme sürecini destekler. Çocukları veriler arasında yeni ilişkiler araştırmaya, birleştirmeye, hayal kurmaya, probleme değişik çözüm yolları bulmaya, geniş tahminler yapmaya, fikirler ödünç almaya, başkalarının fikirleri üzerinde yeni fikirler inşa etmeye ve fikirleri değişik yönlere yönlendirmeye teşvik eder (Ömeroğlu, 1988). Kısaca, aile ve okul öncesi eğitim kurumu çocuğa erken yaşlarda yaşaması gerken deneyimleri yaşatabilmek için fırsat ve olanak hazırlamalıdır. Ancak bu sayede varolan gizli yetilerin ortaya çıkması mümkün olur.

YAŞA GÖRE DEĞİŞEN DAVRANIŞLAR
VE GELİŞİME BAĞLI KARŞI KOYUŞLAR

6 Yaş

6 yaş çocuğu, tembel ve kararsız davranır. Bir şeyin olumlu ve olumsuz iki yüzü arasında hızla gelip gider.

6 yaş çocuğunun en önde gelen özelliklerinden biri, kararsızlığıdır. Bir şeyi yapmaya kalktığında, tam tersini yapmaya çalışabilir. Küçücük şeyler için daima fikir değiştirir. Büyük şeyler için ise karar vermede oldukça fazla zaman harcar. Fakat bir kere karar verdikten sonra onu fikrinden caydırmak her zaman kolay olmaz. 5 yaşındaki uyumlu ve dingin görünüm, 6 yaşında yerini uyumsuzluğa, 2,5 ve 4 yaşlarında görülen olumsuzluk belirtilerine bırakır.

Çok sayıda arkadaşla ilişki kurduğu, bunun yanında aile ilişkilerinin zayıfladığı görülür. Bireysel oyunun yerini grup oyunu almıştır. Oyunda kuralları o koyar.

6 yaş çocuğu, değişmekte olan bir çocuktur. Bu ani değişiklik, anneleri zaman zaman şaşırtır. Yine de 6 yaş çocuğu, diğer yaşlara kıyasla anneyle daha bütünleşmiştir. Ama bu ilişkide de zaman zaman ikilemler yaşadığı olur. O, gerçekte annesinden ayrılmaya başlamış, bağımsız olmak istemektedir. Ama aynı zamanda ona yakın olmayı da ihmal etmez. Bağımsızlığın ortaya çıkması, zaman zaman çocuk için bir kaygı nedeni oluşturur. O da, bu kaygıyla başaçıkabilmek için, her şeyi kontrolü altında tutmaya çalışır: En iyi olmak, birinci olmak, her şeye sahip olmak, sevilmek ve övülmek. Yarışma ortamlarında başarısızlığa tahammülü yoktur. Sürekli bir şekilde dikkate alınma arzusunu yaşar. Eleştiriler karşısında çok duyarlıdır. Duyguları kolayca örselenir. Kolayca ağlar.

Her zaman için dürüst olduğu söylenemez. Bu nedenle her zaman doğruyu söylemez. Güvensizliğini, zaman zaman sorduğu "Bu kadar kötü olmama rağmen beni hâlâ seviyor musunuz?" sorusuyla dile getirir. Oyun saatleri fırtınalı geçer. Birinci olmaya ihtiyacı vardır. O, arkadaş ilişkilerinde zaman zaman emreden, tartışan, korkutan veya vuran bir kişi olarak dikkati çeker.

Bu dönemde çocuğun küçük kasları oldukça gelişmiş olduğundan, diğer yaşlara oranla el işlerinde daha beceriklidir. Kesip yapıştırır, boya yapar, resim yapar, tüm araç gereçleri iyi kullanır.

? ***6 yaşındaki kızım, ev içinde kendine güvenen bir çocuk olmasına rağmen, ev dışında ve okul hayatında bu rahatlığı gösteremiyor. Arkadaşlarıyla iletişim esnasında sürekli bizim desteğimizi bekliyor. Bunu nasıl aşabiliriz?***

Bireyin yeni sosyal uyaranlarla baş etmek için geliştirdiği bir "savunma mekanizması" olan utangaçlık, çocuğun doğuştan getirdiği bir mizaç özelliğidir. Utangaç çocuklar, sosyal becerilerde yetersiz kalmakta ve zayıf bir benlik oluşturmaktadır. Araştırmalara göre, utangaç çocukların, akranları arasında oyun oynarken, çok daha az yarışmacı ve rekabetçi oldukları saptanmıştır. Özellikle bir faaliyete başlama girişiminde bulunmamaktadırlar. Utangaç çocuk, rahatsızlığını önlemek için yabancı olduğu yerlere gitmek, yeni insanlarla tanışmak gibi stresli durumlardan kaçar. Böylelikle "çekingen" bir kimse haline gelir.

Okul çağında kendilerinin utangaç olduğuna inanan çocuklar, akranlarına oranla, kendilerini daha az sevmekte ve daha pasif olarak değerlendirmektedirler. Kendi hakkında bu tür duygu ve düşüncelere sahip olan çocuk, arkadaşları, öğretmeni ve ailesi tarafından da bu şekilde algılanmakta ve etiketlenmektedir. Okul arkadaşları da bu etiketi olan bir çocuğu dışlamaktadır.

Kendine güveni olmayan, utangaç bir çocuğun benlik saygısını yükseltmek için:

- Çocuğu tüm özellikleriyle tanıyın ve kabul edin: Utangaçlık, kişiliğin sadece bir yönüdür. Çocuğun ilgi ve duygularına karşı duyarlı oluşunuz, onunla ilişki kurmanızı sağlayacak ve çocuğa, ona saygı duyduğunuzu gösterecektir. Bu, çocuğun kendine olan güvenini artırır.
- Hak ettiğinde övgüyü ihmal etmeyin. Çocuğun becerisini gösterdiği yerde onu övün. Bu, onun benlik saygısının yükselmesine katkı sağlayacaktır.
- Ona sosyalleşebileceği ortamlar hazırlayın. Utangaçlık, sürekli tekrarlanan sosyal ortamlara katılmakla giderilebilir. Çünkü çocuk, zaman içerisinde çevresindeki kişileri ve fizik çevreyi tanımaya başladıktan sonra, daha önce yaşamış olduğu gerilimi tekrar yaşamayacaktır. Bu amaçla çocuğun, folklor kursu, basket okulu, izcilik faaliyeti gibi çeşitli etkinliklere özenmesi ve katılımı sağlanmalıdır.
- Öğretmenin çocuğa vereceği görev ve sorumluluk, bir yandan çocuğun kendine olan güveninin artmasına, bir yandan da arkadaşlarıyla iletişim kurmasına ortam hazırlayacaktır.

Okulöncesi Dönem Çocuğunun Genel Özellikleri

Erikson'a göre çocukluk döneminin başları olan 18 aylıktan 5 yaşına kadarki evrenin başlıca özelliği, "inisiyatifin" elde edilmesidir.

Bu evrede çocuğun, bir ego-ideali olarak anne ve babasını özümsediği, kendisiyle bütünleştirdiği görülür. Çocuğun, ebeveynini bütünsel anlamda "taklit etmesi" ile bunu izleyen "olumlu" ve "role uygun" özelliklere daha seçici bir dikkat göstermesindeki artış arasında yakın bir paralellik vardır.

- Okulöncesi dönem çocuğu, kendine ait işleri başarma konusunda yol almıştır; yeterliklerinin ve günlük yaşam becerilerinin gelişimiyle meşguldür.
- Arkadaş ilişkileri ve sosyal beceriler giderek artan bir düzeyde önem kazanmıştır. Fakat hâlâ dikkat merkezi ailesidir. Özellikle ana-babasıdır.
- Çocukta benmerkezci düşünce egemendir. O, çevresinde olanları kendi ihtiyaçlarına ve arzularına göre değerlendirir ve her şeyin kendine yönelik, kendisi için doyurucu olmasını bekler.
- Çocuğun kurallara ilişkin bilgileri, onun dürtü ve eylemleri üzerindeki kontrolünden daha hızlı bir şekilde gelişmiştir.
- Okulöncesi çocuğu, gerçek ile fantezi ve yapmacık arasındaki farkın ne olduğunu açık bir şekilde bilemez. O, kurduğu hayalleri, canlandırdığı öyküleri gerçek olarak algılar. Rüyayı gerçekten ayırt edemez. Bu nedenle "öcü" türünde çevreden yapılan korkutucu uyaranları gerçek olarak değerlendirir.
- Bu evredeki olumlu ebeveyn yaklaşımları, çocukların hatalardan korkması yerine, onlardan öğrenmesine ve sorumlu davranış geliştirmesine yardım eder.
- Okulöncesi dönem çocuğu, diğer insanlardan farklı, bağımsız bir birey olduğunun farkındadır. Dikkatini, kendi kendine yetebilmeye ve günlük yaşam becerilerini geliştirmeye odaklamıştır. Ancak dikkatini uzun süre bir nokta üzerinde tutamaz. Belleği zayıftır.
- Arkadaşlarıyla ilişkiler önem taşımaya başlar. Arkadaşlarının giydikleri ve yaptıklarıyla yakından ilgilenmeye başlar.
- Çocuk, 2 ile 6-7 yaşları arasında, dünyayı anlamak için dili içeren sembolik düşünceyi kullanır. Henüz genelleştirme, kavramlaştırma, kategorileştirme yetisi gelişmemiştir. O, olaylar arasında neden-sonuç ilişkilerini kuramaz; zaman ve mekân kavramı gelişmemiştir. Piaget'ye göre çocuk, işlem öncesi dönemde, mantıki bir sınıflamadan çok sezgisel bir sınıflama yapmaktadır.

"Göz-el koordinasyonu"nu kazanması ve el işlerinde becerikli olması sonucu çocuk, kâğıt, kalem ve makasla haşir neşir olur. Bu tür etkinlikler, yaratıcılıklarını ve diğer gelişimlerini destekler.

• Çocuğun düşünceleri daha çok ihtiyaçlarına, dürtülerine yani haz ilkesine bağlıdır. İstediğine, istediği yerde ve anda sahip olmak ister. Ertelenmesine katlanamaz. Engellenmeye dayanma gücü yetersizdir.

• 3-6 yaş çocuğunun, "kendine bakım ve günlük temizlik" alışkanlığı ile "göz-el koordinasyonu"nu kazanmış olması önemlidir. Kendi başına kolay giyilebilen pantolonunu giyip çıkarabilen, tuvalete gidip temizliğini yapabilen, kendi başına yemek yiyebilen çocuk, anaokuluna daha kolay uyum sağlayabilir.

Burada, kuşkusuz ailenin yaklaşımı ve bu konuda çocuğa verilmiş olan fırsatlar önemlidir. Özellikle "koruyucu" ailelerde, tüm bakım ve temizlik işleri, çocuk yerine, bir başka kişi tarafından gerçekleştirilmektedir. Bu durum, uyum sürecini zorlaştıran bir etkendir.

"Göz-el koordinasyonu"nun kazanılması, verilen fırsatlarla doğru orantılı gider. Kum üzerinde sopa dolaştıran, plastilinle adam yapan, boyama kitaplarını dolduran, kâğıt ve kalemle haşir neşir olan, parmak boya faaliyetinde bulunan, pastel boyayla resim yapabilen çocuk, "göz-el koordinasyonu" için yeterli deneyim sağlayarak anaokuluna gitmeye hazırdır.

OKULÖNCESİ EĞİTİMİN ÖNEMİ

Çocuk, ihtiyacı olan tüm bilgi ve becerilerle donanımlı olarak dünyaya gelmez. Çocuğa yeni öğrenme fırsat ve olanakları hazırlayan çevre, onun gelecekteki başarısı açısından önem taşır. Bu nedenle erken gelişim yılları, birçok araştırmacı tarafından, zekâ, kişilik ve sosyal davranış şekillenmesi açısından son derece önemli bulunmuştur (Bloom, 1964; Piaget, 1951).

Erken gelişim dönemlerinde verilen eğitimin çocukların gelişimleri üzerinde uzun vadeli etkileri olduğunu ortaya koyan araştırmalar, özellikle, bu dönemdeki eğitimin niteliğinin önemini vurgulamaktadır (Evans, 1996; Weikart, 1993). Okulöncesi kurumun öğretmeni, çocuğu tanıyarak, onda var olan gizil yetileri ortaya koymayı hedefler. Anaokulunun temel amacı, çocuğun doğuştan getirdiği potansiyeli en üst düzeye çıkarmaktır.

Froebel'e göre, "Anaokulunun amacı, öğrenmeye ilgi uyandırmaktır." Anaokulu, çocuğa bilgi aktarmaktan çok, onda var olan yeteneklerin serpilip gelişmesine yardımcı olur. Burada okuma yazma öğretilmez, ancak okuma yazma olgunluğu kazandırılır.

Anaokulu, çocuğa en iyi örgütlenmiş oyun ortamını sağlayan bir kurum niteliğindedir. Çocuk bu ortamda kendine, bedensel, zihinsel, duygusal ve sosyal gelişim olanağı bulur. Toplu yaşam kurallarına uymayı öğrenir. Yardımlaşma ve işbirliği duygusunu geliştirir. Bu arada, kendi hakkını korurken, paylaşmayı ve başkalarının özgürlüğünü zedelememeyi de öğrenir.

Anaokulunda renk, sayı ve kavramlar, çocuğun düşüncesine uygun bir biçimde somuta indirgenerek verilir.

Parmak boya ve resim faaliyeti, su ve kum oyunu, jimnastik ve çeşitli dramatik oyunlar, sadece çocuğun eğitim ve gelişimine olanak tanımakla kalmaz, aynı zamanda onun fiziksel enerjisinin boşalmasına, gerilimden arınmasına da yarar sağlar. Çünkü anaokulu, aynı zamanda doğal bir "terapi" ortamıdır. Tıpkı resim etkinliğinde olduğu gibi bu "oyun terapi"sinde de çocuk, iç dünyasını ayrıntılarına kadar yansıtma fırsatı bulur. Bu yansıtma, çocuğun rahatlamasını sağlarken, deneyimli öğretmene de çocuğun kişilik özellikleri ya da varsa sorunları hakkında ipucu verir.

Bu açıdan anaokulu öğretmeninin, çocuğun tüm gelişim özelliklerini bilen, deneyimli bir kişi olması gerekir. Anaokulu öğretmeni, insanoğlunun en önemli mimarıdır. Çocuğu keşfeden de odur, yön veren de. Anaokulu öğretmeninin, aynı zamanda, çocuklar arasında ayrım gözetmeksizin dikkatli ve duyarlı bir kişi olması beklenir.

"Okula yeni giysisiyle gelen üç yaş çocuğu", öğretmeninin tepkisini merak etmektedir. Öğretmen tüm dikkatiyle bu giysiyi görebilmeli ve olumlu tepkisini dile getirebilmelidir.

Öğretmen, öğretmekten çok, çocuğun bol malzemeyle oynamasını sağlamalıdır.

Bu yaş çocuğu için sözel açıklama yerine, doğal ortamda oyun, zihinsel gelişim açısından özel bir önem taşımaktadır.

ÇOCUĞUN ANAOKULUNA UYUMUNU KOLAYLAŞTIRMAK İÇİN

Anaokuluna Başlamadan Önce

• Anaokuluna başlayacak çocuğun, uzun süreli bir ayrılıkla baş edebilmesi için onu, kısa süreler için sizden ayrı kalmaya alıştırmalısınız.

Okulöncesi yıllarda, bu amacı gerçekleştirmede

yararlanılabilecek çeşitli olanaklar vardır: Çocuk, 2,5 yaşından önce olmamak koşuluyla, bir çocuk yuvası, oyun grubu veya kreş gibi, katı kuralları olmayan ama çocukların gözetim altında olduğu bir ortamda, haftada bir veya iki gün, ikişer saat akranlarıyla oynayabilir. Annenin çocukla birlikte kalması, bu hazırlık aşaması için kabul edilebilir. Bu olanağa sahip olmayan aileler, annenin denetiminde, çocuk bahçelerinde bu ön hazırlık aşamasını çocuğa yaşatabilirler.

Araştırmalar, bu tür okulöncesi olanaklardan yararlanan çocukların, anaokuluna başlarken karşılaştıkları ayrılıkla daha kolay başaçıkabildiklerini göstermektedir.

- Birlikte oyun oynamak için bir arkadaşının evine gitmenin coşkusu, üstelik siz onu bıraktığınızda buna itiraz etmemesi, çocuğun özgüvenini artırır ve size daha az bağımlılık duymasını sağlar.
- Çocuğunuzu gönderebileceğiniz bir anaokulunu seçtikten sonra, hangi okula gideceğini ve bu okulu seçişinizde etkili olan tüm olumlu nedenleri ona anlatın.
- Pek yakında çocuk bahçesindeki ve mahalledeki oyun grubundan ayrılacağını çocuğunuza anımsatarak, yeni okulundan daha sık söz etmeye başlayın.
- Okul için gereksinim duyacağı giysileri ve okul malzemesini birlikte satın alın. Seçimde onun görüşüne başvurun.
- Çocuğunuzla aynı sınıfta okuyacak diğer çocuklardan bazılarını tanıyor olabilirsiniz. Okula başlamadan önce çocuğunuzun onlarla tanışması için birkaçını evinize çağırın.
- Çocuğun ilk üç seneyi, herhangi bir kuruma gönderilmeden, gerektiğinde büyükanne denetiminde ve bir bakıcının yardımıyla evde geçirmesini önermekteyim. 2 yaşından itibaren kreşe gönderilen çocuklarda, öncelikle "kurumdan bıkma ve doyma", belirli bir olgunlaşmaya ulaşmadan önce "kurallara uymakta zorlanma", bunlara bağlı olarak da "duygusal doyumsuzluk" yaşanabilir. Böyle bir ortam, çocuğun güven duygusunun gelişimini ve benlik saygısını olumsuz etkiler.
- Çocuğun anaokuluna başlama yaşı 3'tür. Çocuğun bu uzun soluklu eğitim maratonunda 3 yaşı, yarım günlük bir eğitimle tamamlamasında yarar vardır. Ancak, 3 yaşından başlayarak okul çağına kadar "okulöncesi eğitim"in gerçekleştirilmesi konusunda en ufak bir tereddüt yaşanmamalıdır. Bu konuda ana-babanın yanı sıra, büyükanne ve büyükbabaların da hemfikir olması sağlanmalıdır.

Ailedeki herhangi bir bireyin en ufak bir tereddüdü ya da çocuğun okula gönderilmemesi yolundaki beden diliyle yansıttığı görüşü, çocuğun okula gitmeyi reddetmesi için yeterlidir. Zaten çocuk, evde kalmasını destekleyen böyle bir ortamı oluşturmak istemektedir. Bu açıdan "koruyucu aile ortamı", "sınırsızca özgür" yaşamını sürdürmek isteyen çocuk için idealdir.

Çocuğun Anaokuluna Başladığı İlk Gün

- Çocuğu okula götürecek kişi, çocuğun kolayca ayrılabileceği biri olmalı, yanında büyükanne veya büyükbaba bulunmamalıdır.
- Çocuğunuzu önceden bilgilendirin. Ayrı kalacağınızı gizlemeyin.
- Yanında olmadığınızda da çocuğunuzun mutlu ve güvende olacağına ilişkin onu bilgilendirin.
- Sakin kalmaya çalışın; kaygı, özellikle ebeveyn ve çocuklar arasında bulaşıcıdır.

Çocuk, canı sıkıldığı her durumda, ne kadar endişelendiğinizi anlamak için size bakacaktır ve endişeli olduğunuzu görürse, bu kendi korkularının ne kadar yerinde olduğunu doğrulayacaktır. Bu nedenle ne kadar tedirgin, gergin olursanız olun, dışarıdan bakıldığında sakin ve rahatlamış görünmelisiniz.

- Vedalaşma çok uzun sürmemelidir. Okul çıkışında da, çocuğunuzu tam zamanında almaya gidin.
- Uyumda zorlanan bazı çocukların velilerine kademeli uzaklaşmayı önermekteyiz: İlk gün, annenin binanın içinde kalarak çocuğun istediği anda ona ulaşmasının sağlanması; ikinci gün, annenin yarım gün bahçede oturması ve ona bilgi vererek ayrılıp, okul çıkışı almaya gelmesi; üçüncü gün, sadece öğlen yemeği sırasında uğrayıp bir işi olduğu gerekçesiyle çocuktan ayrılması.
- Çocuğunuz, o istese de istemese de ayrılacağınızı ve gözyaşlarının hiçbir şeyi değiştirmeyeceğini kesinlikle anlamak zorundadır. Burada önemli olan nokta, annenin okuldan ayrılmasıyla birlikte çocuğun gözyaşlarının bitmesidir. Eğer annenin ardından çocuğun sınıfta ağlaması gün boyu sürerse, bir uzmanın yardımına başvurmak gerekebilir.

? Ben çalışmayan bir anneyim. Buna rağmen çocuğumu anaokuluna göndermeli miyim?

Bu bölümde açıkladığım nedenlerden dolayı, ev hanımı olduğunuz halde, çocuğunuzu anaokuluna göndermenizde büyük yarar görmekteyim.

3 yaşından itibaren, yarım günden başlayarak (çocuk istekliyse tam günle başlanabilir), okul çağına kadar gerçekleştirilen bir "okulöncesi eğitim" programı, çocuğu geleceğe hazırlamak açısından önemlidir.

4 yaş çocuğu, "çete çağı" adını alan bir "sosyalleşme" evresine girmiştir. Bu dönemde çocuk, ana-babasından alacağını almış, akran ilişkisine gereksinim duymaktadır.

Çocuklar, eğlendikleri sırada en iyi şekilde öğrenirler. Yine çocuklar birbirlerinden daha kolay öğrenirler. İşte bunu da, en iyi örgütlenmiş oyun ortamı olan anaokulunda bulabilirler.

Anaokulu, çocuğa, sağlıklı olarak yaşayacağı bir ortam sağlamakla kalmaz, aynı zamanda onun gelişimini olumlu yönde etkileyecek bir eğitimi de verir.

? Çocuğumu göndereceğim anaokulunu, hangi özellikleri dikkate alarak seçmeliyim?

Öncelikle, seçeceğiniz anaokulu, "bakım" amaçlı olmak yerine "eğitim" amaçlı bir kurum olmalı, çocuğun yaratıcı, girişimci bir kişilik ve sorun çözme yeteneğini geliştirmesine uygun bir ortam hazırlamalıdır. Bunun yanı sıra seçeceğiniz anaokulunda, şu özellikleri arayın:

1. Evinize en yakın anaokullarından birini yeğleyin. Bu, erken yaşta çocuğun gereksiz bir şekilde servislerde yorulmasını engelleyecektir.

2. Çocukları aynı okula devam eden diğer ana-babalar ile aynı okula giden diğer çocuklara sorarak, okula ilişkin yeterince bilgi almaya çalışın. Kuşkusuz ebeveynin yuva seçimi ölçütlerinin değişkenlik göstermesi nedeniyle, farklı ailelerin bu konudaki yorumunun da farklı olabileceğini akıldan çıkarmamak gerekir. Örneğin, bir ebeveyn bale dersinin verilmesine sevinirken, bir başka ebeveyn bu dersin gereksizliğini savunabilir ve bunu okulun olumsuzluğu olarak niteleyebilir.

3. Ders programı, açılış saatleri, okulun olanakları, öğretmen kadrosunun düzeyi, uygulanan öğretim yöntemleri gibi konuların, hem broşür yoluyla, hem de sözel yolla aydınlatılmasını isteyin.

4. Bölgenizdeki 3-4 okulu bizzat gidip görmeye zaman ayırın. Ziyaret sırasında düşüncelerinizi, dikkatinizi daha rahat yoğunlaştırabilmeniz ve çocuğun etkisinde kalmamak için onu birlikte götürmeyin.

5. Okul ziyaretiniz sırasında, çocuğunuza öğretmenlik yapacak eğitimci ve uzmanlarla tanışın.

Öğretmen kadrosunun düzeyini, sınıfların kaç kişilik olduğunu sorun. Okulun fiziki özelliklerini dikkatle inceleyin ve bu konuda gerekli soruları yöneltin. Okul bahçesinin yeterli büyüklükte olup olmadığına bakın. Okulun yabancı dil, bilgisayar, müzik, drama gibi yardımcı faaliyetlerinin olup olmadığını, varsa hangi sıklıkta yer aldığını öğrenin.

6. Okul-evebeyn işbirliğinin hangi düzeyde olduğunu öğrenin.

7. Çocuğunuzun sınıfını paylaşacak olan diğer çocukların aynı yaş grubunda olup olmadığını sorun. Yaş grubuna uyan sınıfa kaydını yapın.

8. Oyun malzemesinin çocuğun kolayca uzanabileceği mesafede göz hizasında olup olmadığını araştırın.

Bu ön çalışmaların ardından, asgariye indirdiğiniz seçenekleri ona sunun ve okulunu kendisinin seçmesini sağlayın.

Çocuğun Yaşamında Oyun ve Oyuncağın Önemi

Oyun, çocuğun hiç kimseden öğrenemeyeceği konuları, kendi deneyimleriyle öğrenmesi yöntemidir. Oyun yoluyla çocuk, birikmiş enerjisini toplumsal açıdan kabul edilen bir şekilde boşaltma olanağı bulur.

Oyun, sonucu düşünülmeden, herhangi bir amaca ulaşmaktan çok, zevk almak amacıyla girişilen bir etkinliktir. Oyun, hem bilişsel gelişimin aynasıdır hem de sosyal becerilerin öğrenildiği ve duygusal boşalımın sağlandığı bir ortamdır. Oyun, aynı zamanda eğlendirici ve özgür bir eylemdir.

Oyun, bir yandan çocuğun gelişimine katkıda bulunurken, öte yandan eğitici bir değere sahiptir. Bir yandan izleyen yetişkine çocuğun kişilik özellikleriyle ilgili önemli ipuçları verirken, bir yandan da çocuk için "tedavi" edici özelliğe sahip bir etkinliktir.

Sonuç olarak oyun, çocuğa toplumsal beceriler kazandırır, duygusal doyum sağlar ve en önemlisi onu özgürleştirir. Böylece çocuğu öğrenmeye hazır hale getirir.

Çocuk oyun sırasında eylemlerinde özgürdür, sözgelimi "kardeşi rolündeki bebeği, bir daha gelmemek üzere seyahate gönderebilir." Böylelikle gerçek yaşamda gerçekleştiremediği bir eylemi, oyun ortamında gerçekleştirerek rahatlama fırsatı bulmuş olur.

Çocuk, günlük dünyasını oyun ortamına taşır. Sözgelimi, bebeğine zorla yemek yedirerek, gün boyu kendisine zorla yemek yediren annesini taklit etmiş olur. Dramatik oyun şeklinde yaratılan bu imgesel ortamın tedavi edici önemi bulunmaktadır. Çünkü çocuk, bu yolla iç dünyasındaki duygularını dışa vurma olanağı bulur. Ayrıca dramatik oyun, çocuğun; ebeveyn, postacı, doktor gibi farklı rolleri öğrenmesini sağlar.

Önceleri "tek başına" oynayan çocuk, daha sonra "paralel oyun" dönemine girer. Bu evrede, o kendi oyuncaklarıyla oynarken, arkadaşı da kendi oyuncaklarıyla oynar. Bunu, birlikte oynadıkları "işbirliği oyunu" izler.

Piaget, gelişim süreci içerisinde üç farklı oyundan söz eder. Bunlar, ilk 18 ayda gerçekleşen, taklit davranışlarını içeren "alıştırmalı oyun", 2-6 yaşları arasındaki "sembolik oyun", 7-12 yaşları arasındaki "kurallı oyun"dur.

Çocuk, değişik boyut ve renkteki küplerle, su, kum, parmak boya ve kartonla, "yaratıcı oyun" etkinliğini yaşar. Bu ortam, çocuğun göz-el koordinasyonunu geliştirir, kavramlar hakkında ona bilgi verir, dikkatini yoğunlaştırmayı ve kendini kontrol etmeyi öğretir. Sonunda da ona başarı duygusu yaşatır.

Yaratıcı yetenekleri geliştiren tüm oyun malzemesi, oyuncak olarak tanımlanır. Su, kum, makara gibi oyun malzemeleri, çocuğun doğal yeteneklerini geliştirir, böylelikle de büyük bir eğitimsel işlevi yerine getirir. (Ayrıntılı bilgi için bkz. Yavuzer, H., *Çocuğunuzun İlk Altı Yılı*, Remzi Kitabevi.)

Oyun oynarken çocuk, gelişiminin her yönüyle ilgili farklı deneyimler kazanır. Oyun, çocuğun gelişimine olduğu kadar, eğitimine de katkı sağlar.

? *Çocuğum arkadaşlarıyla oyuncaklarını paylaşamıyor, sebebi ne olabilir?*

Çocuk, başkalarıyla oynamaya başladığında, sık sık oyuncak paylaşımında kavgalar belirmeye başlar. Çünkü sosyalleşmeyi henüz öğrenmekte olan çocuk, sosyalliğin tam olarak bilincinde değildir. Diğer çocuklarla oynamayı öğrenmenin ilk iki veya üçüncü yıllarında, paylaşmaya isteksizlik duyma ve bu konuda tartışma, yerleşmiş bir bencilliğin veya güvensizliğin işareti değildir. Bu, sadece güçlü bir irade gücünün göstergesi olabilir ki, bu da ileriki yaşam için önemlidir. Bu sebeple ondan utanmayın, onu hemen azarlamayın. Oyuncağını paylaşamamasını gerekçe göstererek, arkadaş ilişkilerini kısıtlamayın. Buna karşılık, her seferinde arkadaşına oyuncağını uysallıkla veren çocuk, bu aşamada, sıra dışı bir davranış sergiliyor demektir. Ve kendine güvenini kazanabilmek için yardıma ihtiyaç duymaktadır.

Öncelikle, çocukları, eşyalarını kendilerinin paylaşması için bırakmak ve birbirlerini incitmedikleri sürece, tartışmaya müdahale etmemek uygundur. Çocuklar birbirlerinden çok şey öğrenirler. Siz okulöncesi çocuklarının tartışmalarını bölerseniz, insan ilişkileriyle ilgili değerli bir dersi engellemiş olursunuz. Çocuğu disipline etme sorumluluğunun bir kısmını arkadaşlarına bırakabilirsiniz.

? *Çocuğumun "oyuncak silah" alma isteğini sürekli geri çeviriyor olmam yerinde midir? Hiç durmadan, bir tane almamı istiyor.*

Bu tip bir oyuncağı almayı sürekli reddederek çocuğunuzun saldırganlığını kamçılamaktasınız.

Erkek çocuk, saldırganlık dürtülerini oyununa yansıtır. Sopayla başlayan bu oyun girişimlerini, oyuncak silah almayı reddederek durduramazsınız.

Erkek çocuklar, kızlara göre silahla oynamaktan daha çok hoşlanırlar. Bu, büyük olasılıkla, onların doğal saldırganlığını kontrol etmelerine yardımcı olur. Çocukları oyuncak silaha özendiren bir diğer etken de, televizyonda gördükleri şiddet öğeli filmleri taklit etme isteğidir.

Çok sık oyuncak silah almak doğru olmamakla birlikte, hiç almadığınız takdirde de, çocuk çatal, kaşığı silah olarak kullanabilecektir.

? *Çocuğun, hangi tip oyuncaklarla oynaması uygun olur?*

Seçilecek oyuncak, çocuğun gelişim düzeyine, yaşına, beceri ve ilgilerine uygun olmalıdır.

İyi bir oyuncak sağlam, dayanıklı, güvenli ve boyası çabuk çıkmayan cinstendir. Özellikle ilk 18 ay içerisinde, görsel ve işitsel duyulara hitap eden, renkli ve sesli, yumuşak, kırılmayan, tercihan yıkanabilen oyuncaklar önerilebilir. 18. aydan itibaren, çocuğun "keşif" ve "icat" evrelerine uygun, yap-boz, lego, tahta blok veya küplerden oluşan inşa oyuncakları yararlıdır.

Yine çocukların yürüyebildikleri bu dönemde, itilebilen-çekilebilen türden oyun malzemesi (otomobil, kamyon gibi), bebek ve yumuşak tüylü peluş oyuncaklar önerilebilir. Ancak, eğitimsel değeri büyük olan, su, kum, kil, plastilin, 2 yaşından itibaren tüm yaşlar için temel oyun malzemesidir.

Okulöncesi dönemde çocuğun hayal gücünü geliştiren oyuncaklar cinsiyete göre farklılaşabilir. Kız çocuklar için evcilik köşesinde bebek oyuncakların önemli olmasına karşılık, bakkalcılık köşesinde erkek çocukların teraziye ihtiyacı olabilir. Top, her iki cinsiyetin ilgi gösterdiği bir oyuncaktır. Bilgisayar oyunlarından daha sonra bahsedilecektir.

Çocuğun Eğitiminde Kitabın Yeri: Okuma İlgisinin Oluşumunda Ailenin Rolü

Okuma ilgisinin geliştirilebilmesi için aile ve okul, çocuğa faaliyet olanakları hazırlamalıdır.

İyi bir okuma alışkanlığının iki temel koşulu vardır. Bunlar, okuma sabrı ve okuma zevkidir. "Okuma kültürü" denilen bu iki alışkanlık da, aile ve okulda kazanılır. Bu nedenle, okuma ilgisinin geliştirilebilmesi için aile ve okul, çocuğa faaliyet olanakları hazırlamalıdır.

Hurlock'a göre, çocuğun okuma zevkini, kültürel koşullar etkiler. Ancak, gerek okuma ilgisinin yoğunluğunda, gerekse okuma miktarında, bireysel farkların öneminin de büyük olduğunu akıldan çıkarmamak gerekir. Örneğin, üstün yetenekli (gifted) çocuklar, normal çocuklardan iki veya üç kat daha çok okurlar ve okuma amaçları bilgi edinmek noktasında yoğunlaşır.

Önceleri çocuk için kitap bir oyuncaktır. O, sadece kitap sayfalarını çevirmekten hoşlanır. Bu eylem, onun küçük kas koordinasyonunun gelişmesinde yararlı olur. 2 yaşından itibaren çocuk, tamamı resimden oluşan, bez veya kalın kartondan yapılmış, elinde tutabileceği küçük kitapları sever. 3-4 yaş çocukları, kendilerine resimli öykü kitaplarının okunmasını ister.

Çocuk bir kitaba aşinalık kazandıkça, öyküyü anımsamaya başlayacak ve özellikle de pek çok kez tekrarlanan söz ve cümleciklerde ana-babaya katılacaktır. Çocuk, bir şiirin bir sonraki uyaklı dizesini tahmin etmenin veya bir öykünün çok iyi bilinen bir cümlesini tamamlamanın sağladığı tatmin duygusundan çok büyük zevk alır. Bu yüzden bunu yapabilmesi için elverişli bir ortam oluşturmak yararlı olacaktır.

Birlikte okuma: Ana-babayla birlikte okuma, çocuğu okumaya katılmaya özendirir; onun, okuma deneyiminde önemli bir rol üstlenmesini kolaylaştırır.

Kitaplar hakkında konuşma: Öykü ve resimler hakkında konuşmak, çocuğun okumaktan aldığı zevke ve kavrayış gücüne pek çok katkıda bulunur. Çocuğunuz sorular sorar veya bildiği sözcükleri göstererek ya da resimlerden söz ederek okumanızı bölerse, bu onun ilgi duyduğuna ve o konuda fazla şey öğrenmek istediğine işaret eder. "Neden böyle olduğunu merak ediyorum.", "İleride neler olacağını tahmin edebilir misin?" ya da "Bu kitabı neden bu kadar çok seviyorsun?" gibi sözlerle kitaptan söz etmesine yardımcı olabilirsiniz. Bu açıdan bakıldığında, 3-4 yaşlarındaki çocuk için kitap, yetişkinle arasında kurulan bir sohbet aracıdır.

Çocuklar, birlikte okuduğunuz kitaplarla çoğunlukla kendi deneyimlerini anımsayacaklardır. Bir öykü, pek çok başka deneyimi ya da anıyı çağ-

Çocuk bir öyküyü okurken kendince yorum yapar. Bunu da deneyimleri ölçüsünde gerçekleştirebilir. Ve her yeni deneyim, onun dağarcığına bir şeyler katar.

Birlikte okuma, çocuğu okumaya katılmaya özendirir. 3-4 yaşlarında kitap, yetişkin ile çocuk arasında kurulan bir sohbet aracıdır.

rıştırabilir. Kitaplar hakkında konuşmak, çocukların okudukları öykülerle bütünleşmelerini ve kendilerini gerçek birer okur gibi hissetmelerini sağlamanın en etkili yollarından biridir. Bu yolla bir yandan çocuğun kelime dağarcığı zenginleşirken, bir yandan da ona, bazı zihinsel kavramları anlama fırsatı verilmiş olur.

Yeniden okuma: Çocuklar, çok iyi bildikleri kitapları okutmaktan çok zevk alır ve bu şekilde bir hayli güven kazanırlar. Yeniden okuma, kitapların ve öykülerin nasıl işlediğini görmelerine yardımcı olur. Çok sevdikleri kitapları yeniden okumayı sürdürmeniz oldukça önemlidir. Okumayı öğrenmeye ve sayfa üzerindeki sözcükler hakkında giderek daha fazla şey fark etmeye başladıklarında, aşina oldukları bir kitaba ilişkin bilgiler onlara yardımcı olacaktır. Onları, bildikleri kitaplarda yer alan sözcüklere ve harflere daha dikkatli bakmaya özendirebilirsiniz.

Okunan kitaplarla yeniden buluşma: Çocuklar okula başlayıp kendi kendilerine okuyabilir olduktan sonra bile, iyi bildikleri bir kitabı oldukça sık oranda okumayı hâlâ isteyebilirler. Bu, okuma açısından yerlerinde saydıkları anlamına gelmez. İlerleme, gelişme her zaman bir sonraki kitaba geçme olarak düşünülmemelidir. Çok deneyimli okuyucular bile bir kitabı yeniden okumaktan zevk alırlar. Küçük yaştaki çocuklar, bir kitabı birkaç kez dinleyerek bir öyküyü o kadar iyi öğrenirler ki onu kendi sözcükleriyle yeniden anlatabilirler. Çocuklar, zaman zaman kitabın dilini kullanarak öyküyü canlandırmaktan da büyük zevk alabilirler. Tüm bunlar, onların hayal gücünün ne kadar geniş olduğunu bize göstermektedir.

Çocuklara okuma ilgisi kazandırmak üzere okulda öğretmenler iki temel görüşten söz ederler. Bunlardan ilki, çocukların süratli okumalarını sağlayacak okuma yeteneğini geliştirmek, ikincisi ise, onlarda okumaya karşı büyük bir arzu uyandırmak ve zengin okuma malzemesi hazırlamaktır.

? *5 yaşındaki kızım, resimli çocuk kitaplarını "okuyor." Aslında okumuyor, sadece daha önce dinlediği hikâyeyi anımsıyor o kadar. Bu konuda endişeleniyorum. Ne yapmalıyım?*

Kitaptaki sözcükleri anımsamak, çocukların bir okur olmanın ve okuyabilmenin nasıl bir şey olduğu konusunda bilgi edindikleri yollardan biridir.

Kendilerine olan güvenleri arttıkça, çocuklar, sayfa üzerindeki sözcüklere daha çok dikkat etmeye başlayacak, aşina oldukları tüm sözcükleri tanıyacak ve sözcükler arasında birtakım benzerliklerin farkına varacaklardır.

Bildikleri sözcükleri veya harfleri bulmaya çalışmalarını önererek ve dikkatlerini başka yerlerde gördükleri belli bazı sözcüklere çekerek onlara yardımcı olabilirsiniz.

? *Oğlum okuma sırasında duraksadığı ve sözcüğün ne olduğunu düşünmeye başladığı zaman neler olup bittiğini, düşün dünyasında ne gibi bir sürecin işlemekte olduğunu bilmek istiyorum. Kararını nasıl veriyor?*

Çocuklar okumayı öğrenirken, sayfa üzerinde basılı olan sözcükleri okuyabilmek için konuşma diline, öykü veya basılı malzemeye ilişkin birikimlerini kullanırlar; bu çeşitliliğin, karışıklığın içerisinde uygun bir yol bulmaya çalışırlar.

Öyküde bilmedikleri bir sözcükle karşılaştıklarında, kendilerine, "Bu ne olabilir?", "Burada nasıl bir sözcük kullanılırsa anlamlı olurdu? " veya "Uygun sözcük ne acaba? "gibi sorular sorarak ve bildikleri harf ve harf gruplarını tahminlerini kontrol amacıyla kullanarak sözcüğün ne olduğunu bulmaya çalışacaklardır.

Resimler çok yararlı bir ipucu kaynağıdır ve uyaklı şiir ve şarkılar, çocukların metinden daha çok ipucu toplamasına yardımcı olur. Onlara bir sözcüğü tahmin etmenin yalnızca bir yolu gösterilirse, akıcı bir okuma düzeyine ulaşmaları daha zorlaşır. Başarılı birer okur olabilmeleri için, metin ve resimlerde sunulan tüm ipuçlarını temel alarak çeşitli stratejiler kullanmaları gerekir.

? *Hata yaptığında, yanlış okuduğunda çocuğa nasıl yardımcı olabilirim?*

Çocukların kendine güven duyarak ve akıcı bir biçimde, duraksamadan okuyabilmeleri için birtakım riskler almaları ve hata yapmaları gerekir. Bunu yapabilmeleri için de onlara fırsat tanınmalıdır. Çocuklar, hatalarını fark ederek ve düzelterek öğrenirler. Bu da zaman alır. Çocuklar okurken, bir sözcükte her takıldıklarında yetişkinler sık sık araya girip düzeltmeye çalışırlarsa, birer okur olarak kendilerine duydukları güven baltalanmış olacaktır. Öykünün akıcı bir biçimde okunması için metnin bölümlerini veya okunmakta olan sözcüğün ne olduğunu arada sırada söylemeniz çoğu kez daha yararlı olacaktır.

? *Çocuğum kitap okumayı sevmiyor. Çocuklarda kitap okuma alışkanlığını nasıl oluşturabiliriz?*

Çocuk, günlük yaşamındaki tüm görgü kuralları ve alışkanlıkları gibi, kitap okuma alışkanlığını da ana-babasından taklit yoluyla öğrenir. Evde televizyon seyretmek yerine zaman zaman müzik dinleyerek kitap okuyan ebeveynini gören çocuk, birlikte kitapçı dükkânına gidildiğinde kendisi için kitap arayışına girecektir. Ana-babanın bu konuda teşvik edici olması, yaşına uygun olarak, önce kolay okunan masal, öykü, resimli macera, ardında da roman ve şiir kitaplarını çocuğa tanıtması ve okuması yolunda onu yüreklendirmesi büyük önem taşımaktadır.

Ancak bu söylenenlerin tersine pek çok ailede, kitap okuma alışkanlığı yok denecek kadar azdır.

Hatta zaman zaman çocuğun kitap okuması, "Şimdi odana git, kitap oku!" şeklinde, istenmeyen bir davranışın ardından, âdeta "ceza"yla eşdeğerde tutulmaktadır. Bu tür yaklaşımlar, çocuğun kitaptan uzaklaşmasına sebep olmaktadır.

Çocuk ve Spor

Spor ortamında çocuk, sorumluluklarının bilincindedir ve duygularını kontrol altına alabilmeyi öğrenmiştir.

Spor, çocuğun bedensel, zihinsel ve sosyal gelişimine yardımcı olan bir etkinliktir.

Spor, sağlığı koruma ve güçlendirme amacı taşıdığı gibi, bedensel enerjinin ve duygusal gerilimin boşaltılmasına da katkıda bulunduğu için, tedavi edici değere de sahiptir. Özellikle grup sporu, çocuğun, kendi yeteneklerinden haberdar olmasına ve onları başkalarının yetenekleriyle karşılaştırabilmesine fırsat verir.

Spor ortamında çocuk, gerçekçi bir biçimde yeteneklerini bilir, kendini iyi tanır ve kabul eder. O, sorumluluklarının bilincindedir ve duygularını kontrol altına alabilmeyi öğrenmiştir. Bir takımın üyesi olarak çocuk, hata bulmak yerine yapıcı olmayı, eleştirmek yerine paylaşmayı öğrenir. Bütün bunları yaparken de öncelikle kendine güvenmeyi öğrenir. Çünkü ancak kendine güveni olan kişi, başarı için yüksek bir güdüye ve başarıda yüksek bir beklentiye sahip olabilir.

Çocuk aktif spor yaparken, "bir gruba ait olma" ve "o grupla dayanışmaya girme" şeklinde sosyal bir işlevi de yerine getirmektedir. Bu nedenle spor, topluma uyumlu bireylerin yetişmesine katkıda bulunur. Grup sporu yapan çocuk, yüksek başarının koşulları arasında, "olumlu grup içi ilişkiler" ile "gerilimsiz bir ortam"ın geldiğinin bilinci içindedir. Bu nedenle o, spor adına arkadaşlarıyla olumlu bir diyalog kurmanın önemini kabul etmiştir. Bu özelliğiyle spor, çocuğun sosyal gelişimine önemli katkılar sağlar.

? *Çeşitli davranış bozukluklarının giderilmesinde sporun katkısı var mıdır?*

Bireysel özelliklere veya yakın çevre etkilerine bağlı olarak sergilenen çeşitli "uyum ve davranış bozuklukları"nın tedavisinde, spor önemli bir görev üstlenmektedir. Spor yoluyla birey, gerilimden arınarak bir boşalım yaşamakta, böylelikle rahatlamaktadır. Tırnak yeme, alt ıslatma, dışkı kaçırma, çalma, okuldan kaçma vb. gibi davranış bozukluğu gösteren çocuklarda spor, "kendine güven" ve "uyum" gibi konularda yardımcı olmakla, tedaviye dolaylı bir şekilde katkı sağlamaktadır.

? *Çocuk, spora hangi yaşta başlatılmalıdır?*

Spor dalı seçiminde, çocuğun bedensel ve sinir-kas sistemi gelişimi önemli rol oynar. Bu nedenle yüzme, 5-6 yaş çocukları için ideal spor olarak kabul edilir.

Jimnastik ve tenis 7-8 yaş çocuklarına uygun bir spor dallarıyken, 9-10 yaşlar için voleybol, basketbol, futbol ve eskrim uygun spor dallarıdır. 12 yaşından itibaren kürek sporu, yukarıda sayılanlara ek olarak önerilebilir.

Çocuk ve Din

Yunus, bütün dinlerin, insanlara insanlığı öğretmek için geldiğini, insanı insan etmek gayesini güttüğünü söylemiştir.

DİN EĞİTİMİNİN ÖNEMİ

Din eğitimi bireye, hayatını düzene koymak için bazı ilkeler kazandırır.

Din eğitimi insana Allah inancını öğreterek hayatının değerini ve üstünlüğünü anlatır. Ona, bedensel zevklerini ve ihtiyaçlarını gidermesi yanında ruhunun isteklerini de dikkate almasını öğretir.

Din, sosyal gruba iyi ve doğru hedefler gösterir (Ayhan, 1997).

H. Ayhan'a göre, din konularını zamanından önce ya da sonra yanlış öğretirsek, hangi yaşta olursa olsun çocuğa veya yetişkin insana iyilik yerine kötülük yapmış oluruz (Ayhan, 1997).

Sorgu çağının hemen ardından, etrafını kuşatan fizik ve sosyal çevreyi keşfetme ve tanıma arzusunda olan çocuğun önde gelen meraklarından biri de, "kim tarafından yaratıldığı"dır. Diğer meraklarda olduğu gibi, bu konuda da çocuk, cevabı öncelikle anne ve babasından bekler. Peygamberimiz, "Her kişiyle kendi anlayışına göre konuşun," demiştir. Eğer çocuğunuzla sağlıklı bir iletişim kurmak istiyorsanız, belli zamanlarda hayata onun baktığı pencereden bakabilmelisiniz.

Allah inancı hakkında doğru ve anlaşılır bilgiler vermeye dikkat etmenin yanında, Allah'ın büyüklüğünü, çocuğun sevdiği her şeyi O'nun yarattığını, iyiliklerin ve güzelliklerin sahibi olduğunu anlatarak işe başlamak gerekecektir. Çocuk inanmakla, kendini güçlenmiş ve Allah'a yakınlaşmış hisseder (Ayhan, 1997).

Çocuk 4 yaş dolaylarında Allah hakkında fikir yürütmeye başlar. Bu yaş çocuklarının Allah tasavvuru, gelişim özelliklerine ve zihinsel kapasitelerine uygun olarak Allah'ı insana benzetme, insani vasıflarla düşünme şeklindedir. Çocuğun kafasında, güçlü ve büyük sıfatlarıyla özdeşleştirdiği ve çevresinde bu sıfatları taşıyan kişilerle somutlaştırdığı bir Allah tasavvuru oluşur.

Nemetschek'e göre Allah, çocuklar için gerçek ve kaçınılmaz bir sığınak, dayanak ve emniyet kaynağıdır. Çaresiz ve ümitsiz kaldıklarında Allah'ı aramakta ve ona yönelmektedirler (Dodurgalı, 1998).

7-9 yaş grubu çocuklarda Allah arayışı, 10-12 yaş grubuna göre daha etkin görünmektedir (Dodurgalı, 1998). 7 yaşından itibaren çocuklar, Allah'ı kendisinin ve yakınlarının yaratıcısı çok yüce bir varlık olarak tasavvur ederken, hâlâ onun gökte olduğunu düşünürler.

Ancak 11 yaşından itibaren çocuklar, soyut bir yaklaşımla Allah'ın her zaman her yerde olduğuna inanırlar. Bu bilişsel gelişime koşut olarak, çocuğun getirdiği açıklamalarda, hiç şüphe yok ki anne ve baba modelinin rolü çok büyüktür. Anne ve baba, dini inanç, düşünce ve uygulamalarıyla öncelikle sağlıklı bir model oluşturmalıdır.

Çocuğun soruları, yukarıda belirtilen gelişim aşamaları göz önünde tutularak, basit, fakat doğru ve sade bir dille cevaplandırılmalıdır. Allah'ın esirgeyen, her şeyi yaratan ve koruyan bir yüce varlık olduğu anlatılmalı ve çocuğa Allah korkusu yerine Allah sevgisi aşılanmalıdır. Eğer çocuk Allah sevgisine ulaşan bir insan olabilirse, başta insanlar olmak üzere tüm varlıkları sevecektir. Bu sevgi ise, ona her türlü güçlüğü yenmesinde yardımcı olacaktır. İnsanları sevme ve saymanın, Allah'a yakınlaşma demek olduğu ona anlatılmalıdır.

Allah inancı gelişen çocuk, kafasındaki sorulara yanıt bulan, güven duygusu gelişmiş, dingin, huzurlu bir birey olmaya başlar. Bu nedenle özellikle 7 yaşından başlayarak din konusunda ihtiyacı olan bilgiyi vermek ve olumlu bir model oluşturmak suretiyle çocuğu desteklemek, ebeveynin başlıca görevi olmalıdır.

? *Allah korkusu terbiye aracı olarak kullanılmalı mıdır?*

Allah hakkında henüz hiçbir bilgisi olmayan çocuklara, Allah'ın ceza verici ve korkutucu olduğunu telkin etmek, çok yanlış sonuçlar doğurur (Ayhan, 1997).

Bazı aileler, Allah korkusunu yanlış bir şekilde, terbiye aracı olarak kullanmakta ve bu korkuyu, "Annesinin sözünü dinlemeyeni Allah taş yapar!", "Yemeğini yemeyeni cehennemde yakar!", "Yalan söyleyenin dilini keser!" gibi cümlelerle çocuğun kafasına sokmaya çalışmaktadır. Bunun sonucunda, yanlış bir Allah tasavvuru oluşmakla kalmaz, aynı zamanda sürekli kendini suçlayan ve aşağılayan bu çocuğun, ruh sağlığı da bozulur.

Nitekim Mualla Öztürk, aşırı derecede gelişmiş "Allah korkusu"nun ortaya çıkardığı birtakım rahatsızlıkları ele almakta ve çocuğun zamanla yenemediği mikrop, hastalık, ölüm gibi korkularının içinde ve başında Allah korkusunun olduğunu söylemektedir (Dodurgalı, 1998).

Dodurgalı'ya göre, bu duruma meydan vermekten kaçınılmalıdır. Hatta Allah'ın çocuklar için günah yazmadığı sık sık vurgulanarak, çocuğun Allah'a yaklaşması temin edilmelidir (Dodurgalı, 1998). Kısaca, çocuğun Allah korkusu yerine Allah sevgisiyle yetişmesi gerekmektedir.

Çocuk, Allah'ın seven, koruyan, hoş gören, affeden, cezadan çok ödüllendiren bir varlık olduğunu öğrenmelidir.

Çocuk ve Müzik

Müzik, kendini ifade etme becerisini, yaratıcılık zevkini ve estetik duygusunu geliştirir; ses ve dil gelişimi ile bilişsel gelişim ve soyut düşünmeye katkıda bulunur.

Çocukta müzik yeteneği doğuştan başlar. Doğumundan itibaren ses uyarıcısına tepki verir. Anne ve babasının ayak seslerini tanır. Ağlamalarla ve ses tonunu yükseltip alçaltarak mutluluğunu ve mutsuzluğunu ifade eder.

Bazı araştırmacılara göre; çocukların şarkı ve mırıldanmalarını dinleyerek, orjinal dans ve oyunlara uyma çabalarını izleyerek, müziğe karşı doğuştan duyarlı olduklarını gözleyebiliriz. Bu doğal yetenek evrenseldir ve her toplumun üyesi olan çocukta doğuştan vardır.

Özetle bebekler, sesleri algılamada ve müzikal bir uyarana dikkat göstermede, şaşırtıcı bir şekilde yetişkinlerinkine benzer yeteneklere sahiptir.

3-6 ay arası bebekler, müziğin geldiği kaynağa doğru dönmeye ve bundan aldığı hazzı göstermeye başlar.

1 yaş çocuğu, hareketli bir müziğe, elleri ve sesiyle katılmaya çalışır. Aynı müzik parçası tekrarlandığında, tanıyıp aynı hareketleri yapmayı ve aynı sesleri çıkarmayı öğrenir. Yani birinci yıldaki en belirgin gelişme, müziği seslendirmedir.

2 yaş çocuğu müzik dinlemeyi sever ve kendi hareketlerini müzikte var olan ritme uydurma çabasına girer.

3, 4, 5 yaşlarında çocukların, spontan hareketlerle tepki vermekten çok müziği, oturarak dinleme eğiliminde oldukları görülmektedir. Bu özellik, okulöncesi çocuğuna dinleme ve sessiz kalma alışkanlığını da kazandırır. Çocukların, müziğe verdikleri tepkileri artan bir şekilde içselleştirmeleri ve bunu yaratıcı oyun ve arkadaşlarıyla sosyal ilişkiler kurma (örneğin dans etme) şeklinde, geniş bir bağlamda kullanmalarıyla okulöncesi dönemde müzik etkinliği zenginlik kazanır.

Okulöncesi dönem çocuğu için müzik ve dans, kendini ifade etme aracı olmanın ötesinde, onun sosyal gelişimi için de önemli bir etkinliktir. Çünkü çocuk, müzik eşliğinde arkadaşlarıyla daha kolay bir iletişim kurabilmektedir.

Bir enstrüman çalan çocuk, kendini ifade etme becerisini geliştirir ve bu ona, yaratıcı yönünü ortaya koyma fırsatı verir.

? *Müzik ve müzik eğitimi çocuğa ne kazandırır?*

Müzik, öncelikle, şarkı ve tekerlemeler yoluyla okulöncesi dönemindeki çocuğun dil gelişimine katkıda bulunur. Bunun yanı sıra müzikal etkinlikler yoluyla çocuğun yaratıcılığını ortaya koymasına fırsat verir.

Müzik, zihinsel, motor, sosyal beceri ve yeteneklerin gelişimine katkıda bulunmaktadır.

Müzik eğitiminin, okuma yeteneğine de katkıda bulunduğu açıkça görülmektedir. Yapılan araştırmalara göre, akademik yılın başında ve sonunda okuma testine tâbi tutulan ilköğretim öğrencilerinden, müzik eğitimi alanların, almayanlara oranla daha iyi sonuçlar elde ettikleri görülmüştür. Yapılan pek çok testin sonucunda, notaları doğru seslendiren çocuklarda, harfleri doğru seslendirme oranının daha yüksek olduğu bulunmuştur. Müzik eğitiminin olumlu etkisi, okumanın yanı sıra, öğrenme ve yaratıcılıkta da kendini göstermektedir.

Müzik;

- Kendini ifade etme becerisini ve yaratıcılık zevkini geliştirir.
- Estetik duygusunu geliştirir.
- Motor gelişimi ile ritmik gelişimi sağlar.
- Ses ve dil gelişimine katkıda bulunur.
- Bilişsel gelişim ve soyut düşünmeye katkıda bulunur.
- Sosyal ve grup becerileri kazandırır.

Özetle müzik eğitiminin, okuma, soyut düşünme yetenekleri ve yaratıcılığı kapsayan bilişsel becerilerin gelişmesini desteklediğini, araştırma bulgularına dayanarak söyleyebiliriz.

? *Çocuğun müzik ilgisini geliştirmek için ana-baba ne yapabilir?*

Her şeyden önce çocuğu müzikle tanıştırmak üzere belirli bir program içinde hareket edilmelidir. Örneğin evde zaman zaman televizyon yerine müzik dinlemek, farklı konserlere çocuğu da götürmek gibi. Uyku öncesi klasik müzikle uykuya geçişi sağlamak, uyumayı kolaylaştırdığı gibi, çocukta müzik ilgisinin gelişimini de sağlar. Ancak bütün bunları yaparken; çocuğu keşfetmek, hangi müzik türüne karşı daha fazla ilgi duyduğunu, müzik kulağı olup olmadığını belirlemek gerekir.

Bir zamanlar Edirne'de ruh hastalıklarının tedavisinde kullanılan müzik, çocuğun da duygusal boşalımını, rahatlamasını sağlayarak, gerginliğini azaltırken, tedavi edici işlevini yerine getirmektedir.

Bu nedenle, ana-baba bir yandan model olmalı ve çocuğu müziğe özendirmeli, öte yandan da onu, ilgisi doğrultusunda yönlendirmeye çalışmalı ve ilgi duyduğu bir müzik aletini çalması yolunda yüreklendirmelidir.

Çocuk ve Resim

Çocuk, yalın bir anlatım aracı olan resim yoluyla iç dünyasını yansıtır; duygu ve düşüncelerini dile getirir.

Resim, psiko-pedagojik açıdan çocuğu bize tanıtmaya yarayan bir ölçüt olduğu gibi, onun zekâ, kişilik ve yakın çevre özelliklerini yansıtan bir ifade aracı olarak da büyük bir önem taşır.

Her çocuk, belirli bir kas olgunluğuna eriştikten sonra, kâğıt üzerinde birtakım çizgi ve figür denemelerinde bulunur. Bireysel zekâ ve kişilik faktörlerinin yanı sıra, çocuğun çevreyle olan etkileşimi ve günlük deneyimleri, onun çizgisini başka bir çocuğun çizgisinden farklı kılan başlıca etmenlerdir. Çocuk bize resmiyle âdeta kendisinin bir parçasını yansıtmakta, olaylar hakkındaki duygu, düşünce ve görüş biçimlerini dile getirmektedir.

Küçük yaşlarda sözcüklerden daha güçlü bir anlatım aracı olan resim, bize, çocuğun iç dünyası ve büyüme süreci hakkında önemli bilgiler verir. Çocuğun benmerkezci bakış açısından uzaklaştığını, geniş bir çevrenin üyesi olduğunun farkına vardığını, resim yoluyla anlayabiliriz.

Resim, kolay bir anlatım aracı olması nedeniyle, sınırlı sözcük bilgisine sahip bir çocuk için, kendisi ile dış dünya arasında iletişimi sağlayan bir araçtır. Resim, çocuğun iç dünyasını keşfetmek için oldukça ideal, projektif bir tekniktir. Çocukların çoğunluğunun resmi sevmeleri ise bu tekniğin kullanımını kolaylaştırmaktadır.

Çocuğu doğal halde gözlemleme ve tanıma olanağı vermesi açısından, "oyun" ortamı gibi resim etkinliğinin de önemi büyüktür.

Bu nedenle çocuğa "karalama" evresinden itibaren kâğıt-kalemle buluşma olanağı hazırlanmalı, dilediği şekilde özgürce çizmesi konusunda çocuk cesaretlendirilmelidir. (Ayrıntılı bilgi için, bkz. Yavuzer, H., *Resimleriyle Çocuk*, Remzi Kitabevi.)

Yanda, 10 yaşındaki bir erkek çocuğun yaptığı iki resim görülmektedir. Çocuk ilk resminde (üstte), babasıyla olan olumsuz ilişkisi nedeniyle istenen aile resminde onu çizmemiş, ancak terapi sonrası ilişkilerin düzelmesi sonucu çizdiği yeni resminde (altta) babaya yer vermiştir.

Sözel olarak ifade edilmeyen bu durum, çocuğun iç dünyasının bir yansıması şeklinde resminde ortaya çıkmaktadır.

? ***Resim etkinliğinin yararları nelerdir? Resim etkinliğinde ana-babanın katkısı nasıl olmalıdır?***

Resim, çocuğun küçük kas gelişimine, göz-el koordinasyonuna, bedensel, motor ve bilişsel gelişimine yardımcı olur. Ayrıca, çocuğun zekâ gelişiminin bir göstergesi, kişilik özelliklerinin ve iç dünyasının bir dışavurumu olması nedeniyle tanı ve sağaltım işlevlerini de görür. Bütün bunların dışında, örneğin geometri gibi bazı derslere de dolaylı katkı sağlar.

İşte böylesine önemli bir etkinlikte ana-babanın başlıca rolü, malzeme sunmak ve resim etkinliğine teşvik etmek olmalıdır.

? ***Resim faaliyetinde okula ve öğretmene düşen görevler nelerdir?***

Çocuk, resim aracılığıyla, kendi dünyasını en kestirme yoldan, yalın bir anlayışla yansıtır. Çocuk resminde önemli olan, çizimin çocuğa özgü bir yorumu olmasıdır.

Başta öğretmen olmak üzere, tüm yetişkinlerin görevi ise, çocuktaki bu "saflık" ve "çocukçalık"ı bozmamak, onu basmakalıpçılıktan korumak olmalıdır. Çocuk ne boyut ne de renk konusunda yönlendirilmeli, ürünlerini özgürce ortaya koyabilmelidir. Bunun yanı sıra, resim dersinin, en az Matematik ve Türkçe dersleri kadar önemli olduğu unutulmamalı, resim dersinde, resim yerine başka bir ders işlenmemelidir.

? ***Zaman zaman bazı anne ve babalar, 3-4 yaşlarındaki çocuklarının resimlerine yardımcı olmaya, örneğin bir elmanın nasıl çizildiğini onlara öğretmeye çalışırlar. Bunun herhangi bir sakıncası olabilir mi?***

2-4 yaşlarına rastlayan karalama evresindeki gelişimin, belirli bir düzen içinde olduğu görülür. Başlangıçta kâğıdın üzerine gelişigüzel konan işaretler şeklinde görülen karalama, zamanla yetişkinler tarafından tanınabilecek düzeyde çizgilere dönüşür. Bedensel ve coşkusal gelişiminin bir yansıması olan bu faaliyetinden haz duyan çocuk, var gücüyle karalamasına devam eder. İşte giderek görsel kontrole sahip olmaya başlayan ve yarattıkça bağımsızlığını elde ettiğinin bilincine varan çocuk için, anne-babanın, 'bir elmanın nasıl çizildiğini öğretmeye çalışması' şeklindeki yardımı, duygusal bir kırıklığa neden olabilir. Çünkü karalama faaliyeti, kendi başına çocuğa haz veren bir uğraştır. Anne-babanın karalama faaliyetindeki çocuğa ilgi göstermesi kuşkusuz yararlıdır; ancak bu, çocuğun faaliyeti yönünde olmalıdır. Anne-babanın çocuğu yönlendirmesi, çizme olanağı hazırlama ve malzemeyi kullanmaya cesaretlendirme şeklinde olmalıdır.

Çocuk ve Televizyon

Televizyon, sınırlı zaman diliminde, doğru programların seçilmesi halinde, çocuğun gelişimine olumlu katkı sağlar.

Kitle iletişim araçlarının temel işlevi, bir yandan eğlendirirken öte yandan gerçeğe dayalı sorunlara çözümler getirebilmek, eğitmek ve toplumda belli değerlerin yerleşmesine yardımcı olmaktır.

Yapılan araştırmalar sonucu, pek çok çocuğun TV başında geçirdikleri zamanın, sınıfta bulundukları süreye yaklaştığı saptanmıştır. Televizyon izlemenin en yoğun olduğu dönemin, 11-14 yaşları olduğu belirlenmiştir. Ortalama bir çocuğun 16 yaşına kadar, TV'de 13 bin şiddet eylemine tanık olduğu saptanmıştır. Şiddet eylemlerinin izlenmesi, çocukta ruhsal gerginliği artırabilmekte; dengesi daha kolay değişebilen, öfke eğilimli çocuklarda, dürtüsel ve duygusal kontrolü zayıflatmaktadır.

Şiddet karşısında çocukların gösterdikleri tepkiler, yapılarına göre farklılık gösterir. Bu tepkiler bazılarında ürkeklik, içe kapanma, bazılarında saldırganlık şeklinde görülür. Buna bağlı olarak, bazı çocuklarda gece ve gündüz korkuları gelişebilir.

Çocuğun ne ölçüde geniş bir saldırgan davranış repertuarı oluşturacağı, içinde yaşadığı ailenin saldırganlığa ilişkin tutum ve değerlerine bağlıdır. Saldırganlığın, sorunların çözüm yolu olarak benimsenmediği ve bu tür davranışların pekiştirilmediği bir çevrede yetişen çocuğun, ekrandan etkilenerek saldırgan bir yapı geliştirme olasılığı son derece düşüktür.

Şiddet eylemlerinin olumsuz sonuçlarına en açık olan çocuklar, dürtü kontrolü zaten az, saldırgan eğilimlere yatkın olan, duygusal ve sosyal yoksunluktan gelenlerdir.

Çocuğu, şiddet içeren programların zararlarından korumak için ailenin işbirliği önemlidir.

Ana-babaya düşen en önemli görev, televizyon programlarını önceden inceleyerek, çocuğun seyredebileceği programı belirlemektir. Buna rağmen çocuk televizyonda şiddete tanık olmuşsa seyredilen programı onunla paylaşmak, duygularını ifade etmesine fırsat tanımak, şiddet eyleminin çocuk üzerindeki olumsuz etkisini aza indirir.

Doğru kullanıldığı takdirde televizyon, çocuğun zihinsel gelişimine ve dil gelişimine olumlu katkılar sağlayan, eğlendirirken öğreten önemli bir araçtır. Doğru zamanda, doğru programlar, aşırı izlenmemek kaydıyla çocuğun gelişimine olumlu katkı sağlar.

Programlarda ve sürede seçici davranıldığı takdirde, televizyon izlemesi, çocuğun gelişimine olumlu katkı sağlar.

? *Televizyon seyretme eğitimi nasıl olmalı?*

Çocuğun televizyonda seyredeceği programlarda seçici davranmak ve televizyon izleme süresini sınırlı tutmak, uyulması gereken ana ilkelerdir. Televizyonu bir araç olarak düşünürsek, önemli olanın bu aracı kendimize iyi hizmet eder duruma getirmek olduğu ortadadır.

Bunun için hem program yapımcılarının hem de izleyicilerin dikkatli davranması özel bir önem taşır.

Televizyon sürekli izlendiği takdirde, çocuğun akranlarıyla olan ilişkilerini, böylelikle sosyal gelişimini olumsuz etkiler. Zaman içerisinde ekran bağımlısı olan çocuk, arkadaşları tarafından aranmayan, yalnızlığa itilen bir birey konumuna düşer. Ayrıca sürekli ekrana bakan çocuğun, zamanla başta göz olmak üzere çeşitli organları zarar görür. Çocuğun televizyonu dengeli seyredebilmesi, ona ev içinde ve ev dışında başka seçenekler sunmakla mümkündür.

? *15 aylık oğlum, TV'de sürekli müzik yayını veren kanalı izlemek istiyor. Çocuğun ruhsal gelişimi açısından bu durumun sakıncası var mı?*

Bir saati geçmemek koşuluyla izlenen müzik yayını, çocuğun müzik ilgisini geliştirir. Ancak burada süre önemlidir. Çocuğa değişik oyun ve oyuncaklarla, ev içi ve ev dışı etkinlik olanağı sağladığınız takdirde, bu süreyi sınırlı kılabilirsiniz. Aksi halde, sürekli evde oturan çocuk, yegâne uğraş olarak televizyonu bulacaktır.

? *Aşırı televizyon izlemenin olumsuz etkileri nelerdir?*

Aşırı televizyon izleme, okuma başarısı başta olmak üzere, akademik başarıyı düşürmektedir.

Bunun nedeni, televizyonun yalnızca görsel algıya hitap eden doğasının, beynin sağ yarıküresindeki dille ilgili bölgenin gelişimini engellemesidir. Aşırı uyarıcı öğelerle donatılmış çocuk programları, beynin dikkat bölgesini etkileyecek şekilde ayarlanmıştır. Çocuk uzun süre televizyon seyredip bu aşırı uyaranlara alıştığında, hafif uyaranlara dikkatini verememekte, bu nedenle de böylesi programlar, onun, oyunlarında ve sosyal ilişkilerinde beynini özgürce kullanmasını önlemektedir.

Ön beyin korteksi planlama, organizasyon, dikkat ve öz-denetimden sorumludur. Sürekli ve plansız TV izlemenin, bu bölgelerin tembelleşmesine neden olduğunu ortaya koyan araştırmalar bulunmaktadır.

Okulöncesi çocuklar için en fazla bir saat, okul çağı çocukları için ise iki saatin altında bir süre, televizyon seyretmek için yeterlidir.

Çocuk ve Bilgisayar

Bilgisayar, çocuğun, dikkatini yoğunlaştırmayı öğrenmesini sağlar; planlama ve problem çözme yeteneğinin gelişmesine yardımcı olur.

Yirminci yüzyılın önemli buluşlarından biri olan bilgisayar, insan yaşamında giderek önemli bir yer almaya başlamıştır. Bilgisayarın, iyi değerlendirildiği takdirde çocuğun eğitim ve gelişime olumlu katkılarının olduğu bir gerçektir.

Bilgisayarın çocuklar üzerindeki olumlu etkilerini kısaca şöyle özetlemek mümkündür:

- Bilgisayar, kolaylığı nedeniyle küçük çocuklar arasında da yaygın şekilde kullanılabilir, öğrenmeyi eğlenceli kılar.
- Çocuğu merak ve rekabet duygusuyla cesaretlendirir.
- Bilgisayar, çocuğun dikkatini yoğunlaştırmayı öğrenmesini sağlar. Bilişsel gelişimine katkıda bulunur, planlama ve problem çözme yeteneğinin gelişmesine yardımcı olur.
- Bilgisayar, sürekli ve süratli geribildirimde bulunarak çocuğun, bir konuyu anlama düzeyini kendi kendine belirlemesine yardımcı olur.
- Bilgisayar, yazma ve iletişim becerilerinin gelişmesine katkı sağlar.

- Çocuğun ilgisini çektiği sürece, bilgisayar, özgür bir öğretmen işlevi görür. Öğrencinin okulda başaramadığı dersleri, kendi kendine başarabilmesine olanak sağlar. Böylelikle öğretmenin önyargılı davranarak çocuğu olumsuz etkileme riski de ortadan kalkmış olur.
- Okulöncesi eğitim programında, yaşa uygun bilgisayar etkinliklerinin, özellikle göz-el koordinasyonuna katkı sağlaması nedeniyle önemli olduğu kabul edilmektedir.

Tüm bunlara karşın, kullanımı belirli bir süreyi aştığı takdirde, bilgisayar çocuğu olumsuz şekilde de etkileyebilir. Bu olumsuzlukları şu şekilde özetlemek mümkündür:

- Öğrenci merkezli eğitimde bireysellik esas alınırken, bilgisayar destekli eğitimde bireysellikten uzaklaşılmaktadır.
- Programlı yaşam alışkanlığı olmayan çocuk, bilgisayar kullanımında sınırı aşarak ekran bağımlısı olabilmektedir. Bu da çocuğun yüz yüze iletişimini büyük ölçüde etkilemekte ve onun sosyal gelişimini engellemektedir. Özellikle okulöncesi dönem çocuğunun günlük programında, bilgisayarın yeri sınırlı olmalıdır. Çünkü erken gelişim yıllarında, çocuğun hareket etmeye, deneyim kazanmaya, akran grubuyla oyun ortamında buluşmaya ve insan insana ilişki kurmaya yoğun bir şekilde ihtiyacı vardır.
- Her çocuk ekonomik nedenle bilgisayara sahip olmadığı için, bilgisayar kullanımı çocuklar arasında eşitsizliğe neden olmaktadır.

Sonuçta, gelişim düzeyine uygun yoğunlukta ve sınırlı kullanıldığı takdirde, bilgisayarın çocukların eğitim ve gelişimine olumlu katkı sağladığı görülmektedir.

Bilgisayar, doğru yer ve zamanda, amaçlı ve sınırlı kullanıldığı takdirde, çocuğun eğitim ve gelişiminde önemli yeri olan bir araçtır.

? Bilgisayar bağımlılığına karşı ana-baba ne yapabilir?

Çocuğun, gelişim yıllarında, "aile standartları"nın yanı sıra "arkadaş standart"larına da ihtiyacı büyüktür. Arkadaş, çocuğun hem kendisini tanıması hem de benlik saygısını güçlendirmesi için gelişiminin değişik dönemlerinde özel bir önem taşır. Bunun için özellikle arkadaşla yüz yüze, işbirliği içinde ortak etkinliklere katılması için çocuğa ortam hazırlanmalıdır. Ekran bağımlılığı bu ilişkiye önemli bir engel oluşturduğundan, ana-babanın buradaki işlevi, akranlarıyla birlikte yapacağı etkinlikler konusunda çocuğu desteklemektir. Günümüzde giderek artan sanal âlemdeki arkadaşlık, sosyal gelişim için gerekli olan "yüz yüze iletişim"-in yerini alamaz.

Bu nedenle okul da, çocukları, ders içi ve ders dışı etkinliklerinde işbirliğine yönlendirmeli, bu yolda onlara destek olmalıdır.

? İnternet ve bilgisayar oyunları çocuğu nasıl etkiler?

Bilgisayar ve onun sağladığı internet hizmeti yaşamımızın her alanına hızla yerleşerek vazgeçilmez bir iletişim aracı haline gelmiştir. Doğru anahtar sözcükleri kullanarak bilgiye hızlı bir şekilde ulaşabilme olanağı sunan bu teknolojik fırsat, çocukların eğitimleri açısından kuşkusuz önemlidir. Televizyon izlemenin ve bilgisayar oyunu oynamanın en yoğun olduğu dönemin 11–14 yaşları olduğu saptanmıştır. Dietz (1998), piyasadaki en popüler bilgisayar oyunlarının %80'inin şiddet unsuru içerdiğini belirlemiştir (Akt: Kirsh, 2003; Çev. Yıldırım). Şiddet eylemlerinin izlenmesi, çocuk ve gençte ruhsal gerginliği arttırabilmekte, dengesi daha kolay değişebilen, öfke eğilimli bireylerde, dürtüsel ve duygusal kontrolü daha da zayıflatmaktadır. Bu durum aile ortamındaki şiddetle de pekiştirildiğinde, çocuk, bunu kabul edilebilir bir iletişim yöntemi olarak algılayabilmekte ve kolaylıkla şiddet seçeneğine başvurabilmektedir.

Şiddet içeren bilgisayar oyunu oynayanlar, aktif saldırgan kimselerdir. Bilgisayarda oyun oynayan birey, televizyonda olduğu gibi gözlemci olarak değil, oyunun aktif bir karakteri gibi hareket eder. Yapılan araştırmalar, şiddet içeren bilgisayar oyunları ile saldırgan davranış arasında bir ilişki olduğunu ortaya koymaktadır. Ağabeylerini örnek alarak bilgisayar bağımlısı olan 3,5 yaşındaki çocuk, bilgisayar oyununda "testere ile adam öldürmeyi" öğrenmiş ve bu alışkanlık günlük yaşamına hırçınlık, saldırganlık ve uyku bozuklukları şeklinde yansımıştır.

Şiddet içeren bilgisayar oyunlarının saldırgan davranışın oluşumu üzerinde, kısa ve uzun süreli etkileri vardır. Bu etki kısa dönemde, saldırgan düşünceleri, duygu ve uyarılmayı arttıran durumsal değişken olarak görülür. Uzun dönemde ise, saldırgan inanç ve tutumları arttırarak saldırgan davranış kalıp ve beklentileri yaratarak bireyi saldırganlığa karşı duyarsızlaştırmaktadır (Kirsh, 2003; Çev. Yıldırım).

Şiddet içeren bilgisayar oyunlarının dışında, internetteki diğer bir tehlike de çocukların porno sitelerine ulaşabilmeleridir. Porno sitelerindeki, estetikten uzak, iğrenç görüntüler, çocuğun gelecekteki dünyasını, karşı cinsle ilgili düşünce ve hayallerini olumsuz etkileyebilir. Bu nedenle özellikle "şiddet" ve "porno" tehlikesine karşı "filtre" yoluyla kontrolün sağlanması, ilk ve son çocukluk yılları için uygundur. Anne ve Baba ilgili ve sıcak bir yaklaşımla çocuğa zengin bir uyarıcı çevre oluşturmalı, böylelikle bilgisayar ve internet, çocuğun yegâne uğraş alanı olmaktan çıkıp sinema, tiyatro, spor, müzik gibi farklı etkinliklerden sadece birisi olarak "sınırlı" bir süre için çocuğun ilgi alanı içinde kalabilmelidir.

Çocuğun Cinsel Eğitimi

Cinsel konularda sorulan sorular, çocuğun gelişim düzeyine uygun bir şekilde, basit, kısa ve doğru olarak, kaygı duyulmadan cevaplandırılmalıdır.

Erken gelişim yıllarında verilecek olan cinsel eğitim, belirli fizyolojik ve anatomik bilgilerin aktarılmasından çok, olumlu ana-baba ilişkilerinin öğretilmesini içermelidir.

Bu nedenle cinsel eğitimin ilk ve en temel adımı, çocuğa dengeli, güvenli ve huzurlu bir aile ortamının sağlanmasıdır.

Annesinin babasına karşı olumlu tutumunu, babasının annesine karşı olan sevgi ve saygısını gören çocuk, karşılıklı sevgi alışverişini, yaşayarak öğrenmiş olur.

Çocuğun cinsel özdeşimini belirlemesi, yani kız ya da erkek olduğunun ayrımına varması, 3-4 yaşlarında gerçekleşir.

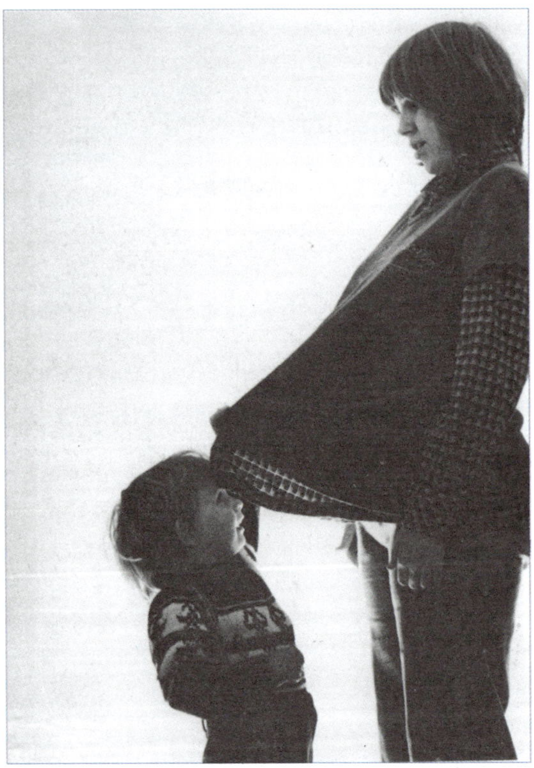

Çocuk, merak ettiği konuları ana-babayla rahatça konuşabilmelidir. Çocuğa verilecek bilgiler, basit, doğrudan sorulan konuyla ilgili ve yaşına uygun olmalıdır. Söz gelimi, "Ben nereden geldim?" sorusuna yanıt verirken, 4 yaşına kadar, "Annenin karnında oldun ve doğuma kadar orada güven içinde büyüdün," şeklindeki bir karşılık yeterli olabilir.

Aynı soruya 4-6 yaş arasında, "Bütün bebekler gibi sen de babanın bir tohumu ve annenin bir yumurtasından yapıldın. Babanın tohumu ile annenin yumurtası, annenin karnında bir araya geldiler; yani sen çok özelsin. Anne ile babanın çok güzel bir karışımı," şeklindeki yanıt yeterli olacaktır. Çocuklar 8 yaşını geçtikten sonra seksin karmaşık mekaniğini anlayabilirler. Bu konudaki fizyolojik ayrıntıyı ise ancak 11 yaşından itibaren algılayabilirler.

Çocuğa, arıların çiçekten çiçeğe nasıl polen taşıdığı ve onu dölleyerek yeni tohumlar oluşmasını sağladığı öğretilebilir. Kuşların nasıl yumurtladığı ve kuluçkaya yattığı anlatılabilir. Bütün bunlar, çocuğa cinselliği öğretmenin basit ve doğal yollarıdır. Ancak bu bilgiler çocuğa aktarılırken, utanma korkusu olmadan, içten ve açık cevaplar vermek temel ilke olmalıdır.

Cinsel eğitim, ne çok erken ne de çok geç olmalıdır. Çocuğun gelişim düzeyine uymayan bilgi, güçlük yaratır. Çocuğa istediği anda, doğru, basit, kısa ve rahat bir şekilde cevap verilmelidir. (Ayrıntılı bilgi için, bkz. Yavuzer H., *Ana-Baba ve Çocuk*, Remzi Kitabevi.)

3-4 yaşından itibaren, artan merakını gidermek üzere, çocuğun sorduğu sorulara cevap vermeyi reddetmeyin. Suskun kalmayın. Onu sorduğu sorular nedeniyle ayıplamayın. Gerekli bilgiler; kısa, basit ve yalın olarak, çocuğun gelişim evresine uygun bir şekilde verilmelidir.

? ***Küçük çocuklarımızın bizi çıplak görmeleri sakıncalı mıdır? Birçok arkadaşımız, çocuklarının, banyoya kendileriyle birlikte girmelerine izin vermekteler. Ebeveynin çocuklarıyla birlikte banyoya girmesine nasıl bakıyorsunuz?***

Çocuklarınızın sizi tesadüfen, bir kez çıplak görmesi doğaldır ve sakıncalı olmaktan uzaktır.

Çocukların, sizin ve kendilerinin bedenlerindeki farklılıkları değerlendirmeye ihtiyaçları vardır. Göğüsler, kadın ve erkek üreme organları özellikle ilgisini çekebilir. Sadece tesadüfen bir kez ebeveynini çıplak gören çocuk merakını gidermiş olacak, bedenlerle ilgili tüm merakı bittiğinde de ilgisini yeni ve farklı konulara yöneltmeye başlayacaktır.

Burada önemli olan nokta, olayın doğal olduğunu hissettirmek ve utanmış gibi görünmemektir. Ancak sırf böyle olması gerektiği için de, çocuklarınızın karşısında soyunmanız ve onlarla birlikte sürekli çıplak olarak banyoya girmeniz, gereksiz olduğu kadar sakıncalıdır da. Bu konuda mahremiyeti korumanızı önermekteyim.

Çocuğunuza, başkalarının mahremiyetine saygı göstermesini ve karşılığında da saygı beklemesini öğretin. Bu nedenle tuvalete gidildiğinde, yatak orasında giyinip soyunurken, yanınızda bulunmamasına özen gösterin. Anaokulunda da bu mahremiyet ilkesine uyulmasını, yöneticilerden bekleyin. Medyanın cinsellik bombardımanı altında büyümekte olan çocuklara, "kendine saygı" ve "mahremiyete saygı" ilkelerini öğretin.

? ***Çocuğum, zaman zaman cinsel organını bir yere sürtmek suretiyle mastürbasyon yapıyor. Sebebi ne olabilir?***

Mastürbasyon (kendi kendine doyum), 3-5 yaşlar arasında sık rastlanan bir davranıştır ve çocuğun kendi bedenini tanıma eyleminin bir parçasıdır. Ancak sürmesi halinde, gerisinde yatan "duygusal doyumsuzluk" nedenlerinin belirlenerek giderilmesi gerekir. Örneğin, annesi tam gün çalışan bir kız çocuğunda rastlanan bu davranış, annenin yarım gününü çocuğuna ayırmasıyla sona erdirilmiştir.

Ana-baba olarak, tırnak yeme, parmak emmeyle eşdeğerde sayılabilecek bu belirtinin üzerinde durmamanızı öneririm. Sıklıkla oluyorsa, çocuğun dikkatini başka etkinlik alanlarına ve oyunlara çekmek yeterli olabilir. Bunları yaparken, sakin olmaya ve çocuğu korkutmamaya özen gösterin. Anaokulu öğretmeni de bu konuda uyarılarak, işbirliğine gidilebilir. Devamı halinde uzman bir çocuk psikoloğunun yardımına başvurulabilir.

? ***İdeal sünnet yaşı kaçtır?***

İslam kültüründe erkek kimliğinin gelişmesi için zorunlu sayılan sünnet, cerrahi bir işlem olduğu kadar, dini bir vecibe ve sosyal bir olaydır. İdeal sünnet yaşı, ya doğumla birlikte (tercihen doğumu izleyen ilk iki hafta) ya da 7-11 yaşları arasında yapılandır. 2 yaşında bir çocuğun sünnet olması söz konusu olsa ve bu durum yanında konuşulsa, bir kaygı duymaz. Ancak sünnet sırasında acıya tepki gösterir.

5 yaşındaki bir çocuk için ise sünnet, başlı başına bir kaygı kaynağıdır. Acısı ikincil plandadır. Cinsel organı koparılıp atıldığında, kendini güçsüz, kuvvetsiz hissedeceğini düşünür, Bunu kendisine verilen bir ceza olarak algılayabilir. Bu kaygı, uzun süre oyunlarına, resimlerine yansıyabilir.

Sünnet, aynı zamanda "sosyolojik bir tören" niteliğinde olduğu için, çoğu aile, doğumda sünnet uygulamasını hayata geçirememiştir. Ancak, giderek bu pratik ve sağlıklı yöntemin topluma yerleşeceğine inanmaktayım.

ERKEN ÇOCUKLUK DÖNEMİNDE GÖRÜLEN BAZI SORUNLAR

Konuşma Bozuklukları-Kekemelik

Konuşma bozuklukları, ruhsal kaynaklı veya kalıtımsal olabildikleri gibi, anatomik yapı bozukluğuna bağlı da olabilirler.

Kekemelik, konuşma ritmi düzenindeki bir bozukluktur. Fizyolojik, nörolojik, psikolojik ve sosyal etkenlerden kaynaklanabilir. Ses, hece ve sözcüklerin tekrarı, sözcüklerin ve cümle parçacıklarının aralara eklenmesi, konuşmanın akışını kesen duraklamalar, ses ve hecelerin uzatılması biçiminde sergilenebilir. Sorunu yaşayan çocuk için oldukça ağır psikolojik, sosyal ve akademik sonuçlar doğurabilir. Çocuğun duyacağı kaygı, yaşayacağı özsaygı ve özbeğeni yıkımı, ona oldukça büyük zararlar verir.

Konuşma bozuklukları, ruhsal kaynaklı veya kalıtımsal olabildikleri gibi, anatomik yapı bozukluğuna bağlı da olabilir. Temelde kabul edilen etken, aileden gelen genetik bir yatkınlıktır. Buna, tetikleyici herhangi bir başka etkenin katılımı, bozukluğun ortaya çıkmasına sebep olabilir.

Yapılan araştırmalar, duygusal yaşantıların ve nörotik kişilik yapısının da kekemeliğin ortaya çıkmasında önemli rol oynadığını göstermiştir.

Kekemelikte, konuşma sırasındaki duraklamalarda artış, konuşmanın ritminde ve akıcılığındaki bozulmanın yanı sıra yüz ifadesinde bozulma ve özgüven eksikliği görülür. Çocuk, kendini kekeme olarak algılaması nedeniyle, doğal bir şekilde konuşamama, bir harf ya da sesi kekeleyeceği kaygısıyla söylemekten "kaçınma davranışı" sergileme gibi özellikler gösterir.

Kekemelik, çoğunlukla çocuk, "kekemeliğin oluşmasını beklediği durumlarda", "kekelemekten korktuğunda" ve "gergin olduğunda" ortaya çıkmaktadır.

Kekemelik, bireyin kendisini yetersiz hissetmesi ve normalin dışında bir birey olarak algılaması durumunda, etkisini sürdürür. Bu nedenle kekeleme, kekeleyen bireyin olumsuz yaşantılarıyla kendi içinde kilitli kalan, kapalı bir sistemdir.

Kekemelikte tedavi: Kekemelikte ailenin tutumu özel bir önem taşımaktadır; ana-baba, çocuğun akıcı olmayan konuşmasına yoğunlaşmamalı, kaygısını çocuğa yöneltmemelidir. Çocuk konuşurken, sözü kesilmemeli, yardım amacıyla kelimesi tamamlanmamalı, güler yüzle ve gözlerine bakılarak dinlemelidir. Ana-baba sakin ve tane tane konuşmalı, konuşması için çocuğu cesaretlendirmelidir.

Konuşma terapistinin önerileri doğrultusunda, çocuğa gevşeme egzersizleri, solunum ve ritim egzersizleri yaptırmak gerekir. Solunumun düzelmesi ve gelişmesi için çeşitli soluk alma yöntemleri uygulanmalıdır.

Kekemeler için çeşitli tedavi tekniklerini birleştiren ve ancak uzmanlar tarafından uygulanabilecek geniş tabanlı bir çalışmada şu aşamalar ele alınır:

1. Kas gevşetme eğitimi: Bu yöntem, gerginlik ile gevşeme-rahatlama arasındaki farkı çocuğa öğretir. Akıcı konuşmada gevşemenin önemi büyüktür.
2. Konuşmayı yavaşlatma: Bu yolla çocuk, artık kekelemediği bir düzeye kadar konuşmasını yavaşlatmayı öğrenebilir. Her soluk verişte, yalnızca bir tek sözcük söylemeye özendirilir.
3. Belli bir rol üstlenilen drama faaliyeti: Çocuğun güç durumlarda konuşma alıştırması yapması istenir. Ona gergin olayları canlandırma ve kekelemesinin altında yatan nedenleri derinliğine kavrama olanağı tanınır.
4. Etkinliğe ara verme: Çocuktan, kekelemeye başlar başlamaz, konuşmasına son verip bir dakika boyunca arkasını dönmesi istenir. Hazır olduğunda geri döner ve yeniden konuşmaya başlar.
5. Video kaydı: Özfarkındalık kazandırmak için, tedavi tekniklerinin kullanımı sırasında alınan kayıt yoluyla çocuğun kendi davranışları arasındaki ayrımları gözlemleyebilmesine fırsat verilir.

? Kekemelik hangi yaşlarda görülür? Kekemelik sık rastlanan bir sorun mudur?

Çocukların çoğu, konuşmayı öğrenmeye başladıkları devrede, aşırı heyecanlandıklarında veya bir kırıklık yaşadıklarında kekeler. Böyle durumlarda, çocuğu küçük düşürecek bir tepki oluşmadıkça, ana-baba, çocuğun kekelediğine üzüldüklerini belli etmedikçe, aşırı dikkat ve eleştirici bir yaklaşım içerisinde olmadıkça, durum kendiliğinden geçecektir.

Kekemeliğin başlangıcı, genellikle 8 yaştan öncedir. 2-4 yaşlarındaki çocuk, konuşmaya yeni başlamış olduğundan, dil gelişimi, düşünce hızına ayak uyduramaz. Bu nedenle çocuk, "tekrarlama", "duraklama" yoluyla zaman kazanır. Ancak çocuğun bu çıraklık döneminde, ebeveynin kaygılı ya da eleştirici yaklaşımı, bu durumu kalıcı kılar. Bu dönemde her dört sözcükten birinin tekrarlanması doğaldır. Çocuk bir şeyi söylerken önce duraklar, ardından gayretle aynı ses ve sözcüğü tekrar eder. Önemli olan, ana-babanın bu durumu kaygıyla karşılamamasıdır.

DSM-IV'e göre kekemelik, 12 yaşından önce ortaya çıkar. Kekemelik yaşı, özellikle 2-3,5 ve 5-7 yaşları arasında yoğunlaşmaktadır. Kekeme çocukların anababalarının genellikle aşırı koruyucu, kısıtlayıcı, mükemmeliyetçi, baskıcı ve eleştirici oldukları görülmektedir.

? 3 yaşındaki çocuğumuz peltek peltek konuşuyor. Bu durumda ne yapabiliriz?

Konuşmayı öğrenmekte olan çocuk için peltek konuşma normal bir durumdur. Bunun, bebeklikten sonra devam etme sebebi "alışkanlık" ya da başka bir çocuğu "taklit" olabilir. Bu, geçici bir konuşma ise, çocuğun ön dişlerini kaybetmesinden dolayı oluşan boşluktan kaynaklanabilir. Bu durum, normal olmayan bir şekilde sesle birlikte hava çıkararak 's' ve 'z' seslerinin farklı verilmesini açıklamaktadır.

Çocuğunuzdaki peltek konuşmanın sebebi bunlardan biriyse görmezden gelmeli ve düzeltmeye kalkmamalısınız. Ancak bunun uzun süreli, kalıcı olması ve kısmi duyma özrü ya da dilin çalışma faaliyeti bozukluğundan kaynaklanması olasılığına karşı, çocuk hekiminize danışmanızda yarar görmekteyim. İşitmeyle ilgili sorunlar, kulak-burun-boğazla ilgili uzmanlık alanına girmektedir. Bunun yanında bir konuşma terapistine mutlaka ihtiyaç duyulabilir. Ancak, önemle vurgulamalıyım ki, çocukların büyük kısmında görülen bu tür konuşma bozuklukları ciddi değildir ve üzerinde fazla durulmadığında geçer.

? 4 yaşındaki çocuğumuzda kekelemelik gözledik. Okula başlamadan önce bir uzmanla görüşmeli miyiz?

Tüm çocuklar, vokal sesleri kelimelere dökmeden önce, bir "anlamsız sesler çıkarma" dönemi geçirirler. Bazı ana-babalar, özellikle de geçmişlerinde kekemelik vakası görülenler, bu son derece normal durumdan dolayı endişelenip bunu "kekemelik" olarak isimlendirirler ve çocuklarını daha yavaş ve net konuşma yoluyla eğitmeye çalışırlar.

Böylece çocukta bir içe çekilme görülür. Çocuk, ebeveynin isteği doğrultusunda hareket etme kaygısıyla kekelemeye başlayabilir. Burada ebeveyne tavsiye edilecek en doğru şey, bu normal aşamada yorumsuz kalmak ve çocuğun, konuşması için güven kazanmasını sağlamaktır.

Çocuğunuz kekelediğinde, ona sözcüklerle değil hareketlerinizle yardımcı olun ve istediğini yerine getirin. Korku ve panik yaratmayın. Aksi takdirde, anlaşılmak için çabalamaktan vazgeçip pasifleşecektir.

Ana-babanın olumlu desteğine rağmen yüz buruşturmalar ve bedensel bükülmeler görülmeye başladığı takdirde, konuşma terapisti gerekli olabilir.

ERKEN ÇOCUKLUK DÖNEMİNDE GÖRÜLEN BAZI SORUNLAR

Zekâ Geriliği

Bir zekâ testinden 70'in altında Zekâ Bölümü puanı almış olan ve günlük yaşantıya uyum güçlüğü gösterenler, 'zekâ geriliği gösteren kişiler' olarak tanımlanır.

Zekâ, "çevreye ve yeni durumlara uyum yeteneği" olarak tanımlanabilir. Bireyin zekâsını, çevre koşulları ile büyük oranda kalıtım belirler. Zihni gelişim, 16 yaşına kadar belirli bir gelişme gösterdikten sonra, özellikle bu yaştan itibaren çok büyük bir değişme göstermez.

Zekâ geriliğinin, kalıtsal bozukluklardan veya gebelikte, doğumda ya da erken çocukluk çağında beyni etkileyen sebeplerden dolayı, beynin iyi gelişememesine bağlı olarak ortaya çıktığı kabul edilir. Zekâ geriliği, gelişme dönemi sırasında ortaya çıkan biliş, dil, motor ve sosyal yetenekler gibi zekânın tüm boyutlarında bozulma ile zekânın yetersiz gelişimi ya da hiç gelişmemesidir. Bu gerilikle birlikte başka ruhsal ya da fiziksel bozukluklar olabilir veya olmayabilir.

Miriam Stoppard'a göre, düşük zekâ düzeyindeki çocuklar, doğuştan başlayarak, gelişimlerindeki aksamalara ait bazı özellikler gösterirler. Çoğunlukla anneler, bu durumu görmezden gelirler. Fark ettiklerinde de geçici olduğunu düşünürler. Çünkü çocuğun zihinsel gelişim açısından normalin altında olduğunu kabul etmek istemezler.

Eğer çocuğun normalin altında bir performansta olduğundan en ufak bir kuşku bile varsa uzman bir çocuk psikoloğu tarafından psikolojik incelemeden ve çocuk doktoru veya psikiyatristi tarafından genel bir tıbbi değerlendirmeden geçmesi gerekir.

Aşağıda sıralanan özellikler, bebeğin gelişim yönünden geciktiğinin ilk belirtileridir. Bu belirtileri gözleyen ana-baba, ayrıntılı incelemeler için uzmanlara başvurmalıdır.

1. O hep sakin ve uslu bir çocuktur. Pek ağlamaz. Bize asla sorun çıkarmaz.
2. Üçüncü ayını doldurmasına rağmen hareket eden bir nesneyi izleyemiyor ve/veya insan yüzüne odaklanamıyor.
3. Çocuğumuz, bazen yatağında hiç hareket etmeksizin yatar ve çok uyur.
4. O, olağanüstü bir bebektir. Bize hiç sıkıntı vermez. Ağabeyine hiç benzemiyor.

Zekâ Bölümü puanı, bireyin yeteneğinin ölçümünü temsil eder. Uygulanan Stanford-Binet ve WISC-R zekâ testleri, ülkemiz çocukları için standardize edilmiş olan testlerdir.

5. Pek sesi çıkmaz, sanki kendine göre bir dünyası var. O kendi dünyasında yaşıyor gibi görünüyor.

6. Sadece sekiz aylık olmak üzereyken, biraz hareketlendi, ondan önce hemen hiç hareket etmezdi.

Gecikmenin temel belirtisi, bebeğin çevresini fark edememesi ve gülümsememesidir. Gelişim gecikmesi gösteren bebekte, yakalama refleksi gibi ilkel davranışlar, üç aydan sonra bile devam eder. Altı ile on iki aylar arasında görülen, "her şeyi ağzına götürme" davranışı, geri çocuklarda, daha sonraki aylarda da sürer. **Çocuğun bebekken fazla uyuması ve daha sonra dikkatini yoğunlaştıramaması, zekâ yetersizliğinin en belirgin işaretleridir.**

Kısaca, bebeklik ve ilk çocukluk döneminde kazanılmış olarak var olan duyu-hareket, konuşma ve dil gelişimini de içeren iletişim, öz-bakım ve sosyalleşme becerilerindeki gecikme, zekâ geriliğinin bir belirtisi olarak değerlendirilmelidir.

Gelişimin kilometre taşları sayılan dönüm noktaları, *Çocuğunuzun İlk Altı Yılı* adlı kitabımızda ayrıntılarıyla ele alınmış ve çocuğun bu gelişim noktalarına ulaşamaması halinde, öncelikle çocuk doktorunuza başvurmanız önerilmiştir.

Zekâ geriliği gösteren çocuğa, yaşamın ilk dönemlerinden itibaren yardım başlatılabilir. Öncelikle ana-babanın ilgisi, göz teması, tensel temas, dokunma, kucaklama özel önem taşır.

Şarkı, konuşma, kitap, oyun ve eğitici oyuncaklarla verilen uyarılar, gelişime katkı sağlar ve çocuğun maksimum potansiyele ulaşmasına yardımcı olur. Ancak buradan, zekâ geriliğinin, bebeklik devresinde özel bir uyarıcı eğitimle tedavi edilebildiği anlaşılmamalıdır. Burada anlatılmak istenen, sadece bazı uyarıların, bebeklik çağından itibaren verilmesinin yararıdır. Böylece zekâ düzeyinin yükseltilmesine nispi de olsa yardımcı olunabilir.

ZEKÂ GERİLİĞİNİN ÖLÇÜMÜ

Türkiye'de uygulanan Stanford-Binet ve WISC -R zekâ testleri; ülkemiz çocukları için standardize edilmiş olan testlerdir. Bireysel olarak uygulanan bu testlerde, yaklaşık 70 ya da altında bir IQ, yani Zekâ Bölümü'ne sahip olmanın yanı sıra, iletişim, kendine bakım, ev yaşamı, kişilerarası beceriler ve kendini yönetip yönlendirme alanlarından en az ikisinde görülen yetersizlik zekâ geriliği olarak tanımlanabilir.

Hafif Derecede Zekâ Geriliği: Uluslararası tanı ölçütleri ve sınıflandırması olan DSM-IV elkitabına göre, zekâ testleri sonucunda 50-55 ile yaklaşık 70 arasındaki değerler, hafif zekâ geriliğini gösterir. Hafif derecede zekâ geriliği olan kimselerde konuşma biraz gecikir.

Yavaş olsa da, kendilerine bakımda ve pratik ev işlerinde tamamıyla bağımsızdırlar. Özel eğitimle öğretilebilir özellikteki bu grup çocuğun özel alt sınıflarda eğitim görmeleri gerekir.

Orta Derecede Zekâ Geriliği: IQ düzeyi 35-40 ile 50-55 arasındadır. Kendilerine bakımları ve motor becerileri geri kalmıştır. Bazı basit pratik işleri yapabilirler. Kelime hazneleri kıttır. Sosyal uyumları ve konuşmaları daha geç ve kısıtlıdır.

Ağır Derecede Zekâ Geriliği: Zekâ Bölümü 20-25 ile 35-40 arasındadır. Belirgin motor bozukluklar görülür.

İleri Derecede Ağır Zekâ Geriliği: Zekâ Bölümü 20-25'in altındadır. Ancak en temel komutları anlayabilir ve basit isteklerini belirtebilirler. Kurumlarda korunmaları gerekir.

Zekâ geriliğinin özel bir tedavisi yoktur. İlaçlar ya da eğitimle zekâ geriliği normal zekâ düzeyine getirilemez. Fakat eğitimin, aile rehberliğinin, gerektiğinde ilaçların yararı olabilir.

Bu konuda alınacak koruyucu önlemlerin özel bir önemi vardır. Öncelikle akraba evliliklerinin sık görüldüğü ülkemizde, halk eğitim yoluyla bilgilendirilmeli, akraba evliliğinin zekâ geriliğinde bir etken olduğu anlatılmalıdır. Ayrıca doğumdan önce yapılan muayenelerde, fetuste görülebilecek gelişim kusurları hakkında bilgi vermek, gerekli önlemlerin alınmasına olanak sağlar.

Özellikle hafif ve orta derecede geri zekâlıların, özel eğitim okullarında ya da özel dersliklerde eğitimi büyük önem taşımaktadır. Bu çocuklar okuma yazma öğrenebildikleri gibi, zihinsel çalışmaya dayanmayan iş becerileri de kazanabilirler.

Zekâ geriliğinde aileyle işbirliğinin önemi nedir?

Zekâ geriliklerinde en büyük sorun, tanıyı ana-babaya söylemektir. Çünkü aileler, öncelikle böyle bir tanıyı kabullenmek istemez. Oysa bu çocukların, özellikle sevgi, anlayış ve yakın ilgiye ihtiyaçları vardır.

Ailenin, çocuğun zekâ düzeyine uygun beklentiler geliştirmesine yardımcı olunmalı, uzman çocuk psikoloğu, çocuğun ilgi ve yeteneklerine uygun beceriler kazanabilmesi için aileyi yönlendirmelidir. Ayrıca aile, çocuğa özel bir zenginleştirilmiş uyarım ortamı hazırlama konusunda desteklenmelidir.

Zekâ geriliklerinin diğer birçok çocukluk sorunlarından farkı, ömür boyu devam edecek bir hükmün verilmesi ve bu hükümde belirlenecek bozukluğun derecesinin tanı kadar önemli olmasıdır. Yapılabilecek bir hata, çocuğun yaşamını ve ailenin tutumunu ömür boyu etkileyecek ve onlarda geri dönülmez yaralar açacaktır.

Aile bilgilendirilirken çocuğun IQ skoru hiçbir şekilde açıklanmamalıdır. Sadece çocuğun akranlarından birkaç yaş geride olduğu, ancak aradaki farkı kapatamayacağı, zamanla onun da diğer çocuklar gibi kendi hızıyla gelişeceği, yapılacak en önemli yardımın eğitim olduğu anlatılmalıdır. Burada temel kuralın, çocuğa verilecek eğitimin, onun zekâ yaşının üzerinde ya da altında olmamasına dikkat etmek olduğu hatırlatılmalıdır. Ayrıca aşırı koruma ve aşırı ilgi, ilgisizlik kadar çocuğa zarar vereceği için, bu tür tutumlardan kaçınılması gerektiği açıklanmalıdır. Kısaca aileye, "Bu çocuk, çok fazla başarısızlık yaşamayacağı, daha az rekabetin olduğu bir akademik programa ihtiyaç duyuyor," demek yararlıdır.

Aile, zekâca geri olan bir çocuğa nasıl yardım edebilir?

Yukarıda söylediklerime ek olarak, bir uzmanın yönlendirmesi yoluyla, çocuğunuzun zekâ seviyesine göre, ona katkıda bulunabilirsiniz. "Yaşayarak öğrenmesine" ve "somuta indirgeyerek öğrenmesine" olanak hazırlayabilirsiniz. Ormandaki bir gezinti sırasında toplanan yapraklar, renkli küplerle yapılacak bir inşa oyunu, plastilinle yapılan adam, parmak boya faaliyetleri, çiftlik hayvanları oyuncakları yoluyla renk ve sayı öğretilmesi, hep bu alanda yapılabilecek eğitim etkinlikleridir.

Ancak bütün bunları yaparken, öncelikle çocuğunuzun durumunu ve bunun utanılacak bir şey olmadığını kabul edin. Buradan hareketle arkadaşlarından çok şeyler öğreneceğini aklınızdan çıkarmayın. Çocukların arasına çekinmeden, utanmadan gönderin.

Zekâ testini kimler yapabilir?

Öncelikle, yaygın kullanılan zekâ testleriyle ulaşılan sonuçların, hiç kimsenin zekâsının gerçek ölçümleri olmadığı bilinmelidir.

Zekâ testini yapacak kimselerin, eğitim fakültelerindeki rehberlik ve psikolojik danışmanlık anabilim dallarından ya da edebiyat fakültelerindeki psikoloji bölümlerinden mezun olduktan sonra asgari yüksek lisans diplomasına sahip olması gerekir.

Bu önkoşul bile, "test uygulayıcı" olabilmek için yeterli değildir.

Kuramsal düzeyde üniversitelerde anlatılan test bilgisiyle, bir kişinin yaşamını ilgilendirecek bir tekniği öğrenmek olası değildir. En az 400-500 test deneyimi ve değerlendirmesi, bireye bu alanda uzmanlık birikimi katabilir.

Zekâ testinde, "denek" ile "tecrübeci" arasında kurulacak iletişim ve test ortamı özel bir önem taşır. Bu nedenle, test uygulamanın çok önemli olduğunu, bu konuda duyarlı olunması gerektiğini özellikle vurgulamak isterim.

Öğrenme Bozuklukları

Öğrenme bozuklukları, öğrenme ve günlük yaşamın işlevselliği için temel olan; okuma, yazılı anlatım ve matematik becerilerinin gelişimi ile ilgili güçlükleri tanımlar.

Öğrenme bozuklukları, öğrenme ve günlük yaşamın işlevselliği için temel olan; okuma, yazılı anlatım ve matematik becerilerinin gelişimi ile ilgili güçlükleri tanımlar. Bu bozukluklar sırasıyla; disleksi, disgrafi ve diskalkuli olarak da adlandırılır. DSM-IV'e göre bu bozukluklar, önceden "Okul Becerileri Bozuklukları" iken, şimdi "Öğrenme Bozuklukları" olarak tanımlanmaktadır. DSM-IV'te öğrenme bozuklukları dörde ayrılmıştır.

1. Yazılı anlatım bozukluğu
2. Matematik bozukluk
3. Okuma bozukluğu (Disleksi)
4. Başka türlü adlandırılamayan öğrenme bozukluğu

Sınıf ortamında öğretmenler, bu öğrenciler için genellikle şu gözlemlerde bulunurlar: sözcükleri birbirine karıştırma, basit matematik hesaplarını yapamama, öğrendikleri şeylerin çoğunu çabucak unutma, okunaklı yazı yazamama. Bu çocuklar çeşitli davranış özellikleri gösterirler: okul başarısızlığı; okumada, hecelemede, matematikte zorluklar; genellikle sakarlık, sportif etkinliklerde fiziksel sorunları olmamasına rağmen etkin katılım gösterememe gibi.

YAZILI ANLATIM BOZUKLUĞU

Okunaklı ve hızlı elyazısı çocuklarda, çaba harcayarak gelişir ve çocuk bu beceride zamanla mükemmelleşir. Ancak yazılı anlatım güçlüğü yaşayan çocuklarda bu beceri, harcadıkları zamana ve çabaya rağmen gelişme zorlukları gösterir. Bu çocuklar, yazılı okul ödevlerini yapmada zorlanırlar ve uzun saatleri bir ödevi hazırlamak için harcayabilirler; ancak yine de sonuç istedikleri gibi olmaz. Yazılı anlatım güçlüğü, harflerin doğru sırada yazıya dökülememesine ek olarak, yanlış noktalama işaretlerini, yazılı anlatımda anlamlı bir bütünün oluşturmasında zorlanmaları da içerir. Bu güçlüğün yaygınlığı hakkında yeterli bilgi mevcut değildir. Ancak sekiz yaş ve öncesinde, çocukların motor becerileri yeterince gelişmediği ve çocuk yazı yazması gereken ortamlarda çok fazla kalmadığı için, bu güçlüğün varlığını belirlemek pek olası değildir (Wicks-Nelson & Israel, 2003, Çev. Eryenen).

MATEMATİK BOZUKLUĞU

Matematik güçlüğü, sayıları doğru okuyamama, basit ekleme ve çıkartmaları yapamama, aritmetik simgeler ve terimleri anlayamama, geometrik düzeni kavrayamama gibi belirtiler gösterir. Matematik için gerekli bilişsel anlamlandırmanın bir kısmı yaşamın ilk birkaç yılında ortaya çıkmaya başlar. Matematik bozukluğu gösteren çocuk üçüncü ve altıncı yaşlar arasında erişildiği düşünülen gelişimsel parametrelere ulaşamaz. Bu gelişimsel parametreler arasında nesneleri, büyüklüğüne göre düzenleme, ona kadar sayma, blokların sayılarını ve desenlerini taklit etme, nesneleri belirli bir özelliğe göre sıralama ve uzun-kısa, az-çok, büyük-küçük, daha çok-daha az gibi kavramsal anlayışlar yer alır. Ayrıca matematik güçlüğüne, dilin kullanımı ve anlaşılırlığı ile ilgili zorluklar da ekleniyorsa, bu güçlüğü yaşayan çocukların sadece basit matematiksel hesaplamalarda değil, sözel olarak verilen karmaşık matematik problemlerinin çözümünde de sorunlar yaşaması beklenir (Wicks-Nelson & Israel, 2003, Çev. Eryenen).

ERKEN ÇOCUKLUK DÖNEMİNDE GÖRÜLEN BAZI SORUNLAR

Özel Okuma Bozukluğu-Disleksi

Disleksili çocuk, çoğunlukla geç konuşan, söylenenleri anlamakta zorlanan, konuşması ve yazması kolay anlaşılmayan ve kelime haznesi sınırlı olan bir bireydir.

Heceleme, yazma ve dil öğrenme gibi alanlarda başarısızlığı içeren dislekside en belirgin özellik, okumayı öğrenmede gecikmedir. Disleksili çocuklarda okuma becerilerinin gelişiminde sadece, düşük zekâ yaşı, görme kusurları veya uygun olmayan öğretimle açıklanamayan belirgin ve özel bir yetersizlik göze çarpar. Okuma yaşının, zekâ yaşından iki veya daha aşağı olduğu durumlarda disleksi düşünülebilir. N. Razon, disleksiyi konu alan araştırmasında, şu tanımlama ve yoruma yer verir:

"Disleksi, konuşma ve yazı dilindeki bozukluklardan, algı ve hareket yetersizliğinden, mekânı ve zamanı yapılaştırma güçlüğünden doğan, özellikle okuma çıraklığı sırasında görülen bir okuma bozukluğudur. Disleksili çocuklara, genellikle zekâları normal olduğu halde okuyamayan öğrenciler arasında rastlanır. Yönleri ayırt edememeden dolayı harfleri karıştıran, algı hataları yapan, analiz-sentez yapamayan çocuğun, görsel-motor bir alışkanlık olan okumada başarısızlığa uğraması beklenen bir sonuçtur." (Razon, 1976).

Disleksisi olanların yazı hataları çok tipiktir. Özellikle, b,p,d harfleri şekil ve ses açısından birbirine benzediği için çok sık karıştırılır. Ayna hayali yazı görülür. Çocuk her şeyi ters yazar ya da yazdığını tersten okur. Böylece "ev" yazıp "ve" diye okuyabilir, birbiri ardına gelen harfleri bitiştirir. Noktalama işaretlerini bozuk kullanır. Yazıları genellikle bozuktur (Korkmaz, 2000).

Uzmanların büyük bir kısmı; öğretmenin yetersiz olması, ailenin kalabalık ve alt sosyo-ekonomik düzeyde olmasını, çocuğa uygun, okuma malzemelerinin verilememesini disleksi nedenleri arasında göstermektedir. Ayrıca okumadaki geriliğin yanı sıra, dikkat azlığı, çalışmalarını yardımsız yapamama, saldırganlık ve beceriksizlik, disleksili çocukta sık rastlanan özellikler arasında sıralanmaktadır. Disleksi tanısının konulmasında uzman çocuk psikoloğunun yanı sıra bir nöroloğa da başvurmak gerekebilir.

Disleksili çocuk, alfabeyi öğrenmenin erken dönemlerinde harfleri ezberleme ve doğru isimlendirmede, sözcük ahengini ve sesleri analiz etme ve sınıflandırmada güçlük yaşayabilir. Daha sonra, okuma sırasında sözcükleri atlama, yerine başka şey okuma, çarpıtma veya eklemeler yapma, yavaş okuma, metinde yeri kaybetme gibi hatalar görülebilir.

Çok sayıda araştırma okuma bozukluğunun merkezinde, dilsel materyalin fonolojik olarak işlemlenmesindeki bir eksikliğin yer aldığını göstermektedir. Okumayı öğrenmeden önce çocukların, okumayı öğrenecekleri dilin sözcüklerinin seslere ayrıştırılabileceğini öğrenmeleri gerekir. Örneğin 'çay' sözcüğünün üç sesten oluştuğunu bilmeleri gerekir. Sonrasında bu seslerin hangi harf biçimlerine denk geldiğini de öğrenmeleri gerekir.

Disleksi konusunda genellikle çocuk okula başladıktan 1-2 sene sonra konulması gerekse de, disleksi belirtilerinin 5 yaşın altında da görülebileceğini gösteren kanıtlar bulunmaktadır. Dikkat edilecek temel özellikler tabloda sunulmuştur:

Disleksisi olan bütün çocuklar bu özellikleri göstermezler. Bunun yanı sıra disleksili olmayan pek çok okulöncesi dönem çocuğu aynı tür yanlışları yapabilir, aynı tür sorunlar yaşayabilir. Verilen yönergeleri izleyemeyen veya renkleri doğru olarak isimlendiremeyen, buna karşın hiçbir güçlük çekmeksizin okumayı öğrenebilen birçok çocuk vardır. Eğer çocuğunuz tabloda değinilen bazı özellikleri taşıyorsa, bu disleksili olduğu anlamına gelmez. Bu önemsiz sorunlar çocuğunuz anaokuluna başladıktan birkaç ay sonra büyük bir olasılıkla ortadan kalkacaktır.

Bazı uzmanlar, disleksili bir okulöncesi dönem çocuğunu disleksisi olmayandan ayıranın, yalnızca bu özelliklerin bulunması değil; fakat aynı zamanda bunların belirginliği (sorunlar belirgindir), kolayca anlaşılabilirliği (sorunlar, uzman olmayan bir gözlemci tarafından bile rahatlıkla fark edilebilir) ve sürekliliği (güçlükler beklendiğinden çok daha uzun süre yaşanır) olduğunu da ileri sürerler.

OKULÖNCESİ DİSLEKSİ BELİRTİLERİ			
Gelişim Alanı	**Okulöncesi Disleksi Belirtileri**	**Gelişim Alanı**	**Okulöncesi Disleksi Belirtileri**
Hareket ve Denge	• Başkalarından yardım almaksızın giyinmede güçlük çekme (4 yaş ve yukarısı). • Ayakkabılarını bağlamayı ya da düğme iliklemeyi geç öğrenme (2 -3 yaş ve yukarısı). • Ayakkabıyı doğru ayağa giymede yaşanan sorunlar (2 yaş ve yukarısı). • Yürürken aşırı ölçüde takılma ve bir şeylere çarpma. • Topu yakalama, fırlatma ve topa vurmada güçlük çekme (3-4 yaş ve yukarısı).		• Okulöncesi dönemde peltek konuşma.
		Bellek ve Sıralama	• Dizileri/serileri anımsamada sorunlar. • Bildiği çocuk melodilerine, şiirlerine ilişkin zayıf bir bellek. • Her gün karşılaşılan nesnelerin isimlerini anımsamada güçlük çekme. • Sağ ve sol kolu birbirine karıştırma. • Uyaklı bir şiirde, uyumsuz olanı seçerken zorlanma. • Sıradan bir günde yaşananların zaman sıralamasını karıştırma.
Konuşma ve Dil	• Açık ve anlaşılır biçimde konuşmayı geç öğrenme. • Renkleri sürekli yanlış isimlendirme. • Sık sık görülen ifade karışıklıkları ("Sarı top" yerine "tarı sop"). • Yön bildiren sözcükleri birbirine karıştırma. • Basit bir melodinin ritmine el çırparak uyum sağlamada güçlük çekme.	***Genel Gelişim***	• Çoğunlukla görülen ilgisizlik, dikkatsizlik. • Birtakım yönergeleri izlemede görülen sorunlar. • Zaman zaman uygun sözcüğü "bulmaya çalışma". • Okuma-öncesi etkinliklere ilgi göstermeme, bunun yerine resim yapma, boyama gibi (sözel olmayan) yaratıcı etkinlikleri yeğleme.

(Ayrıntılı bilgi için bkz. Yavuzer, H., *Çocuğunuzun İlk 6 Yılı*, Remzi Kitabevi).

? *Disleksili çocuk karşısında ana-baba neler yapabilir?*

Çocuğunuzda disleksi olasılığı bulunduğu görüşündeyseniz, endişelerinizi sınıf öğretmenine iletin. Ardından bir uzman pedagoga danışın.

Bu çocukları uygun müdahalelerle yeniden hayata ve okula bağlamak, onların uyumlarını sağlamak gerekir. Çocuğun duygusal hayatı normale döndükten sonra, bazı hallerde, ona özel eğitim ve öğretimle okuma alışkanlığı kısmen veya tamamen kazandırılabilir.

Çocuğa okuduğunuz öyküler, söylediğiniz şarkılar, mırıldandığınız çocuk şiirleri onun konuşma ve yazma diline duyduğu ilginin gelişmesine yardımcı olur. Bu da ilerde ihtiyaç duyacağı okuma becerisinin temellerini oluşturur. Bu nedenle ona, mümkün olduğunca sık kitap okuyun. Ana-baba olarak kitap okuma uğraşını zevkle yerine getiren birer model oluşturun. Ev ortamında televizyonu kapatıp kitap okumaya zaman ayırın. Bu amaçla kitapçı dükkânına gittiğinizde siz kendi ilgi alanınıza giren kitapları seçerken, çocuğa da sevdiği kitapları seçmesine olanak tanıyın. Çocuğunuzu özendirin, ama evde okuma öğrenimini aşırı kuralcı bir süreç haline getirerek zorlayıcı olmayın.

Okuma her zaman eğlenceli olmalıdır, bu yüzden okuması için çocuğunuza baskı yapmaktan kaçının; bu tür bir zorlama onu öylesine endişelendirebilir ki eline her kitap verilişinde gerilir. Neşeli, bol resimli (açıklayıcı örneklerle donatılmış) ve onun yaşındaki bir çocuğun ilgisini çekebilecek türden kitapları seçmeye özen gösterin.

Zaman zaman büyük kartlara harfler yazdırıp daha sonra bunları dizerek kelime yapmasını isteyebilirsiniz.

ERKEN ÇOCUKLUK DÖNEMİNDE GÖRÜLEN BAZI SORUNLAR

Dikkat Eksikliği-Hiperaktivite Bozukluğu

"Dikkat Eksikliği-Hiperaktivite Bozukluğu"nun temel belirtileri aşırı hareketlilik, dürtüsellik (ataklık) ve dikkat eksikliğidir.

Dikkat eksikliği-hiperaktivite bozukluğu olan çocukların en başta gelen özellikleri, bilişsel katılım gerektiren etkinlikleri sürdürememe ve bir işi tamamlayamadan diğerine geçme eğilimiyle birlikte düzensiz, kontrolsüz, aşırı hareketliliktir.

Başlangıç yaşı her ne kadar 3-4 olarak gösterilse de, belirtiler daha küçük yaşlarda izlenebilir. Bebekliklerinde, ana-babalar tarafından huysuz, huzursuz, uykusuz, güç bir bebek olarak tanımlanırlar. Yürümeye başladıktan sonra çok yorucu bir çocuk olarak nitelendirilirler. Okul çağında öğretmenden, profesyonel yardım alınması uyarısıyla karşılaşılır. Farklı türdeki davranış ve uyum sorunları, yetişkinlik döneminde de sürebilir.

Dikkat eksikliği-hiperaktivite bozukluğu gösteren çocuk *aşırı hareketlidir*: Çoğu zaman elleri, ayakları kıpır kıpırdır ya da oturduğu yerde kıpırdanıp durur. Sınıfta ya da oturması beklenen diğer yerlerde sıklıkla oturmaz; otursa bile kısa bir süre sonra kalkar. Sürekli konuşan, bağıran, başkalarını rahatsız eden ve herkesi yaptığı işten alıkoyan bir çocuk olması muhtemeldir. Düzensiz olma ve gerekli eşyaları unutma veya kaybetme eğilimindedir.

Çoğu zaman çok konuşur. Sakin bir şekilde etkinliklere katılamadığı ve sınıftaki öğrenme-öğretme ortamını bozduğu için davranışları öğretmen tarafından sinirlendirici bulunur.

Dikkat eksikliği-hiperaktivite bozukluğu gösteren çocuk *ataktır (dürtüseldir)*: O, davranışlarının sonuçlarını düşünmeden hareket eder. Sorulan soru tamamlanmadan önce cevabını yapıştırır. Çoğu zaman sırasını bekleme güçlüğü vardır ve başkalarının sözünü keser ya da yaptıklarının arasına girer. Ataklığı sebebiyle arkadaşlarına saldırmaya başlayınca, onlar tarafından rahatsız edici bulunabilir ve dışlanabilir. Bu nedenle çocuğun bu özelliği, sosyal yaşamda zorluklara yol açabilir. Arkadaşlık kurmasını ve bunu devam ettirmesini güçleştirebilir.

Dikkat eksikliği-hiperaktivite bozukluğu gösteren çocuk *dikkatsizdir*: O, dikkat etme ve dikkatini sürdürme konusunda güçlük çeker. Çoğu zaman dikkatini ayrıntılara veremez; okul ödevlerinde, işlerinde ya da diğer etkinliklerinde dikkatsizce hatalar yapar. İşleri bitirmeden bırakma ve görevleri erken terk etme de sık rastlanan özellikleri arasındadır. Dikkatini uzun süre yoğunlaştıramaması, öğrenme konusunda güçlük yaşamasına ve okul başarısızlığına neden olabilir. Çevredeki ses ve hareketler dikkatini kolayca dağıtır. Genellikle öğretmenin verdiği önemli bilgileri yakalayamaz. Çünkü bu sırada zihni başka şeylerle meşguldür. Çoğu zaman üzerine aldığı görevlerde ya da bulunduğu etkinliklerde dikkati dağılır.

Yandaki resim, hiperaktivite bozukluğu gösteren sekiz yaşındaki bir erkek çocuğuna aittir. Tüm aile bireylerini normal resmeden çocuk, kendini amuda kalkmış bir şekilde resmetmekte, taşkınlığını ve hareketliliğini dile getirmektedir.

Dikkat eksikliği-hiperaktivite bozukluğu gösteren bir çocuğumuz var. Ebeveyn olarak nasıl davranmamız gerekir?

1. Öncelikle çocuğun davranışını anında değerlendirin ve ona göre tepkide bulunun. Çünkü çocuğunuz, diğer çocuklardan daha fazla ve daha çabuk ödüllendirilmeye ihtiyaç duyar. Verdiğiniz yanıt türünden çok (övgü, fiziksel yakınlık, özel bir yiyecek), zamanlama önemlidir. Önemli olan, tepkinin, davranışın hemen ardından gelmesidir.
2. Daha sık geribildirimde bulunun ve davranışının sonuçlarını yansıtın. Çocuğunuzun ev ve okul davranışıyla ilgili hedeflere yönelik çalışması için birkaç dakikada bir, onu ödüllendirecek bir şeyler bulmalısınız. Ödüllendirmeyi kendinize hatırlatmak üzere evin çeşitli yerlerine gülen surat çıkartmaları asabilirsiniz.
3. Olumlu davranışlarının ardından daha fazla somut ödüller verin (süslü kalem gibi).
4. Olumsuzdan çok, olumlu yanıt kullanın. Bu tür davranış bozukluğu gösteren çocuklar o kadar çok yanlış yaparlar ki, eğer dikkatinizi sadece bunlar üzerine yoğunlaştırırsanız, onları sürekli olarak cezalandırmak zorunda kalabilirsiniz. Orta düzeydeki cezalar (yoksun bırakma, ara verme, küçük bir ödülü iptal etme), son çözüm olarak yararlı olabilir. Fakat bunlar az ve dikkatli bir şekilde, sürekli olarak bir ödül programıyla birlikte kullanılmalıdır.
5. Tutarlı olun. Zaman içinde çocuğunuzdan beklentileriniz konusunda, iyi veya uygunsuz davranışlara tepki verme konusunda tutarlı olmayı başarmalısınız. Önceleri çocuk tam olarak istenen tepkiyi vermese de, tutarlı olmayı sürdürdüğünüz takdirde, bir-iki hafta içinde değişimlerin başladığını göreceksiniz.
6. Problemleri önceden fark edin ve önlem alın. Çocuğunuz için sıkıntılı olabilecek zamanları tahmin ederek, uygun olmayan davranışı engelleyebilirsiniz. Örneğin, birinci sınıftaki çocuğunuzun okula girince koridorda koşup paltosunu yerlere attığını biliyorsanız, binaya girmeden önce durup, uymakta güçlük çektiği kuralları gözden geçirmesini sağlayın. Örneğin, kendi kendine, "Koridorda yürümeyi ve paltomu asmayı unutmayacağım," desin.

Bütün bunlardan daha önemlisi, sabırlı olmanız ve çocuğun davranışlarını bir yaramazlık olarak değil de, rahatsızlık belirtisi olarak algılayabilmenizdir.

Bu konuda daha fazla bilgi almak isteyenler için Ziya Selçuk'un, *Dikkat Eksikliği ve Hiperaktif Çocuklar* isimli kitabı faydalı bir kaynaktır.

Çocuğum doğduğundan beri hep çok hareketli ve zeki bir çocuktu. Okula başladığında ise derslerde arkadaşlarından geri kalmaya başladı. Acaba çocuğumun öğrenme problemi mi var?

H. Şenel'e göre, çocukların yaşadıkları ders problemlerinin çok farklı nedenleri ve açıklamaları olabilmektedir. Sorunun dikkat eksikliği-hiperaktivite bozukluğundan mı, çocuğun sahip olabileceği öğrenme problemlerinden mi, yoksa her iki durumun bir arada görülmesinden mi kaynaklanıp kaynaklanmadığının anlaşılması gereklidir. Bunun için de öncelikle uzmanlık alanı bu konular olan kişiler tarafından konulacak tanıya ihtiyaç vardır. Ardından, uzmanların.yönlendirmesine göre çocuğun problemine ve ihtiyacına uygun müdahale yöntemlerine başvurulmalıdır. Bu müdahale yöntemlerini de özel eğitim, davranış değiştirme programları, aile danışmanlığı ve ilaç tedavisi (yalnızca hiperaktivite için) olarak sıralamak mümkündür (Şenel, H. G., 1996).

ERKEN ÇOCUKLUK DÖNEMİNDE GÖRÜLEN BAZI SORUNLAR

Uyumsuzluk, Öfke Nöbetleri ve Saldırganlık

Saldırgan tepkiler, ebeveynin saldırganlığa izin veren, onu kabullenen yaklaşımıyla güçlenme eğilimindedir. Bunun yanı sıra, ana-babanın çocuk yetiştirme tutumu da saldırgan davranışın oluşumunu etkiler.

Uyumsuz davranışlar, sıklıkla öfke nöbetleri ve saldırgan tutumla ilişkilendirilir.

Karşı çıkma, çocuğun, ebeveyn üzerinde kendi gücünü gösterdiği, onu denetlediği, öğrenilmiş bir "zorlayıcı" stratejidir. Karşı çıkmaya eğilimli çocuk, otoriter bir ebeveyn tarafından bir komut verildiğinde çok büyük bir olasılıkla korkutucu bir öfke gösterisi şeklinde, hiddetle tepki verecektir. Ebeveyn ısrar eder ve kendi tutumunu sürdürürse çocuk, çatışmayı daha da kızıştırır, kızgınlığı iyice şiddetlenir.

Özellikle okulöncesinde, 3-6 yaş çocuğu, sık sık öfke ve inat nöbetleri yaşamaktadır. Bunda uykusuzluk, yorgunluk ve açlık da bir etken olabilir. Nedeni ne olursa olsun, öfke nöbeti karşısında hedef, "öfkenin bastırılması değil, ifade edilmesine fırsat tanınması" olmalıdır. Çocuk yatıştıktan sonra öfkesinin nedeni sorulabilir ve konu üzerinde konuşulabilir.

SALDIRGAN YAPI VE ŞİDDET İÇEREN DAVRANIŞLAR

Lorenz'e göre (1966) saldırganlık, çocukta olabildiğince kısa süre içinde uysallaştırılması ve uzaklaştırılması gereken bir dürtüdür, özerk (otonom) bir içtepidir. Saldırganlık ve onun özellikle antisosyal nitelikte olan gösterimleri (şiddet), doğuştan gelen eğilimlerdeki düzensiz ve beklenmedik değişimlerdir.

Öğrenme kuramcıları ise, tersine, saldırganlığın doğuştan gelmediğine, deneyimlere ve öğrenmeye daha çok bağlı olduğuna işaret ederler. Bu görüş açısından ele alındığında, saldırganlık ve saldırgan bir yapıda olma, öğrenilmiş bir alışkanlık veya istektir. Sosyal öğrenme yaklaşımı, çocuklukta görülen saldırganlığı genellikle sosyal bir bağlamda gerçekleşen, zarar veren ve yıkıcı etkilerle birlikte sosyal etkileme süreçlerini doğuran öğrenilmiş bir olay olarak ele alır.

Çocukların, *spesifik* karmaşık saldırganlık edimlerini sergileme, bu tür eylemlerde bulunma yeteneğiyle doğmadıkları varsayılır. Bu özellik, öğrenme süreciyle, ya doğrudan bireyin kendi deneyimleri ya da başkalarının davranışlarını izleme, gözlemleme aracılığıyla kazanılır (Bandura, 1973). Bunlar, çocuğun günlük yaşamda gözlemlediği, hakkında bir şeyler okuduğu veya televizyonda, filmlerde gördüğü simgesel modeller olabilir.

Saldırgan davranışlar belli zamanlarda, belli ortamlarda, belli nesne veya bireylere karşı ve belli birtakım tahrik türlerine tepki olarak sergilenme eğilimindedir. Tedavi planlanırken bu koşullar iki kategoriye ayrılır: Saldırganlığı *kışkırtıcı, tahrik edici* koşullar (diğer bir deyişle fiziksel veya sözlü saldırılar, yoksunluk, duygusal kırıklık, çatışma ve saldırgan modellerle karşı karşıya olma) ya da saldırganlığın *sürmesini sağlayıcı* koşullar (yani, kendi kendini pekiştirme).

Saldırganlığı kışkırtan en yaygın etkenler arasında fiziksel saldırılar, sözlü tehditler veya iğnelemeler ve çocuğun istediğini elde etmesini engelleyen ve bir duygusal kırıklık yaşatan, kızdıran durumlar gibi çeşitli olumsuz deneyimler sayılabilir (Bandura, 1973).

Ana-babalar ile çocuklar arasındaki etkileşimler, pekiştirici sonuçlardan dolayı saldırgan davranışın biçimlenmesine bir hayli katkıda bulunur. Çocuklar, saldırganlığın *işe yararlığı ve yararları* konusunda öğrendiklerini başka durumlara da genelleştirme eğilimindedirler. Saldırgan davranmanın sonuçlarını sınarlar.

Eğer ortaya çıkan sonuç, onların böyle davranmasını pekiştirecek nitelikteyse sürekli saldırgan olmayı seçebilirler.

? ***3 yaşındaki kızım, geçen gün alışverişe çıktığımızda, şiddetli bir öfke nöbeti geçirdi. Onu hiçbir şekilde sakinleştiremedik. Böyle bir durumu bir daha yaşamamak için ne yapmalıyız?***

Evde yaşanan bir öfke nöbeti karşısında, empatik yaklaşımla, çocuğu anlamaya çalışarak, dinleyerek, ilgisini bir başka etkinliğe çekerek, onun sakinleşmesine yardımcı olabilirsiniz.

2-4 yaşları arası çocuklarda öfke nöbetlerine kapılmak ortak bir özelliktir ve çocuk henüz bu krizi engelleyebilecek kontrole sahip değildir. Bu nedenle, bu yaşlarda tüm uyarılara rağmen, bağırmakta ısrar eden çocuğun itaatsizliği karşısında dengeli ve sabırlı olunmalıdır.

Ev dışında bu durumun bir benzerini yaşamamak için, örneğin bir süpermarkete gitmeden önce "yapacaklarını hoşgörüyle karşılamayacağınızı" söyleyin. Buna rağmen öfke nöbeti geçirirse, mağazayı terk edebilir ve onu eve getirebilirsiniz. Hiçbir zaman öfke nöbetiyle bir şeyler elde etmesine izin vermeyin. Yapabileceğiniz en doğru şey, problemin üstesinden geldiğinizden emin olana dek onunla birlikte alışverişe gitmemektir. Evde veya herhangi bir yerde bu şekilde davranmayacağının garantisini size verinceye kadar, onunla alıverişe gitmeyeceğinizi ona açık ve kesin bir şekilde belirtin.

? ***Ana-babanın çocuk yetiştirme tutumu, saldırgan davranışın oluşumunu etkiler mi?***

Ebeveynin aşırı gevşek bir disiplin anlayışı, çocukta saldırgan ve yetersizce denetlenen davranışlar doğurur. Gevşek bir disiplin anlayışına sahip ebeveyn, çocuklarının karşısında teslim olan, onların ısrarlı taleplerine razı olan, her istediğini yerine getiren, onlara fazlasıyla özgürlük tanıyan, kolaylıkla boyun eğen, yumuşak başlı ve tutarsız davranan, çok aşırı durumlarda ise çocuklarını ihmal eden ve terk eden ebeveyndir.

Bunun yanı sıra, reddedici ve kısıtlayıcı ana-baba tutumu da çocuk tarafından engelleyici olarak algılanabilir. Böyle ana-baba, zaman zaman çok katıdır; hiçbir şeyi kabul etmez ve çocuklarını onaylamaz. Onlara sevgi, şefkat ve anlayış göstermez; oldukça bol miktarda fiziksel cezaya başvurur. Çocuklar üzerindeki denetimlerini kullandıklarında hiçbir neden belirtmeme eğiliminde olurlar ki, bu hem keyfi hem de dengesiz ve önceden tahmin edilemeyen bir tutumdur. Uzun bir süre sürdürüldüğünde böyle bir tutarsızlık, çocukların karşı çıkan, hiç söz dinlemeyen, sorumsuz ve saldırgan bir yapıda olmasına yol açar: Bu çocuklar, sınıf içinde huzur kaçırma, dikkatlerini uzunca bir süre ve hiç bölünmeksizin yoğunlaştıramama ve ders çalışma alışkanlıkları açısından da düzensiz olma eğilimindedir.

Bu bilgiler ışığında ana-babaların, çocuk yetiştirme tutumlarında dikkatli olmaları gerekir. Saldırgan tepkiler pekiştirici sonuçlarla birleştiğinde, yerleşme ve güçlenme eğilimindedir. Buna karşılık çocuk, ödüllendirilmeyen, pekiştirilmeyen tepkilerden bir süre sonra vazgeçer.

Çocukların saldırgan modellerle olan ilişkilerini azaltma (örneğin saldırgan akranlar) girişimleri, onların da benzer davranma olasılıklarını azaltabilecektir.

ERKEN ÇOCUKLUK DÖNEMİNDE GÖRÜLEN BAZI SORUNLAR

Tik Bozuklukları

Ana-baba, tiklerin stres altında ve heyecanlı durumlarda şiddetlendiğini göz önüne alarak, tikleri olan çocuklarına uygun bir yaşam ortamı hazırlamalıdır.

Tik, bir kas grubunda, tekrarlayan istemsiz hareketlerin ortaya çıkmasıyla meydana gelen nörolojik bir bozukluktur. Bu hareketler göz kırpma, omuz silkme, ayak sallama, boğaz temizleme ve burun çekme gibi olabilir. Semptomlar genelde 18 yaşından önce ortaya çıkar ve görülme olasılığı etnik ayrım gözetmeksizin erkeklerde kızların üç-dört katıdır. Tikle birlikte sıkça rastlanabilen diğer belirtiler, takıntı, dikkat sorunları ve aceleciliktir.

Pek çok çocukta görülen tikler kalıcı değildir. Bu tür "geçici tikler" bir aydan önce kendiliğinden geçer. Ancak bir tik" bir seneden fazla sürerse "kronik tik" haline gelmiş demektir.

Basit tikler, tamamen anlamsız olan, ani ses ya da hareketlerdir. Tek başlarına çoğunlukla tekrar eder tarzda meydana gelir (göz kırpma, omuz silkme, yüzde hareketler, baş sallama gibi). Fakat kompleks tikler, birden fazla kas grubunu kullanan ya da anlamlı görünen, birbirini takip eden hareket ya da seslerden oluşur (zıplama, burna dokunma, başka insanlara dokunma, başkalarının söylediğini tekrar etme ya da kendine zarar veren davranışlar).

Tiklere, vücudun farklı bölgelerinde yaygın bir biçimde rastlanabilir.

Tikleri kontrol etmek bir anlamda hapşırmayı engellemeye çalışmak gibidir. Tikler, stresli durumlarda artar, rahat ve uykunun olduğu durumlarda azalır. Tiklerin isteksizce yapıldığı unutulmamalı ve tikli çocuklara kırgınlık ya da öfkeyle karşılık verilmemelidir. Çocuğu sürekli olarak uyarmak ve tikine dikkat çekmek, tikin kalıcılığına neden olabilir.

Tikli çocuklarda, genel çocuk nüfusuna oranla daha fazla duygusal bozukluklara rastlanır. Bunlar saplantı, kaygı bozukluğu ve saldırganlık türünden belirtilerdir.

TİK BOZUKLUĞUNUN TEDAVİSİ VE ANA-BABANIN YAPMASI GEREKENLER

Tedavide ilk amaç, tikin sadece motor bir belirti olmadığını, aynı zamanda duygu ve düşüncelerin de ifadesi olduğunu ana-baba ve çocuğa anlatmaktır. Tedavide, davranışçı terapiden sıklıkla yararlanılır. Tik geçse bile temelindeki kaygı kalabilir. Bu nedenle profesyonel yardıma ihtiyaç vardır.

Rahatlamak ve tikini açığa çıkarmak için özel bir yerde kısa bir zaman geçirmek, çocuğun sınıftaki tiklerini azaltır. Sınıf dışında çocuğun kendini ifade edebileceği sosyal etkinlikler ve geçireceği özel zaman, onun çalışmalarına daha iyi odaklanmasına yardımcı olur. Çünkü enerjisini, tiki bastırmak için kullanmayacaktır.

Çoğu çocuk, tiklerini en şiddetli bir biçimde akşamüstleri yorgun olduğunda veya bütün gün tiklerini bastırdığı için okuldan döner dönmez yaşar. Çocuk televizyon seyrederken veya bilgisayarla meşgulken, serbest faaliyeti sırasında onu gözlemlemek yararlıdır.

Tikli çocuk karşısında ana-baba, önce tiklerin genellikle stres altında ve heyecanlı durumlarda şiddetlendiğini bilerek hareket etmeli, çocuğa uygun bir yaşam ortamı hazırlamalıdır. Tikin kısa vadede düzelemeyeceği ya da tekrarlayabileceği akıldan çıkarılmadan, sabırlı, anlayışlı ve hoşgörülü bir yaklaşım sergilenmelidir.

Uzman desteği alındığında bir yandan aile yönlendirilirken, öte yandan da çocuk, uzman kontrolünde tedaviye alınmış olur.

? ***Tik bozukluğu olan çocuğumuza nasıl yardımcı olabiliriz? Ona nasıl bir ortam hazırlamalıyız?***

Öncelikle tikleri tanıyın ve çocuğunuzda bir tik bozukluğu olduğundan emin olun. Gün boyu rasgele ortaya çıkan hafif tikleri keşfetmek için çocuğu değişik ortam ve zamanlarda izleyin. Ancak bunu yaparken onu kaygılandırmamaya özen gösterin. Çoğunlukla çocuk, tikleri, okulda gün boyu bastırdıktan sonra eve döndüğünde yaşar.

Tikler çocuğun sosyal ilişkilerini ve okul başarısını engelleyebilir. Buna bağlı olarak çocuğun özgüvenini tehdit eder. Bu nedenle çocuğun izcilik, spor, müzik gibi çeşitli etkinliklere katılmasını desteklemekle, kaybettiği statüsünü ve özgüvenini yeniden kazanmasına yardımcı olabilirsiniz.

Tiklerin çocukların kontrolü dışında geliştiğinin bilinci içerisinde hareket ederek, çocuğu cezalandırma ya da bu konuya aşırı odaklanma yoluna gidilmemelidir.

Bu bozukluğu olan bir çocuğun, öncelikle nörolojik incelemeden geçmesi için hekime başvurmak, ardından da psikolojik uzman desteği almak gerekebilir.

ÖNERİLEN KAYNAKLAR

Aydın, Betül, *Çocuk ve Ergen Psikolojisi,* Marmara Üniversitesi Vakfı Yayınları, İstanbul.
Özdoğan, Berka, *Çocuk ve Oyun,* Ertem Basım Yayın Dağıtım Ltd., Ankara.
Selçuk, Ziya, *Dikkat Eksikliği ve Hiperaktif Çocuklar,* Pegem Yayınevi, Ankara.
Yavuzer, Haluk, *Ana-Baba ve Çocuk,* Remzi Kitabevi, İstanbul.
Yavuzer, Haluk, *Çocuğunuzun İlk 6 Yılı,* Remzi Kitabevi, İstanbul.
Yavuzer, Haluk, *Resimleriyle Çocuk,* Remzi Kitabevi, İstanbul.

Bölüm 3

Okul Çağı Çocuğu

Okumaya Başlama

Çocukların okumayı öğrenme ve ilerleme hızları büyük farklılıklar gösterir. Bu nedenle çocuğunuz okumayı akranlarından daha düşük bir hızda öğreniyorsa korkuya kapılmayın.

Dil, konuşurken çıkarılan ses örüntüleri ve onların taşıdığı anlam örüntüleri arasında ilişki kuran bir sistemdir.

• Okuma, bir görsel semboller serisini, sözlü veya sözsüz olarak ses dizilerine çevirme sürecidir. Hecelerin fonetik değerlerinin öğrenilmesi aracılığıyla okumayı ve sözcükleri telaffuz etmeyi öğrenme, çocuktan çocuğa farklılık gösterir.

Pek çoğu tek tek harfleri aklında tutabilirken, bazıları, harf gruplarının çıkardıkları seslerle ilişkisini kavramakta güçlük çeker. Bazı çocuklar, gördüğünü anında okuma (bak ve söyle) yöntemini kullanma aracılığıyla kolaylıkla okuyabilirken, diğerleri fonik (sessel) yapı bloklarına, yani hecelere başvurmadan sözcüklerin ne olduğunu, nasıl okunduğunu çözmeyi aşırı derecede güç bulurlar. Yazılı harfler ile seslerin arasındaki ilişkiyi kavramak, okuma becerisinin temelini oluşturur.

Çocuklar evde veya okulda okumayı öğrenmeye başladıklarında, kitaplar ve okuma hakkında o güne kadar edindikleri farklı türdeki bütün bilgilerden yararlanırlar. Harfleri öğrenmenin beraberinde, her şeyden önce okumanın amacının kitabın ne demek istediğini kavramak olduğunun farkına varmaları gerekir.

Ana-Babalara Öneriler

OKUMAYA BAŞLAMA AŞAMASINDA BİLİNMESİ GEREKENLER

• Okulöncesi dönemdeki çocuklara kitap okurken, okuma, Türkçemiz'in söyleyiş özelliklerine uygun şekilde olmalıdır. Çocuğunuza yüksek sesle okumak, onun okuma yazma öğrenmesine yardımcı olabileceğiniz en önemli yollardan biridir. Kitapları paylaştığınız çocuklar, sayfaları çevirmeyi, öykü ve resimler hakkında konuşmayı, iyi bildikleri bölümlerin okunmasına katılmayı ve zamanla sayfa üzerindeki sözcükleri tanımayı öğrenirler. Bunların tümü, onların özgüvenleri ve ilgileri için güçlü bir temel oluşturur ve okumayı sevmelerinde önemli rol oynar.

• Çocuğunuzun bir şeyler okuyuşunu dinlerken, duyarlı olmaya ve çoğu güçlüğün nerede yattığını ayırt etmeye çalışın. Onunla birlikte okuyun ve çocuğunuzun temel seslerde mi, sözcüklerin başında veya sonunda mı, yoksa harf gruplarında mı zorlandığını gösterebilecek her tür ipucunu fark edip saptamaya çalışın.

• Her gün 20-30 dakikalık ev okumasıyla, okuma alıştırması yapmayı sürdürün. Onun ilgisine hitap eden kitaplar bulun, özgüvenini yükseltmek

Çocuğu, kitap okuyup içeriğini onunla paylaşarak, bir şeyler okuyuşunu dinlerken duyarlı olmaya ve çoğu güçlüklerin nerede yattığını ayırt etmeye çalışarak, kısaca onunla ilgilenerek destekleyin.

için güçlü ve başarılı olduğu metinler üzerinde yoğunlaşın.

- Okuma sevgisi, okuma öğretiminin kendisinden çok daha önce başlar. Erken bir yaşta çocuğunuza öyküler anlatın ve şiirler okuyun. Böylece, çocuğunuz daha biçimsel öğrenme sürecine katılmadan önce onda konuşma ve dil sevgisinin oluşmasına yardımcı olabilirsiniz.
- Duygusal sorunlar, okumaya karşı duyduğu hevesi köreltebilir. Ayrılık ve bir sevdiğini yitirme gibi önemli aile sorunlarının yanı sıra, bir başka eve taşınma gibi son derece önemsiz görünen herhangi bir şey de zihinsel olarak onu çok meşgul edebilir. Bu nedenle onların duygularını anlamaya çalışın. Kaygılarını giderip güvenlerini yeniden sağlamaya çalışın.

Çocuğun başarıyla okuyabilmesi gerektiği kesin bir yaş belirtmek güç olsa da, 7 yaşındaki çocukların büyük bir çoğunluğu, bir okuma parçasını tek başına okuyabilir. Çocuğunuz bu yaşa gelmiş olmasına karşın okumayı güç buluyorsa, yaşadığı güçlükler üzerinde gereğinden fazla durarak onu kaygılandırmayın. Çünkü böyle bir yaklaşım, sadece paniğe yol açacak ve çocuğunuzun okumayı bir zevk olarak değil, fakat bir sıkıntı kaynağı olarak görmesine neden olacaktır. Hiçbir çocuğu, başkalarıyla karşılaştırarak olumsuz yönde eleştirmeyin. Her zaman için olumlu kalmaya çalışın ve yaşadığı güçlüklerin aşılamayacak engeller olmadığını, fakat zamanla ve hoşgörülü bir yaklaşımla üstesinden gelinebilecek sorunlar olduğunu hatırlayın.

? *Okula başlamadan önce, çocuğumuza okumayı öğretmeli miyiz?*

Okuma becerisi, bir hiyerarşi dahilinde edinilir. İyi okumak için birey, en azından aşağıda sıralanan becerileri gerçekleştiriyor olmalıdır:

- Basılı harfleri ya da harf gruplarını –b, s, br gibi– tanımalı ve bu gösterimlerin ses dizilerine denk geldiğini anlamalıdır.
- Sözcükleri tanımalı ve sözcüklerin çeşitli seslere bölünebildiğini bilmelidir.
- Sözcükleri ve onların anlamlarını içeren bir sözcük dağarcığı geliştirmeli ve uygun şekilde kullanmalıdır.
- Sözcüklerin öbekler ve tümceler oluşturmada temel bir araya gelme kurallarını anlamalıdır.
- Sözcüklerden, noktalama işaretlerinden, cümlelerden ve metinden anlam çıkarmayı başarabilmelidir.

Öğretmenin okumada uygulayacağı yöntem ile ebeveynin uygulayacağı yöntemin farklı olacağı ve bu durumun karışıklık yaratılmasına neden olacağı açık bir gerçektir. Ancak bir kısım çocuğun kendi kendine okuma yazmayı öğrendiği gözlemlenmektedir. Bu durumda sözcüklerle, reklam panolarıyla, yazılarla ilgilenen bir çocuğa, ana-babanın da benzer ilgiyle yanıt vermesi beklenir. Burada önemli olan, çocuğun ilgilendiği ve sorduğu kadar bilgiyi ona sunmak, sorusunu yanıtlamaktır. Bazı ebeveynin yaptığı gibi çocuğu bilgilendirmek adına ona aşırı yüklenerek okula "okuryazar" bir şekilde göndermeye çalışma çabası son derece yanlıştır.

Burada ana-babadan istenen, "okuma yazma" eyleminden çok, çocuğu "okuma yazma"ya ve "okul olgunluğu"na hazırlayan, zenginleştirilmiş yakın çevre koşullarının hazırlanmasıdır.

Bu da, çocuğa kitap okuyup içeriğini paylaşarak, seyredilen bir TV programı ya da tiyatro üzerine onunla konuşarak, balık tutmaktan, müze gezisine kadar çeşitli deneyim fırsatları vererek, okuma etkinliğine ve okul kurumuna saygı gösterip çocuğun başarılarını övgüyle karşılayarak mümkündür. Ayrıca ebeveynden beklenen, çocuğun örnek alacağı, evde kitap okuyan, müzik dinleyen, sinemaya, tiyatroya, konsere giden bir model oluşturmasıdır. Çocuğa aile içerisinde hazırlanan böyle bir ortam, okuması için ona sunulan bir hazırlık niteliğindedir. Bunun yanında en önemli konu, ebeveyn -öğretmen işbirliğidir. Bu işbirliği, okumayı öğrenme avantajına sahip olan çocuğun, başarı grafiğinin yükselmesini sağlamaktadır.

Kısaca, ilk temel koşul, çocukla mümkün olduğunca ilgilenerek, onu desteklemektir. Çocuk, mutlaka okuması gerektiğini hissetmemeli ve yavaş okumasından dolayı azarlanmamalıdır.

? *Okumayı öğrenme sürecinde bir şeylerin yanlış gittiğini, birtakım sorunlar yaşandığını, okuma öğretiminin başlarına yakın bir evrede fark edebilir miyiz?*

Evet, okuma becerisi, çocuğun karmaşık sözdizimsel işaretleri ayırt edebildiği ölçüde otomatikleşir. Bu nedenle, erken bir evrede hata oluşursa, bu hatalar, kısa bir süre içerisinde okuma uğraşının özüne yerleşerek kötü bir alışkanlık halini alır.

Çocuğun okumayı öğrenme sürecinde bir sorun olup olmadığını anlamak için öncelikle onun okuma düzeyinin belirlenmesi gerekir. Bu da üç temel yol aracılığıyla gerçekleştirilir:

1. Çocuğun okuma yeteneğini, üzerinde çalışmakta olduğu metne göre değerlendirmek,
2. Yeteneğini daha güç bir metinle karşı karşıya kaldığında değerlendirmek,
3. Daha kolay olan ve daha önce karşılaştığı metinlere göre başarılı olduğu yanları dikkate alarak değerlendirmek.

Bu şekilde, çocuğun okuma becerisindeki zayıf yanlara ilişkin genel bir fikir elde etmek mümkün olur. Önemli olan çocuğun güçlü olduğu bireysel beceri alanları üzerinde yoğunlaşabilmektir.

Okumayı öğrenirken, çocuğun güçlü olduğu yanları övmek, ısrarla zayıf yanları üzerinde durmaktan çok daha olumlu, yapıcı bir yaklaşımdır.

Öğrenciye, öncelikle kendisini rahat hissedebileceği metinler verilmeli, başarılı olduğu sözcükler ile ne olduğunu çözmede, anlamada başarısız olduğu sözcükler işaretlenmelidir. Ayrıca, bir satır veya bir cümle atlandığı takdirde, o cümledeki tüm sözcükler okuma hatası olarak kabul edilmelidir. Ancak bütün bu değerlendirmeler, çocuğu baskı altına almayacak şekilde yapılmalıdır.

Çok kolay metinler çocuğu uyarmada yetersiz kalacak, çok zor metinler ise onun ilgisini çekmeyecektir. İlk önemli adım, çocuğun yüzde doksanlık bir doğruluk oranıyla okuyabileceği metni belirleyebilmektir. Bunun ardından yeni metinlere geçilebilir.

Çocuğun özgüvenini güçlendirmesi yönünde atılabilecek en önemli adım, kendi hatalarını fark edebilmesini sağlayabilmektir. Bunun için onu, sözcüklerin anlamını kendi başına çözmeye özendirmek, cesaretlendirmek ve güç sayılan metinlerin üstesinden gelebildiğinde, ona bunu nasıl başardığını sormak gerekir.

? *Çocuklara uyaklı çocuk şiirleri ve şarkıları öğretmenin okuma becerilerine katkıda bulunduğunu duydum. Bu nasıl işliyor, nasıl böyle bir sonuç alınabiliyor?*

Okuma konusunda uzmanlaşmış birçok kişi, çocukların, şarkılardan ve uyaklı çocuk şiirlerinden, dilin temel özelliklerine ilişkin pek çok şey öğrendiği görüşündedir. Oldukça belirgin bir örüntüye sahip bu metinler, çocukların dilin seslerine daha çok farkındalık kazanmalarına yardımcı olabilir. Uyaklar, sözcüklerin nasıl bittiğine ve sözcükler arasındaki benzerliklere dikkat çekmede özellikle yararlıdır.

Çocuk şiirleri ve şarkıları deneyimi bol olan çocuklar, okuma öğrenmeyi daha kolay ve sıkıntısız bir süreç olarak görürler. Harfler ile sesler arasındaki ilişki üzerinde yoğunlaşmada daha hızlıdırlar ve bildikleri sözcüklerdeki örüntüleri kolaylıkla görebilirler.

Okuma koşullarını oluşturmak için çocuğunuzla birlikte keyifle çocuk şiirleri, şarkıları okuyun. Böylesi etkinlikler önemlidir. Bunların, okuma öğreniminin çok temel bir bölümünü oluşturduğunu da aklınızdan çıkarmayın.

? *Diğer çocuklar okumada benim çocuğumdan daha başarılı, bunun için ne yapabilirim?*

Öncelikle, okuma öğrenimi bir yarış değildir. Çocuğunuz açısından rekabete aşırı düşkün biri olmamaya özellikle dikkat etmelisiniz. Çocukların, konuşmayı ve yürümeyi öğrenirken birbirinden ne kadar farklı olduklarını anımsamaya çalışın; okuma öğrenimi de buna benzer.

Bütün çocuklar birbirinden farklıdır ve her biri okumayı farklı hızda öğrenecektir. O halde çocuğunuz okumayı akranlarından daha düşük bir hızda öğreniyor olabilir. Bu durumda korkuya kapılmayın. Eğer o, sözcüklerle mutluysa ve okuma becerisini kazanma sürecinde neşeyle yol almaya devam ediyorsa, kaygılanmaya gerek yoktur. Bu konuda kaygılanmanın yararı olmadığı gibi, kaygınızı çocuğa da yansıtmanız ve onun da kaygılanmasına sebep olmanız açısından zararı da vardır.

? *Oğlum okumayı sökmesine rağmen okuma isteğinde bulunmuyor. Ana-baba olarak ona nasıl yardım edebiliriz?*

Oğlunuz bir süredir, okumanın sadece yazılı olanın ne olduğunu bulabilme, sözcüğü doğru telaffuz edebilme ve okunan ile yazılı olanı uyuşturabilmekle ilişkili olduğunu sanıyor olabilir.

Okumayı öğrenen fakat okumayı tercih etmeyen birçok çocuk vardır. Bu çocukların üzerlerindeki baskıyı kaldırmak ve okumanın eğlenceli bir uğraş olabileceğini onlara göstermek önem taşır.

Kitapları, kitap okuma etkinliğini oğlunuzla paylaşarak ve ona okuyup aynı zamanda onun da size okumasını bekleyerek bunu kolaylıkla başarabilirsiniz. Birçok anne-baba, kendi başlarına okuyabildikleri aşamaya ulaşır ulaşmaz çocuklarına kitap okumaktan vazgeçer. Ancak çocuklara yüksek sesle okumayı sürdürmek ve birlikte yeni yeni kitaplar keşfetmeye çalışmak hâlâ çok büyük bir önem taşır.

Çocuklar 7-9 yaşlarına gelseler bile bu durum geçerliliğini sürdürür. Kitaplardan söz etmeye ve önceden birlikte okuduğunuz en sevdiğiniz kitaplara dönmeye ayrı bir zaman ayırın. Ayrıca, oğlunuz şu anda okumakta olduklarından sıkılıyorsa yeni kitaplar seçmek için biraz yardıma da gereksinim duyabilir.

Düzenli Ödev Yapma ve Ders Çalışma Alışkanlığı Nasıl Kazandırılır?

Ev ödevi, hangi yetenek düzeyinde olursa olsun, öğrencinin başarısını artırır, ona sorumluluk ve özdisiplini öğretir.

Çocukların işlemiş oldukları dersleri, okul dışında tekrar ederek ya da konularla ilgili egzersiz yaparak, düşünme becerilerini geliştirmeye ihtiyaçları vardır. Bu nedenle ödev önemlidir.

Çocuk ödev yoluyla edindiği bilgi ve beceriler ışığında özgün çalışmalar gerçekleştirme fırsatı bulur. Ancak ev ödevi, içerik ve hacim olarak çocuğun kapasitesine uygun olmalıdır.

Verilen günlük ödev, 8 yaşın altındaki çocuklar tarafından bir saatlik, üzerindekiler için ise iki saatlik bir süre içerisinde tamamlanabilmelidir. Önemli olan okulun ilk gününden itibaren çocuğun verilen ödevi tamamlayabilmesi ve bunu alışkanlık haline getirebilmesidir.

Ev ödevi yoluyla çocuk, haftanın beş günü "öğrenme faaliyetiyle" organize olur.

O, zaman içerisinde ödevi, günlük yaşamının bir parçası olan sürekli bir etkinlik şeklinde algılamaya başlar.

Ev ödevleri, içerik ve hacim olarak öğrencinin beceri gücüne uygun olmalı, ödev yapma süresi 8 yaşına kadar bir saati, 8-15 yaşları arasında ise iki saati aşmamalıdır.

Ödev konusunda yapabilecekleriniz şöyle sıralanabilir:

- Çocuğun ödevlerini yapabileceği fiziki mekânı hazırlayın. Bu çocuğa ait bağımsız bir oda olabildiği gibi, ders çalışma köşesi de olabilir.
- Ev ödevi için her gün düzenli "ödev saati" oluşturmasını sağlayın.
- Okuldan eve geldiğinde, bir saat kadar dinlenme ve kahvaltıya zaman ayırın. Bunun 10 dakikasını, birlikte sohbet ederek geçirmeye çalışın.
- Çocuğun düzenli ödev yapma alışkanlığını geliştirmesine yardımcı olun. Ödev saati sona ererken, çocuğun yapmış olduğu çalışmayı kontrol etmenizde yarar vardır.
- Zamanında tamamlanan ödevin ardından, birlikte yapmaktan hoşlandığınız ortak bir faaliyeti gerçekleştirin (satranç oynamak, bir film izlemek gibi).
- Ödevle ilgili size yöneltilen soruları yanıtlayın. Ama çocuğunuzla birlikte masaya oturup, ödevini baştan sona yapmayın. Birlikteliğiniz, hem olumsuz bir alışkanlığın yerleşmesine hem de hoş olmayan gerilimlerin oluşmasına neden olabilir.
- Eğer çocuk ödevin tümünü yapmakta zorlanıyorsa, o zaman ödevi küçük parçalara ayırın.

Örneğin, otuz problemi yapması yerine, "Beş problemi çöz, getir bana göster," deyin ve mutfağa ya da salona gidin. Çocuk beş problemi çözüp getirdiğinde, çabasından dolayı onu övün. "Şimdi beş tane daha yap, sonra bana göster deyin."

KALVIN VE HOBBES / Bill Watterson

Ders çalışması ve ödev yapması konusunda çocuğa baskı yapmayın. Önemli olan, onun ders çalışırken keyif alması ve teşvikinizle yapabileceğinin en iyisini ortaya koyabilmesidir.

- Çocuğunuzun ev ödevini değerlendirmek sizin göreviniz değildir. Sadece bir hata gördüğünüzde uyarın. Fakat bu yüzden onunla mücadeleye girmeyin. Çocuğun okula düzeltilmemiş haliyle ödevini götürmesine izin verin. Öğretmen, çocuğun nerede sorun yaşadığını bilmek ister. Eğer siz çocuğu hep düzeltilmiş ödevle gönderirseniz, öğretmen çocuğu olduğundan daha farklı bir biçimde tanımış ve yanıltılmış olacaktır.
- Belirli bir saate kadar ödevin bitirilmesi konusunda çocukla görüş birliğine varın. İstisnalar dışında çocuğu, zaman sınırlamasına sadık kalması için uyarın. Gerektiğinde çocuk tamamlanmamış ödeviyle okula giderek hesabını kendi başına vermelidir.
- Ders çalışması ve ödev yapması konusunda ona baskı yapmayın. Önemli olan, çocuğun ders çalışırken keyif alabilmesi, desteğiniz ve teşvikinizle yapabileceğinin en iyisini ortaya koyabilmesidir. Çocuğunuza yapabileceğiniz en büyük yardım, okul faaliyetlerinde onu destekleyen ve ilgilenen bir veli olmanızdır.
- Çocuğun sizden istediği öğretmenlik değil, ev içinde ve dışında, karşılıklı keyif alabildiğiniz, ortak etkinliklerde buluşabilmektir (konser, resim galerisi gibi).

Evde öğretim faaliyetini üstlendiğiniz zaman, çocukla yaşanacak gerilim ortamı, ilişkilerinizi olumsuz etkileyecektir. Bu nedenle gerek duyulduğunda, özel öğretmen desteği alınarak bu sorun çözülebilir.

Sonuç olarak, siz çocuğun okul yaşamına olumlu yönde katkı sağlayabilirsiniz. Gerçekçi beklentiler içinde olun. Çocuğun çabalarını destekleyin. Öğretmenle etkili bir iletişim kurun.

? *Sizce ev ödevi gerekli midir? Ev ödevi verilirken öğrencinin kapasitesi dikkate alınmalı mıdır?*

Ev ödevi, okulda işlenen konuyla ilgili bilginin pekiştirilmesini ya da işlenecek konuya öğrencinin zihinsel olarak hazırlanmasını sağlar. Bunun yanı sıra çocuğu, araştırmaya, özgün çalışmaya, yaratıcılığa yöneltir. Böylelikle bilginin içselleştirilmesi sağlanmış olur.

Okullarımızdaki müfredat programında orta düzeydeki öğrenci hedef kitle olarak alınmakla, ağır öğrenen ya da üstün yetenekli öğrenciler ihmal edilmektedir. İşte öğretmen, esnekliğiyle, ev ödevini iyi kullanarak, ağır öğrenen çocuk ile üstün yetenekli çocuğa düzeylerine uygun ev ödevi vermek suretiyle dengeyi sağlayabilir.

? *Kendi başına ders programı yapma ve uygulama alışkanlığı ile sorumluluk duygusunu çocuğumuza nasıl verebiliriz?*

Dersle ilgili sorumluluk duygusunun geliştirilmesinde, erken gelişim yıllarında çocuğa tanınan fırsatların önemli rolü olduğunu bilmek gerekir. Okulöncesi dönemde, çocuk kendine ait konularda otonom kılınmış (kendi başına yatağında yatmak, oyuncaklarını toplayabilmek, kendi kendine yemeğini yemek gibi) ve ona bazı sorumluluklar verilmişse (birlikte alışveriş yapmak, sofrayı kurmak gibi), okul döneminde de "ödevini tahtadan defterine geçirecek" ve evde tek başına yapabilecektir. Çocuğunuzla konuşarak, öncelikle ödevlerin önemini anlamasını sağlayın.

Ondan beklediklerinizi açıkça ifade edin. Ona, her akşam, öğretmeninin verdiği ödevleri ve onun yaptıklarını görmek istediğinizi söyleyin.

? *Kızım ilkokula başladı. Eve geldiğinde bir bahane bulup ağlıyor. Ödevleri zor geliyor, başında oturmamı istiyor. Ne yapmalıyım?*

İlkokul birinci sınıf çocuğu, henüz anaokulundan ilkokula geçiş sürecini yaşayan, formel okul tanımıyla yeni karşılaşan bir oyun çocuğudur. Sırtına giydiği önlüğün rengi, bu gerçeği değiştirmez.

O, ancak birinci yılın ikinci yarısında başarı ve başarısızlık, iyi ve kötü notun ne anlama geldiğini anlar. Küçük kas gelişiminin yetersizliği nedeniyle yazı yazarken eli çabuk yorulur. 72 aylık bir çocuk olarak, 40'ar dakika tahta sıranın üzerinde oturmak zaten yorucu bir görevdir.

Bütün bunları alt alta koyduğumuzda, birinci sınıf çocuğunun bu geçiş sürecinde sizden "sabır", "anlayış", "destek" ve "cesaretlendirme" beklediğini söyleyebilirim.

Hafta sonları ormanlık veya yeşillik bir alanda yürüyüş, hayvanat bahçesi veya lunaparka, sinema veya tiyatroya gitmek planlanabilir. Ona, okula gitmekle çok önemli bir görev yaptığı, onunla kıvanç duyulduğu, başarılı olacağından kimsenin şüphesi olmadığı anlatılabilir.

Ödevi başlatıp siz mutfağa yemek yapmaya gidin. Arada anlamadığını sormaya gelebilir ya da siz kontrole gidebilirsiniz. Sürekli masanın başında oturmamaya özen gösterin.

? Çocuğuma ders çalışma alışkanlığını nasıl kazandırabilirim? Onu ders çalışmaya özendirmek için ne yapmalıyım?

Öncelikle "programlı yaşam"ın öneminden bahsedin ve hazırlayacağı "günlük çizelgeye", sokakta oynayacağı toptan, TV'de izleyeceği programa kadar her şeyi yazmasını isteyin.

Buna, günlük "ödev yapma saati"ni eklemesini isteyin. Bu saat süresince başka şeyle ilgilenmemesi ve sadece ödevlerini yapması gerektiğini hatırlatın. Ödev ve ders çalışma konusunda yaşadığınız sorunlar hakkında konuşun. Ödevlerin çok önemli olduğunu açıklayın.

Şu kurallara uyması konusunda onu uyarın:

- Ödevlerin her gün eve getirilmesi,
- Ödevlerin her gün, günlük ödev saatinde bitirilmesi,
- Ödevlerin özenle ve tek başına yapılması.

Ancak bütün bunlar, sizin ilginizle, takibinizle, öğretmenle kuracağınız ilişkiyle sürdürülebilecektir.

Ödevini vaktinde bitirdiği her akşam ona bir yıldız vererek ödüllendirilebilir, dört yıldız topladığı zaman, onun fazladan bir TV programı izlemesine izin verebilir veya onu istediği bir maça götürebilirsiniz.

? Çocuğum nasıl ders çalışacağını bilmiyor. Ders çalışma yöntemi nasıl olmalı?

Çocuğun rahat ders çalışabilmesi için öncelikle, çalışma ortamını olumsuz etkileyecek faktörleri ortadan kaldırarak, ona, sessiz ve aydınlık bir "çalışma mekânı" hazırlamalısınız.

Ders çalışmakta olan çocuğun pasif bir şekilde kitabın sayfaları üzerinde göz gezdirmesi, "çalışma" ve "öğrenme" için yeterli değildir. Ders çalışma sırasında, çocukların kullanabileceği farklı öğrenme stilleri vardır.

Öğrenmeyi kolaylaştıran bu yaklaşımlar, çocuğun metni tekrar tekrar okuyup anlatması, önemli yerlerinin altını çizmesi, özet çıkarması ya da yeni öğrendiği bilgileri grafik veya şemalarla yeniden düzenlemesi şeklinde gerçekleştirilir.

Özellikle özetlemek ve yazmak, çocuğu kavramaya zorlar. Okumak ve anlatmak ise çocuğa öğrenilen bilginin ne kadarının kolayca, ne kadarının güçlükle hatırlanabildiğini gösterir.

Yukarıda sözü edilen öğrenme stillerinden biri ve birkaçı, çocuğunuzun daha kolay öğrenmesine yardımcı olabilir.

Okul Çağı Çocuğunun Genel Özellikleri

Okul çağı çocuğu, kim olduğunu keşfeder ve bireysel kimliğini oluşturur. O, olayları, sebep-sonuç ilişkisi içinde şekillendirmeye başlar.

Okul çağıyla birlikte çocuk, matematik semboller, genel ilkeler ve temel mantık gibi soyut kavramları anlamaya başlar. Ancak gerçek anlamda soyut düşünme ergenlikten önce görülmez.

Okul çağı çocuğunu okul ve arkadaş ortamında etkili kılan, olayların işleyişine ve yaşamın kurallarına ilişkin bilgisidir. Bu kurallar, "Eğer toplumla birlikte oynarsak benimle arkadaşlık eder"den tutun da, "Yağmurluğumu almazsam, ıslanıp üşütebilir ve basket oynamaya gidemeyebilirim"e kadar her şey olabilir.

Okul çağı çocuğu, sadece kuralları daha iyi anlamakla kalmaz, aynı zamanda izlenmesi istenen kuralların neden önemli olduğunu da öğrenir. O, olayları sebep-sonuç ilişkisi içinde şekillendirmeye başlar. Bunu yaparken de özel deneyimlerine dayalı genel soyut kurallardan yararlanır.

Ebeveyn, önem taşıyan kurallar konusunda kararlı, tutarlı davranarak, ortak bir noktada buluşulabilecek olanlarda ise uzlaşma yolunu seçerek çocuklarına destek olmalıdır. Böylece çocuk, yetişkin yaşamının büyük bir bölümünü oluşturan, "al-ver" ilişkisini öğrenir. Özellikle de baskıcı olmayıp içten bir biçimde ilgili olduğunuzda, çocuğun sınırlarını zorlamanız ve onunla akla uygun bir biçimde tartışmanız, onun düşünme becerilerini yetkinleştirmesine ve diğer insanların gereksinimlerini daha iyi anlamasına yardımcı olacaktır.

Okul çağına rastlayan orta çocukluk yılları, çocukların kişiliklerinin ve bireyselliklerinin biçimlenmesine, ev ve okul çevrelerindeki kişilerle etkileşimlerinin yardımcı olduğu bir dönem olarak oldukça önemlidir. Çalışmanın ön planda olduğu ciddi bir yaklaşımı sürdürmek ve başarıya ulaşmak, belirli bir çabayı gerektirir. Yaşamın bu döneminin ana teması, başarıya ulaşmak amacıyla, düş ürünü şeyleri ve oyunu bir kenara bırakıp gerçekçi uğraşlar verme, akademik ve sosyal yetenekleri geliştirebilmektir. Çocuklar ayrıca, başkalarının onayını kazanacak anlamlı şeyleri nasıl üretecekleri konusuna yoğun bir ilgi gösterir. Küçük çabalarla elde edilen başarı, yeni beceriler kazanma ve yeteneklerini geliştirme konusunda çocuktaki iyimserlik duygusunu güçlendirir.

Bu yaşta çocuk kim olduğunu, biricikliğini ve bireysel kimliğinin varlığını keşfeder. Ayrıca çevresindeki başkalarıyla ilişki kurarak benlik kavramını ve benlik saygısını oluşturmaya başlar.

Çocuğun benlik kavramı, kendi için önem taşıyan yetişkinlerin ona yönelttikleri tutumların bir

Okul çağı çocuğu, somut bilgileri düzenli ve mantıklı olarak işleyebilir. Gördüğü nesne ve olaylara ilişkin akıl yürütebilir.

yansıması olduğundan, ana-babasından gelen itici tutumlar, çocuğun kendisini değersiz bulmasıyla sonuçlanır. Buna karşılık, destekleyen ve istenen davranışlar karşısında olumlu geribildirimde bulunan ana-babalar, çocukta yüksek benlik saygısının oluşumuna zemin hazırlar.

Okul çağı çocuğu için "yeterlilik duygusu"nun gelişimi özel bir önem taşır. Bunun yanı sıra okul çağında akran arkadaşlığı aşırı derecede önemli bir hale gelir. Çünkü yaşamın bu evresindeki çocukluk kültürünün temelinde, özellikle başka çocuklarla birlikte 'bir şeyler yapma' uğraşı yatar.

Ancak unutulmamalıdır ki çocuk, oyun ortamından, örgütlenmiş ilk toplumsal kurum niteliğindeki "okul" ortamına geçerken, bir uyum süreci yaşar. Bu nedenle çocuğun okula uyumu için, aile kadar, başta öğretmen olmak üzere tüm okul personelinin de destek vermesi beklenir.

Artık çocuğun benliği ailenin dar alanından, toplumun geniş ilişki ve öğrenme olanaklarına doğru uzanmaktadır. Ana-babayla özdeşleşmenin yanı sıra başka kişilerle (öğretmenler, başka yetişkinler, arkadaşlar...) özdeşleşme de önem kazanmaktadır. Çocuk, toplumsal kurum ve kurallarla yüz yüze geldikçe üstbenliği giderek daha belirginleşir ve olgunlaşır. Üstbenlik, artık yalnızca ana-babanın çocuğa aktardığı değer ve kurallar değil, çocuğun kendisinin de etkin olarak anladığı benimsediği değer ve yargıları da içerir (Öztürk, 1989).

Okula yeni başlayan bir çocuk, "Okulda ne yapmak isterdin?" sorumuza verdiği şu yanıtla, bu konuda yaşanan duyguların çocuktan çocuğa ne kadar farklılaştığını göstermektedir: *"Ders sırasında sınıfta koşmak. Top gelir ve camlar kırılırsa, kimsenin kızmaması. Derste okulda her şeyi yapmak, dağıtmak. Ders yapmamak. Okuldan kaçmak (hep onu geçiriyorum aklımdan. Okulda bir arkadaşım denemiş, bacağını kırmış.)"*

? *Okula hazırlıklı oluş ne demektir? Okula başlayan çocukta olması gereken özellikler nelerdir?*

Okula başlama, zihinsel, bedensel, duygusal ve sosyal açıdan bir "hazırlıklı oluşu" gerektirir. Thackray, hazırlıklı oluşu, "Çocuğun herhangi bir duygusal zorluğa uğramadan, kolayca ve yeterli bir şekilde öğrenebileceği dönem," olarak tanımlar.

A. Oktay, *Yaşamın Sihirli Yılları: Okul Öncesi Dönem* isimli kitabında, okula başlamanın, yalnızca okuma yazma öğrenmek demek olmadığını belirtir. Okula başlayabilmek için çocukta belirli bir süre oturabilmek ve dikkatini toplayabilmek, arkadaşları ve öğretmeniyle iyi ilişkiler kurabilmek, verilen ödevi sonuna kadar yapabilmek, el-göz koordinasyonu, görme ve işitmede ayrımlaştırma, anneden kolayca ayrılabilme vb. gibi çok yönlü özelliklerin de bulunması gereklidir. Bu özelliklerden birinin veya birkaçının yeterli olmayışı, çocuğun kendisi için çok yeni olan okul ortamına uyumunu güçleştirdiği gibi, bu yeni kurumda kendisinden beklenen görevleri yerine getirmekte başarısız olmasına da neden olabilir. Böylece çocuğun ilkokul öğretiminin daha başlangıcında, karşı karşıya kalacağı kırıklık duygusu, onun okula ve dolayısıyla okumaya karşı olan tutumunu da büyük ölçüde etkiler (Oktay, 1999).

Okul Başarısı

Okul başarısında, bilgi dağarcığı ya da okuma yeteneğinin erken gelişmesinden çok, duygusal ve sosyal gelişim belirleyici rol oynar.

Okul başarısı, okulda alınan notların belirli bir ortalamanın üzerinde yer alması anlamına gelmektedir.

Okul başarısı, çocuğun yaşamında önemli bir olaydır. Okul çağına kadar içinde yaşadığı, uyum sağlamayı başardığı aile çevresinden, tümüyle farklı bir çevre olan okula geçiş, çocuk için büyük bir çabayı gerektirir. Ailenin öncelikli beklentisi, çocuğun okuldaki ders başarısı olmaktadır. Oysa çocuğun ilk olarak okula uyum sağlaması, sorumluluklar üstlenmesi ve kuralları kabul etmesi gerekir. Bu koşullar gerçekleştikten sonra başarı kendiliğinden gelecektir.

Okul başarısının, çocuğun okula başlamadan önceki yıllarda oluşmuş duygusal özelliklerine şaşırtıcı ölçüde dayandığını kanıtlayan araştırmalar bulunmaktadır. "Duygusal Zekâ"nın öğelerini oluşturmak için ilk fırsat, erken gelişim yıllarında ortaya çıkar. Çocukların sonradan edinecekleri duygusal beceriler, ilk yıllarda edindiklerinin üzerinde oluşur.

Çocuğun okulda göstereceği başarıyı tahmin ederken belirleyici olan, bilgi dağarcığı ya da okuma yeteneğinin erken gelişmesinden çok, duygusal ve sosyal gelişimidir.

Bu açıdan gelişmiş bir çocuk, kendinden emindir ve çevresiyle ilgilidir; kendisinden nasıl bir davranış beklendiğini ve yanlış davranma dürtüsüne

Bu evrede çocuk kendisini kanıtlayabilmek için, okulda başarılı olmak ve akranlarıyla iyi bir iletişim kurmak gibi, kendisi hakkında olumlu bir duyguya ihtiyaç duyar.

nasıl hâkim olacağını bilir; verilen yönergeye uyabilir ve öğretmenlerinden yardım isteyebilir; diğer çocuklarla iyi geçinirken ihtiyaçlarını da ifade eder. Okulda başarısız olan çocukların, duygusal zekânın bu öğelerinden bir ya da birkaçından yoksun olduğu görülür.

Ana-babaların, çocuklarının hayatta başarılı olmalarına yardım edebilmek için davranışlarının çocukta güven, merak ve öğrenme zevki oluşmasında etkili olduğunu bilmeleri gerekir.

Yapılan araştırmalar, "Her çocuk, kendine özgü yollarla öğrenen bir bireydir," gerçeğini doğrular niteliktedir. Bazı öğrencilerin duyarak, bazılarının deneyip yanılma yoluyla, bazılarının ise görerek daha iyi öğrendiği anlaşılmaktadır.

Beyin gelişimi ile öğrenme arasındaki ilişkiyi konu alan araştırmalara göre, "Öğretmenin derste kullandığı anlatım biçimi, öğrencinin beynindeki modele benzerlik ve uyum gösteriyorsa, öğrenci dersi anlayacak ve başarılı olacaktır. O halde başarı, öğretmen ve öğrencinin dalga boylarının benzeşmesine veya aynı olmasına bağlıdır."

Bir öğrenciye 'aptal', 'tembel', 'zeki' demeden önce, onların farklı öğrenme tiplerine sahip oldukları gerçeğinden hareket edilerek değerlendirme yapılmalıdır. 'İyi' ya da 'kötü' öğrenci şeklindeki gruplandırma uygun değildir.

Başarı veya başarısızlık, öğrencinin yeteneğinden çok, onunla dersin anlatılış biçimi arasındaki uyumdan doğar. Sonuçlar, yalnızca öğrencinin çalışkanlığına ya da ilgisine değil, aynı zamanda öğrenme tipleri arasındaki yakınlığa ve uzaklığa da bağlıdır.

Nuray Sungur, *Yaratıcı Okul, Düşünen Sınıflar* adlı, her eğitimci ve ana-babanın okuması gereken değerli kitabında, "Öğretmen, her öğrencinin öğrenme stillerini, çoklu zekâ potansiyelini, okul dışı ilgi ve etkinliklerini tanımaya çalışmalıdır," cümlesiyle bu konuya açıklık getirir.

Nuray Sungur'a göre; "Öğrenemeyen öğrenciye öğrenme özürlü, kültürel yoksunluğu olan çocuğa başarısız damgası vurmak, öğrencinin değil, öğretmenin başarısızlığını anlatır. Tüm bunlar, öğretmenin çoklu zekâya, yaratıcı beyne karşı alternatif yöntemler geliştiremediğini gösterir." (Sungur, 2001.)

Gardner'ın Çoklu Zekâ Kuramı'nı, tüm eğitimciler için çok yararlı bir kaynak olan *Çoklu Zekâ Uygulamaları* adlı bir el kitabında toplayan Doç. Dr. Ziya Selçuk, şu örnekle bireysel farklılığın öğrenmedeki etkisini açıklamaktadır: "Derste devamlı hareket eden, hiçbir şey bulamazsa tükenmez kalemini açmak için çöpe giden öğrenciyi öğretmeni suçlarsa, o öğrenci öğretmene şöyle seslenebilir: *'Canım öğretmenim. Ben kinestetik, harekete dayalı bir öğrenciyim. Oysa sen, susun, kıpırdamayın, çiçek olun, diyorsun. Ama ben hareket ederek öğrenebilirim. Sen derste sadece konuşuyorsun. Ben sıkılıyorum. Konuyu harekete dayalı işlesen ben de hareket ihtiyacımı gidermiş olacağım. Sen günlük planına hareketi sokmayınca ben kendi kendime sokuyorum.'* "

Gardner'a göre, "İnsanlarda tek bir zekâ yoktur. Kişilerarası, içsel, dilbilimsel, mantıksal/matematiksel, görsel/uzamsal, bedensel/kinestetik, müziksel/ritmik ve doğa zekâsı olmak üzere 8 farklı zekâ türü vardır. Her insan, zekâ alanlarının tümüne sahip olmasına karşın, bu alanlardan her birini farklı bir düzeyde geliştirebilir." (Selçuk, 2002.)

Görüldüğü gibi her çocuktan, her konuda aynı başarı beklentisi içinde olmamız gerçekçi değildir. "Bugünün çocuğu, gün boyunca çok sayıda mesaj ve bilgiyle karşı karşıyadır. Erken yaşlarda ona vereceğimiz eleştirel ve yaratıcı düşünme kriterleri ile etkili düşünme becerisini kazanacaktır." Bu da erken gelişim yıllarında itibaren önce ana-babanın, ardından öğretmenin çocuğa vereceği fırsat, seçenek ve deneyimlere bağlıdır.

Rogers'a göre; "İnsanoğlunun doğuştan getirdiği bir öğrenme gereksinimi vardır. Ancak çocuk, kendi kişisel amaçlarına uygun gelebilen bilgileri öğrenebilir. Çocuğa yöneltilen korku ve tehdit zayıf olduğunda, ayrıntılar daha iyi algılanır ve öğrenme gerçekleşir. Yaparak ve yaşayarak daha iyi öğrenilir."

Bütün bunlardan çıkarılacak sonuç şudur: Öncelikle çocuğunuzu olduğu gibi, kendisi olarak görün. Onu, akranları ya da kardeşleriyle karşılaştırmayın. Elinden gelenin en iyisini yaptığı sürece onu başarılı kabul edin. Çünkü belki de o, düşük matematiksel/mantıksal zekâya sahip olduğundan matematik dersinde diğer arkadaşlarından düşük not alırken kişilerarası zekâsı üstün olduğu için, sosyal ilişkiler kurmaktan hoşlanan, doğal bir liderdir ve geleceğin başarılı bir yönetici adayıdır.

? *Okul başarısızlığı nedir? Okul başarısızlığı karşısında ailenin yapması gerekenler nelerdir?*

"Öğrencinin aldığı notların, sahip olduğu zihinsel kapasiteden daha düşük bir seviyeyi yansıtması", okul başarısızlığı olarak tanımlanabilir.

Okul başarısızlığında, okul, öğretmen, arkadaş gibi çevresel etkenler rol oynayabildiği gibi, bu başarısızlığa, bireysel özelliklere bağlı (gelişimsel, psiko-sosyal, bedensel gibi) faktörler ya da olumsuz aile ilişkileri de neden olabilir.

Öncelikle bilinmesi gereken temel ilke, çocuğun sizden huzurlu bir aile ortamı beklediğidir. İster çocuğun gelişimi için olsun, ister ruh sağlığı ve okul başarısı için olsun, değişmez önkoşul, çocuğun aile içerisinde, dingin, huzurlu, mutlu bir etkileşim ortamına sahip olabilmesi, gülen yüzler arasında büyüyebilmesidir.

Böyle bir ortamda yetişmekte olan çocuğa, okulöncesi dönemde, "zenginleştirilmiş yakın çevre" ortamı hazırlanabilir, göze ve kulağa hitap eden uyarıcılar verilebilir (Konser, müze, resim galerisi, hayvanat bahçesi vb. gezileri gibi).

Okul çağında, öncelikle okul kurumuna ve öğretmene saygı duyan, okulun gidilmesi gereken çok önemli bir kurum olduğunu yansıtan bir yaklaşım içerisinde olmanız gerekir.

Bunun yanında yapabileceğiniz en önemli yardım, okul faaliyetlerinde çocuğunuzu destekleyen ve ilgilenen bir veli olmanızdır. Sözgelimi bir ay önce birlikte gittiğiniz "Dolmabahçe Sarayı" ile yeni gezdiğiniz "Topkapı Sarayı"nın karşılaştırılmasını çocuktan beklemeniz, onun dikkat, bellek, muhakeme fonksiyonlarını harekete geçirecek önemli bir destek eğitim programıdır. Ama bunun için çocuğa istekle zaman ayırabilmek önemlidir.

Bu söylenenlerin tersine çocuğa yaşatılan olumsuz aile ortamında, kızgınlık duygusunun amaçlı olarak harekete dönüşümü söz konusu olabilir. Bu tür "pasif agresif davranış" sergileyen çocuk, okul başarısızlığını, âdeta ebeveyne karşı bir "boykot" ya da "grev" gibi kullanabilir.

? *Bir çocuğun okuldaki başarısının yükselmesi için evde nasıl bir çalışma sistemi uygulanabilir?*

Öncelikle ilgilenen ve destekleyen bir veli olarak, bilgi ve görüşlerinizi öğretmenle paylaşıp üzerinize düşen görevleri netleştirebilirsiniz.

Yukarıda, okul başarısızlığı bölümünde ayrıntılarıyla açıklanan hususları dikkate alarak çocuğu yakından izleyebilirsiniz. Onunla bu konuları görüşüp ihtiyaç duyduğu "bilgi desteğini" kendisine verebilirsiniz. Başarılı olabildiği başka alanları keşfedip başarısız alana dolaylı katkı sağlayabilirsiniz.

Bütün bunlar sabırla, olumsuz eleştiri getirilmeden ve istekle gerçekleştirildiği zaman anlamlıdır ve sonuca götürür.

? *11 yaşındaki kızım, geçen seneye kadar başarılı ve istekliydi. Şimdi başarısı azaldı. Çalışmıyor, ders çalışmasını istediğimde isyan edip ağlıyor. Eski isteğini nasıl kazandırabilirim?*

Öncelikle kızınızın ergenliğe geçiş döneminin gerginliğini yaşadığını bilmeniz gerekir.

"Fırtına ve stres" çağı olarak bilinen bu evrede, ilgi alanları birdenbire artar. Düne kadar ana-babaya bağımlı olarak yaşamını sürdürmekte olan çocuk, artık "bağımsızlığı yaşamak" arzusu olan, iç dünyasında fırtınalar yaşayan, ders dışında müzik, spor, karşı cins, folklor, dans gibi etkinlik ve ilgi sayısı artan bir genç adayıdır.

Özellikle spor, müzik gibi ilgi alanlarına enerjisini kanalize etmesini destekleyin, ders çalışma ve okul başarısı konusunda, destekleyen, anlayışlı, hoşgörülü ve sabırlı bir yaklaşım sergileyin. Kısa süre içerisinde aşamalı olarak düzelme görülecektir.

? ***9 yaşındaki oğlum, 3. sınıfta okul değiştirdi, davranışları olumsuz yönde değişti. Ders çalışmayı bıraktı, ders dinlemiyor, sınıf arkadaşlarını hiç sevmiyor. Nasıl davranmalıyım?***

"Okul değiştirme", özellikle aşırı duyarlı, utangaç, çekingen, kolay arkadaş edinemeyen çocuklar için aşılması zor bir engeldir. Üstelik bunun çok kritik bir dönemde, 3. sınıfta yaşanmış olması bir şanssızlık. Çocuğunuz, alışmış olduğu okul çevresi ve öğretmeniyle üç yıllık bir beraberliği varken, birdenbire yeni çevreye uyumun zorluğunu yaşamaktadır. Karşısında bulduğu dayanışma içerisindeki kemikleşmiş arkadaş grubu onu dışlamış olabilir.

Burada size yardımcı olacak kişi, sınıfa çocuğu iyi bir biçimde sunacak olan ve vereceği sorumluluk ve görevlerle onu yüceltecek olan öğretmendir. Onunla kurulabilecek yakın ilişki ve okul sonrası gün ve saatlerde çocuğu motive edecek etkinliklere katılımın sağlanması, önemli ölçüde çözüme yardımcı olur. Bunlar, hafta sonu okulun folklor kurslarına katılmak, babayla maça, yeşil alana top koşturmaya gitmek ya da yeni okulundan tanıştığı bir arkadaşının evine gitmek gibi etkinlikler olabilir.

? ***Çocuğumda matematik dersine karşı belirgin bir kaygı görüyorum. Bunun sebebi ne olabilir ve nasıl giderilebilir?***

Fulya Şahin matematik kaygısını, "Bireyin günlük ve akademik yaşamında matematik problemlerini çözmesi ve sayıları kullanması gerektiğinde kaygı ve gerginlik duygularını hissetmesi ve kendisini matematikten uzak tutması," olarak tanımlamaktadır. Matematik kaygısının oluşumunda anne ve babada var olan matematik kaygısının, öğretmen tutumunun, etkili olmayan öğretim yöntemlerinin, bireyin kişilik yapısının, temel matematik becerilerinin eksikliğinin, düşük bir benlik tasarımının ve yetersiz bir performans gösterme inancının etkili olduğu bilinmektedir.

Matematik kaygısının azaltılmasında ve/veya ortadan kaldırılmasında, aile tarafından çocuğa destek verilmesi ve sağlıklı bir anne-baba-çocuk ilişkisinin kurulması önemlidir. Öte yandan öğretmenlerin öğrencileriyle etkili iletişim kurmaları ve olumlu bir sınıf ortamı oluşturmaları, matematiğe yönelik öğrenci tutumlarını olumlu bir biçimde geliştirmeleri, bilgisayar destekli öğretim yapmaları, geleneksel sınav yöntemleri değerlendirmelerinin yanı sıra, etkili değerlendirme yöntemlerinden grup gözlemleri ve grup değerlendirmelerini kullanmaları, işbirlikli öğrenme uygulamaları yaparak öğrencilerine olumlu matematik deneyimlerini sağlamaları, okul psikolojik danışmanlarıyla işbirliği yapmaları, eğitsel rehberlik yardımıyla verimli ders çalışma becerilerini kazanmaları, bireysel ve grupla psikolojik danışma uygulamaları önemlidir (Şahin, 2000).

Yaşa Göre Değişen Davranışlar ve Gelişime Bağlı Karşı Koyuşlar

7 YAŞ

7 yaş çocuğunun en çarpıcı karakteristik özelliği, sebatkâr olmasıdır. O, başladığı bir işi tümüyle doyum sağlayıncaya veya birisi kendisini durduruncaya kadar yapmaya devam eder. Kendisiyle ilgili beklentileri yüksektir. O, her şeyin en iyisi olmak ister. Ve bir hata yaptığında utanır.

Genellikle 7 yaş; içe çekilme, sakinlik ve iç dünyanın keşfi yaşıdır. 7 yaş çocuğu, dış dünyada keşfettiklerini gözden geçiren bir düşünce dünyası içindedir. Ayrıca bu dönem, diğer yaşlara kıyasla, her şeyden en fazla kaygı duyulan bir dönemdir. Sözgelimi, 7 yaş çocuğu, hiç başına gelmemiş olsa bile, okula geç kalmaktan kaygı duyar. Savaş çıkması veya birinin ölmesi olasılığı onu kaygılandırır. Karanlıktan korkabilir. O, diğer insanların dost olmadığını, ana-babasının kardeşlerini, kendisinden daha çok sevdiklerini düşünebilir. Onun en karakteristik özelliklerinden biri de çatık kaşlı olmasıdır. Gözlerinden yaşlar kolayca dökülür. Başkalarının yanında utangaçtır ve kolaylıkla kırıklığa uğrar.

8 YAŞ

8 yaş çocuğunun ayırıcı karakteristik özelliği, yaptığı her şeyde hızlı olmasıdır. O, hızlı yemek yer, hızlı okur, hızlı konuşur. Dışa dönüktür. İnsan ilişkilerine ilgi duyar. 8 yaş çocuğunun ailesi ve arkadaşlarıyla olan ilişkileri onun için önemlidir. Ama o, yine de en yoğun ilişkisini annesiyle gerçekleştirir. Annesinin yeterince dikkatini çekemediğini düşünür. Bu nedenle onu kimseyle paylaşmak istemez. Sürekli onun çevresinde olmak ister. Anneye karşı yaşadığı bu kıskançlık ve bencillik, kardeşleriyle olan ilişkilerini zorlaştırır. 8 yaş çocuğu, herkesi, özellikle kendisini sürekli yargılar. Başarısızlıklarının farkındadır. Onları aşmak için çaba içerisindedir. Başkalarını, özellikle annesini saldırgan davranışlarıyla zorlar. Aynı zamanda, kolaylıkla incinir. Başkalarının kendisini eleştirmesi karşısında çok duyarlıdır.

8 yaş çocuğunun sözel becerisi gelişmiştir. Bazen dili bir yetişkin gibi kullandığı görülür.

9 YAŞ

9 yaş çocuğu, tedirgin ve huzursuz bir evreye girer. O kendi faaliyetleriyle öylesine meşguldür ki, çoğu zaman annesinin kendisine seslenmesini bile duyamaz ya da duymazlıktan gelir. Annesinin, beden temizliğiyle ilgili uyarılarına olumsuz tepkide bulunur. 9 yaş çocuğu, babasına karşı da mesafelidir. O, ebeveynin otoritesine karşı olumsuz tepkisini, emir veren ebeveynin yüzüne boş boş bakarak, ebeveynin bir isteğini yerine getirirken, yüksek sesle şikâyet ederek veya bilfiil karşı koyarak göstermeye çalışır. 9 yaş çocuğu, kendi doğruları yönünde hareket etmek ister. Ödül veya övgü için değil, kendi kendini tatmin etmek amacıyla bazı şeyleri yapmak ister.

Dürüstlük konusunda aşırı duyarlıdır. 9 yaş, diğer yaşlara kıyasla, bireysel farklılığın en fazla ortaya çıktığı bir yaştır. Örneğin bazı çocuklar bu yaşta, akranlarına kıyasla daha fazla şiddet filmlerine merak salabilirler. Bazıları, yine bu yaşta paraya, akranlarından daha fazla düşkün olabilirler. Buna bağlı olarak bazıları bonkör olurken, bazıları cimri olabilir.

10 YAŞ

10 yaşındaki bir çocuk, ailesine, 9 yaş çocuğundan daha fazla bağlıdır ve onları sever. Genellikle birlikte yapılan her şeye bu yaşta katılmaya hazırdır.

Anne ile 10 yaş çocuğu arasında doğrudan, sorunsuz, dürüst ve güven dolu bir ilişki vardır. Bu yaş, elde edilen bilgilerin özümsendiği, huzurlu ve düzenli bir evredir. 10 yaş, gelişimin dengelendiği bir altın çağdır. Tüm bedensel ve ruhsal sistemlerin dinamiği ve olgunluğu açısından bu yaş çocuğu, 9 yaş çocuğundan daha gelişmiştir. İlgileri daha çeşitlidir.

9 yaşındaki gerginlik gitmiş, onun yerine uysallık ve uyumluluk gelmiştir. Bu da 10 yaş çocuğunu daha hoşgörülü yapmıştır.

10 yaş çocuğunun sosyal ilişkilerinde, öğretmeni, arkadaşları ve özellikle annesiyle kurduğu yakın ilişkiler ön plana geçer. Bu ilişkiler, çocuğun diğer ilişkilerini de etkiler.

O, benmerkezci değildir. Evde, ana-babasının yakınında bulunduğu zaman, kendisini daha güçlü hisseder.

? *Çocuk, parayla ne zaman tanışmalıdır. Paranın bir ölçüsü var mıdır?*

Paranın nasıl kullanıldığını ve gerçek değerinin ne olduğunu anlayabilmeleri için çocuklara harçlık verilmelidir. 6 yaşındaki bir çocuğa, alışveriş yapması için az miktarda para teslim edilebilir. Ancak o, alışverişlerinde seçici değildir; ayrıca paranın üstünü hesaplayamaz, para bozduramaz. 8 yaşındaki çocuğun, parayı daha başarıyla kullanabildiğini, 10 yaşındakinin ise, yararlı ve kullanışlı şeylere para harcadığını görmekteyiz. 10 yaş çocuğu, alışveriş yaparken seçmesini bilir. Paranın üstünü tam olarak getirmek sorumluluğunu da taşır.

Çocuğun yaşına ve sınıfına uygun olarak, ilkokula başlama yaşıyla birlikte ihtiyaçlarını karşılamak üzere yeterli miktarda ve düzenli harçlık vermek (gündelik ya da haftalık şeklinde) en uygun yoldur. Düzenli harçlık almak, harçlığından biriktirerek bankaya yatırmak, bir eksiğini karşılamak ya da pul vs. gibi koleksiyon ilgisine cevap vermek, kuşkusuz çocuk için gerekli ve yararlıdır. Ancak üst gelir grubunda bazı ailelerde, çocuğa gereğinden fazla verilen para, onu zaman içerisinde doyumsuzluğa itmekte ve çocuğa zarar vermektedir.

OKUL ÇAĞI ÇOCUĞUNUN BAZI SORUNLARI

Okula Gitme Korkuları –Okul Fobisi

Okul fobisinin gerisindeki temel sorun, "anneden ayrı kalma korkusu"dur.

Çocuğu okul fobisi yaşayan bir anne, çaresizlik duygularını şu cümlelerle dile getirmektedir: *"Yalnız yaşayan bir anne olarak bu o kadar güç ki... İşe gitmek için okul servisi gelmeden çıkıyorum ve oğlum servisine binmeyi reddediyor. Büyükannesi ve dedesi onu ikna edemiyor. Ne yapacağımı bilemiyorum. Çalışmak zorunda olduğumdan sabahları orada olamam. Bazen bana karşı çok da öfkeli. Acaba geçmişte yaptığım bir şeyin intikamını mı alıyor, benimle ödeşmeye mi çalışıyor, diye kendi kendime soruyorum. Birlikte gerçekten güzel vakit geçiriyoruz. Pek çok soruna göğüs gerdik birlikte, çoğunlukla iki dost gibiyiz..."*

Okula gitmeyi reddeden çocukların önde gelen özellikleri şu şekilde sıralanabilir:

- Öncelikle aşırı bir kaygı (özellikle "anneden ayrılma korkusu") ve uyum sorunu,
- Okula gitme gerçeğiyle karşı karşıya kalınca aşırı ölçüde korkma, öfke nöbetleri, uyku sorunları veya kendini iyi hissetmeme yakınmaları dahil, çok ciddi duygusal rahatsızlık veya depresif belirtilerin sergilenmesi,
- Beti benzi atma, solgunlaşma, soluk almada düzensizlikler, titreme ve kasların gerilmesi, uyarılan sempatik sinir sisteminin belirtileri, organik nedeni olmayan karın ağrısı, baş ağrısı gibi somatik rahatsızlıklardan yakınma,
- Ağlamaklı olma, sözlü mazeretler ve karşı çıkmalar, direnme tepkileri,
- Toplumsal beceri yetersizlikleri, akranlarla etkileşim güçlükleri, yalnızlık ve akranlarından ayrı kalma-soyutlanma, düşük benlik saygısı,
- Öğretmeni tarafından cezalandırılma korkusu,
- Arkadaşları tarafından hırpalanma korkusu.

Okula gitmeyi reddeden çocuğun kaygı nedeni farklılık gösterebilir, biçim değiştirebilir. Bir an bir konuyla ilişkiliyken (örneğin annesinin sağlığı), birden bir başka konuya bağlanabilir (onunla alay eden bir öğretmen). Bu korkuları, güven verme ve kaygı giderme çabalarıyla yatışmaz.

Araştırmalar göstermiştir ki, okula gitmeyi reddetmeye neden olan, kesinlikle gidilen yerden, ortamdan hoşlanmamak değildir. Asıl sorun, okula gitme sürecinin yarattığı katlanılamaz boyuttaki kaygıdır.

Okul korkusunun gelişiminde ve sürmesinde pek çok belirleyici faktör rol oynamaktadır.

- Doğuştan gelen aşırı duyarlılık, incinebilirlik, duygusal tepkisellik,

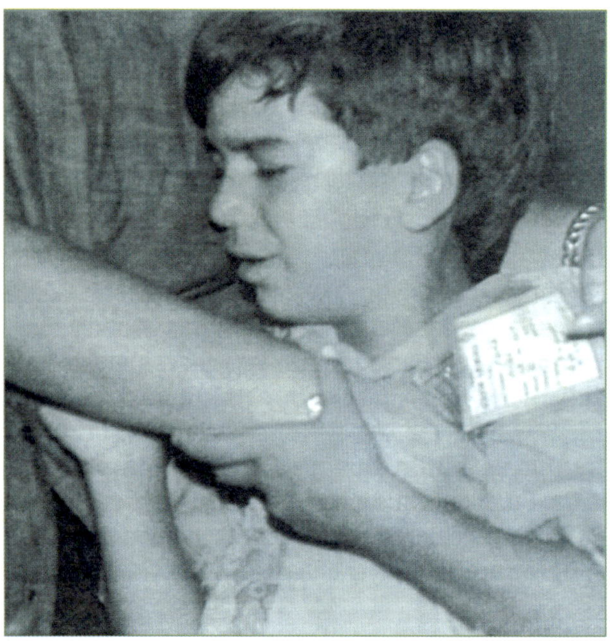

Okul fobisi olan çocuk; başarı kaygısı olan, aşırı onay bekleyen, ailesine bağımlı bir çocuktur. Böyle çocuklar için aile, profesyonel yardım almalı, çocuğun okula gitmesi konusunda, kararlı ve ısrarlı bir tutum sergilemelidir.

- Mizaç özellikleri itibariyle çekingen, utangaç, ürkek olma,
- Evde veya okulda yaşanan tetikleyici bir olay. Örneğin, ev veya okul değiştirme, okul devamsızlığı doğuran bir hastalık, ebeveynin hastalanması veya evden ayrılması, okulda hırpalanma, sert bir öğretmen,

Okul korkusu yaşayan çocuklar, genellikle başarı kaygısı olan, uyumlu, ailesine bağımlı çocuklardır.

Çocuğun okul korkusunu yenmek için bir yandan bireysel tedavi gerçekleştirilirken, bir yandan da aile yönlendirmeli ve ailedeki kronik kaygı ve bağımlılık konuları ele alınmalıdır. Okul, öğretmen ve rehber öğretmenin işbirliğiyle gerekli önlemler alınıp, gerekirse sınıf veya okul değişimi yapılabilir.

Başarılı bir müdahalenin başlıca ölçütü, çocuğun yeniden okula geri dönmesidir.

? *Okul korkusunun oluşmaması için nasıl bir çevre oluşturmak gerekir?*

Okul korkusu olan birinci sınıf çocuğunun, *"Haluk Amca, okula gidersem, babam annemi dövebilir ya da boşayabilir. O nedenle ben okula gitmek istemiyorum,"* şeklindeki sözlerini hatırlıyorum.

Öncelikle çocuğun, gerek gelişimi, gerekse uyumu ve başarısı için tartışmasız ön koşul, mutlu ve huzurlu bir aile ortamıdır. Çocuğunuzu mutlu görmek istiyorsanız, önce eşinizi mutlu edin. Çünkü annenin mutluluğu tüm aile bireylerine yansıyacaktır.

Ayrıca, ebeveyn olarak okula yaklaşımınız olumlu ise, çocuğunuzun okula gitmesini önemsiyor ve bu nedenle gurur duyduğunuzu yansıtıyorsanız, birinci önemli görevi yerine getirmiş sayılırsınız.

Bundan sonra çocuğun okula gitmesi konusunda tüm aile bireylerinin tutarlı bir davranış sergilemesi ve okul çıkışı çocuğun istediği etkinliklere zaman ayrılabilmesi için gerekli ortamın hazırlanması gelir.

Konunun ikinci ayağı okulla ilgili olduğundan, öğretmenle sağlıklı bir iletişim kurarak, onun desteğini almanın özel bir önemi vardır.

? *Çocuğumun seviyesi sınıf seviyesinin üzerinde olduğu için okulda sıkılıyor. Ne yapmalıyım?*

Okulda yeterli ölçüde uyaranla karşılaşamayan bir çocuk, diğer çocukları ve öğretmenini ne kadar severse sevsin, yine de sıkılacaktır. Öğretmen, müfredatı uygularken, çocukların öğrenme hızlarını ve zekâ özelliklerini olabildiğince göz önünde tutmalıdır. Çünkü okula başlayan çocuklarda pek çok bireysel farklılık bulunur. Buna bağlı olarak da, her çocuk, kendine özgü yollarla öğrenir. Öğretmen, sınıf seviyesinin üzerinde olan öğrencisine, kendi düzeyine uygun görevler vererek onun bilgi ihtiyacını karşılamalıdır.

Okuyabilen ve sayı sayabilen çocuğunuz sınıftaki çalışmaları çok kolay bulduğu için sıkılabileceğinden, bu konuyu öğretmenle görüşün. Öğretmenden, evde çocuğunuzla kullanabileceğiniz "ek malzemeler" ve çocuğunuzun üstesinden gelebileceği bir düzeyde olan, çeşitlendirilmiş çalışmalar isteyin. Bu tür malzemeler, çocuğunuzu ders programı açısından sınıfın ilerisine geçirmeden, sadece okumuş olduğu konularda bir çeşitlilik sunar ve o aşamadaki öğrenim becerilerinin tamamen pekişmesini sağlar.

? Çocuğum okula karşı ilgisiz, ne yapabilirim?

Bazı çocuklar, yapıları gereği içedönük, ilgisiz ve hareketsiz olur, herhangi bir şeye çok az heves duyarlar. Buna karşılık, kimi çocuklarda bu özellikler, yapısal özelliklerinden çok, yaşadıkları derin bir mutsuzluktan kaynaklanır. Çocuğunuz birkaç ay okula gittikten sonra onun ilgisiz, kayıtsız ve herhangi bir coşkudan uzak olduğunu fark ederseniz, kendinize şu soruları yöneltin:

- *Ne kadar süredir bu durumda?* Çoğu çocuk, okul yaşamlarının belli bir evresinde ilgisiz, duyumsamaz olur. Bu, çocuk gelişiminin normal bir parçasıdır. Ne var ki, bu durum birkaç ay gibi uzun bir süre sürekliliğini korursa, o zaman altta yatan daha ciddi bir sorun olabilir. Çocuğunuzun davranışının yoğunluğunu değerlendirmede, zaman oldukça önemli bir etkendir.
- *Daha önceleri hiç bu biçimde davranmış mıydı?* Çocuğunuzun şu andaki durumunun ne kadar önemli olduğuna karar vermek için önceki davranışlarına ilişkin bilgi ve deneyimlerinizden yararlanın. Örneğin, denediği her yeni şeye karşı başlarda genellikle pek heves duymadığını biliyorsanız, o zaman okulun ilk haftalarındaki ilgisizliği kaygılanılacak bir şey değildir. Büyük bir olasılıkla kısa bir süre içinde geçecektir.
- *Bir sıkıntısı olduğunu gösteren başka belirtiler var mı?* Herhangi bir sıkıntısı olan gergin bir çocuk, derin mutsuzluğuyla ilgili çoğunlukla birden fazla belirti sergiler. Ara sıra görülen ilgisizlik, hareketsizlik ve duyarsızlık durumları, kendi başına o kadar ciddi değildir. Ne var ki, bu duruma ayrıca ağlamaklı olma, uykusuzluk ve iştahsızlık gibi başka belirtiler de eşlik ediyorsa, o zaman bunların hafife alınmaması gerekir.

Sorunun nedenini belirlemeye çalışırken, tabii ki çocuğun okuldaki gelişimini dikkatle incelemeniz gerekir. Ama aynı zamanda, bunun nedeninin okuldışı yaşamında yatma olasılığını da göz önünde bulundurmalısınız. Örneğin evdeki sorunlar, ilişkilerde yaşanan güçlükler vb.

Yukarıdaki sorular, çocuğunuzun okula karşı ilgisizliğini anlamak için size doğru yolu gösterecektir. Çoğu kez, kayıtsızlığının ve ilgisizliğinin geçici olduğunu, tüm gereksiniminin sizden destek görmek, biraz cesaretlendirilmek olduğunu fark edeceksiniz.

? İlkokula yeni başlayan çocuğum, okulda yapılan çalışmaları zor buluyor. Bu durum neden kaynaklanabilir?

Özellikle birinci sınıfta, çocuk yeni öğrenim malzemeleriyle karşılaştığında, sıklıkla bir güven eksikliği yaşar.

Küçük kas gelişiminin yeterli düzeyde olmaması, yazı yazarken çabuk yorulmasına sebep olabilir.

Okulun "bilgilendirme" işlevinden daha önemli olan işlevi, bilindiği gibi "uyum" sağlamadır. Çocuğun sınıf içi ve sınıf dışı etkinliklere uyumu belirli bir zaman alır.

"Okul olgunluğu" veya "okula hazırlıklı oluş", bir çocuktan diğerine değişen bireysel bir olgu olduğundan, bu uyum sürecini yaşarken, çocukların tepkileri de farklı olabilir.

İşte okulun ilk haftalarına rastlayan bu uyum sürecinde, öğretmenden, çocuğu ürkütmeden teşvik eden ve destekleyen bir yaklaşım içinde olması beklenir.

Çocuğun "okuldaki çalışmaları zor bulması" şeklindeki şikâyeti karşısında size düşen görev de, sınıftaki diğer bütün çocuklar kadar yetenekli olduğunu anımsatarak onun kendine olan güvenini pekiştirmeye çalışmak ve çocuğunuza evde nasıl yardımcı olacağınız konusunda öğretmeniyle görüşmektir.

? *Okula gitme korkusu yaşayan çocuğa öğretmenin katkısı nasıl olabilir?*

Öncelikle başarı kaygısı olan, sürekli onay bekleyen ve ailesine bağımlı olan böyle bir çocuk karşısında öğretmen, sorunu çözmek için özel bir çaba içine girmek durumundadır. Ona, ustalıklı bir şekilde sınıf ortamının bir parçası olduğunu hissettirdiği, aidiyet duygusunu yaşattığı, biz bilinci içerisinde arkadaş grubuna monte ettiği takdirde önemli bir adım atmış olur.

Bu amaçla öğretmen, çocuğun sınıf içinde mutlu olabilmesi ve sınıf ortamına katılımının sağlanması konusunda gerekli desteği göstermelidir. Öncelikle öğretmen, çocuğu rahatlattıktan sonra ona bazı görev ve sorumluluklar vererek çocuğun önemini ve işlevini vurgulamalıdır.

Çocuğa sorumluluk vermek, hem bireysel imajını güçlendirerek onun kendine olan güvenini artıracak hem de arkadaşlarıyla iletişime geçmesine fırsat sağlayacaktır. Böylece çocuk, çarkın bir dişlisi olduğunu hissedebilir. Öğretmen, çocuğun sınıf dışındaki arkadaş ilişkileriyle de ilgilenmeli, onun teneffüsteki oyun ortamında, popüler arkadaşlarının yer aldığı oyun grubuna katılması yolunda bir çaba göstermelidir.

Kısaca, bu kriz döneminde çocukta olumlu izlenim bırakacak bir sınıf içi ve sınıf dışı ortam sağlanmalı, çocuğun, eve döndüğünde okulu özleyebileceği deneyimleri olabilmelidir. Ev ve okulun eşgüdüm içindeki ısrarlı ve kararlı çabaları, kısa bir süre sonra meyvesini verecek ve çocuk, istekle okula giden, düzenli bir öğrenci konumuna gelecektir.

? *Okul-aile işbirliği gerekli midir? Bu nasıl gerçekleştirilmelidir?*

Sık karşılaşılan sorunlardan biri de ailelerin, başarılı bir okul seçiminden sonra okulla yeterli diyalog içinde olmamasıdır. Oysa, çocuğun okula başlamasıyla birlikte, ana-babanın, öğretmenle etkin bir şekilde çalışabilmesi ve çocuğun okuldaki durumu hakkında açık ve net bilgi sahibi olması gerekir.

Ebeveyn, okula başlayan çocuğu tanıtmak üzere öğretmeni bilgilendirmeli, bir süre sonra da çocuğun sınıf içindeki ve dışındaki uyumu, hangi derslerde güçlük çektiği, ne tür güçlükler yaşadığı ve bunların giderilmesi için neler yapılabileceği konusunda öğretmenden bilgi almalıdır. Bu etkileşim ortamı, olası uyum ya da başarı sorunları karşısında önlem alınmasına olanak hazırlar.

Ebeveyn, aynı öğrenme malzemesini başka yollarla öğretmenin mümkün olup olmadığına, çocuğun öğrenmesine yardım edecek daha etkin materyal ve/veya yöntemlerin bulunup bulunmadığına ve özel bir öğretmen ya da kurs desteğine gerek duyulup duyulmadığına ancak böyle bir ortak çalışma zemininde ulaşabilir. Kısaca, çocuğun okulda uyumlu ve başarılı olmasında, okul-aile işbirliğinin katkısı büyüktür.

ÖNERİLEN KAYNAKLAR

Baltaş, Acar, *Üstün Başarı,* Remzi Kitabevi, İstanbul.

Geçtan, Engin, *İnsan olmak,* Remzi Kitabevi, İstanbul.

Köknel, Özcan, *Korkular,* Altın Kitaplar, İstanbul.

Oktay, Ayla, *Yaşamın Sihirli Yılları: Okul Öncesi Dönem,* Epsilon Yayıncılık, İstanbul.

Özakpınar, Yılmaz, *Verimli Ders Çalışmanın Psikolojik Koşulları,* Remzi Kitabevi, İstanbul.

Özdemir-M.-Sönmez, S., *Öğretmen El Kitabı,* Pegem Yayıncılık, Ankara.

Selçuk, Ziya, *Çoklu Zekâ Uygulamaları,* Nobel Yayın, Dağıtım, Ankara.

Sungur, Nuray, *Yaratıcı Okul, Düşünen Sınıflar,* Evrim Yayıncılık, İstanbul.

woof

Bölüm 4

Gelişen Dünyada Ailenin Değişen Sosyal Koşulları

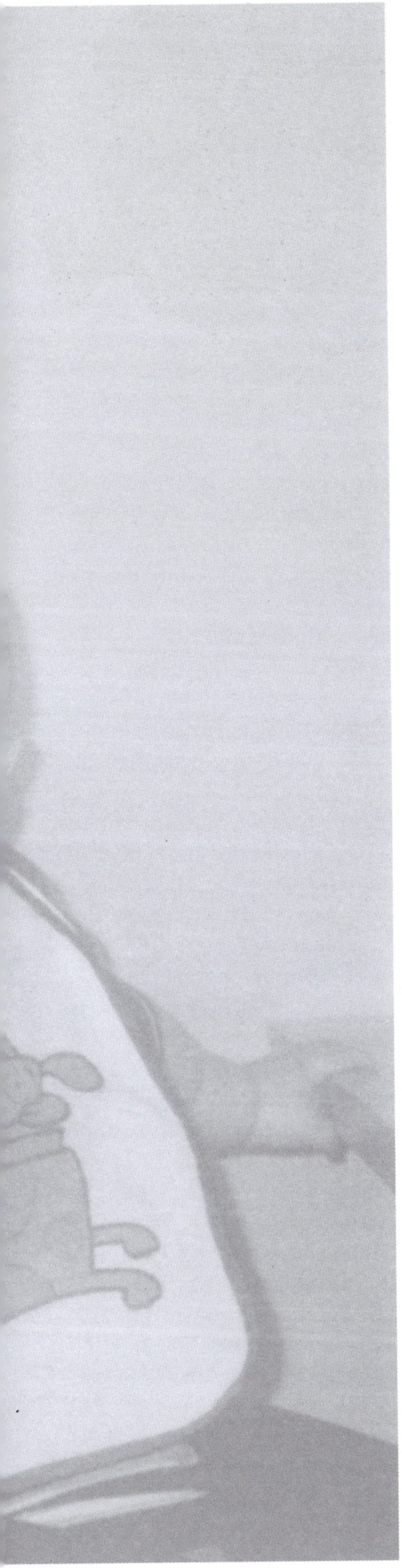

Kardeşlerarası İlişkiler ve Dünyaya Geliş Sırasının Önemi

Kardeşler birbirlerinin sorunlarını daha iyi anlayabilmekte ve kendi aralarında, ebeveynden daha etkili bir iletişim kurabilmektedir.

Yapılan gözlemlere göre çocuklar, ana-babalarının sözlerini, kardeşlerinin sözlerine kıyasla daha fazla dinlemekte ve kardeşlerine karşı, ana-babalarından daha olumsuz ve cezalandırıcı bir davranış sergilemektedir.

Ancak, toplumsallaşmaya katkıları bakımından, çocuğun kardeşiyle olan ilişkisinin, ana-babayla olandan daha etkili olduğu söylenebilir. Kardeşler birbirlerinin sorunlarını daha iyi anlayabilmekte ve kendi aralarında, ebeveynden daha etkili bir iletişim kurabilmektedir. Kardeşler kendi aralarında, arkadaş ilişkileri, zor bir öğretmenle başaçıkma, seks gibi konuları tartışabilmekle, toplumsallaşma sürecinde ebeveyne kıyasla daha etkili olmaktadır.

DÜNYAYA GELİŞ SIRASININ ÖNEMİ

İlk Çocuk

İlk çocuk, diğer kardeşleri dünyaya gelinceye kadar, ebeveynin ilgi ve sevgisini kimseyle paylaşmadan büyümüş olan tek kişidir. Kuşkusuz yenidoğan, ilk çocuğa kıyasla daha fazla ilgi ve emek ister. Bu da ilk çocuğun, bebeğin dünyaya gelmesiyle birlikte, geçmişe kıyasla daha az ilgi göreceği anlamına gelir.

Dünyaya geliş sırasıyla ilgili yapılan çalışmalar, ilk doğan çocukların, sonradan doğanlardan daha yüksek dil puanları elde ettiklerini ortaya koymuştur. Bunun nedeni, ilk doğan çocukların daha fazla yetişkin ilgisi görmesine bağlanmıştır. İlk çocuk, büyükler tarafından daha kolay kabul görür ve genelde liderlik rolü almaya heveslidir.

İlk çocuk, ailenin "örnek çocuğu" olarak görüldüğü için, başkalarının onayını alma ve kabul görme ihtiyacını fazlasıyla hisseder. Sosyal beklentilere daha kolay uyum sağlar.

Yapılan bazı araştırmalara göre, ikinci çocuğun doğumuyla birlikte annelerin ilk çocuklarına karşı daha zorlayıcı, engelleyici ve olumsuz oldukları, onlara daha az zaman ayırdıkları (yani oynadıkları) saptanmıştır.

Her ne kadar yenidoğan, büyük çocuğa oranla daha fazla ihtimama gereksinme duyuyorsa da, yaşam süreci boyunca ilk çocuk ile ebeveyn arasında dingin ve yoğun bir ilişkiye ihtiyaç vardır.

Ana-baba, ilk çocuklarıyla ilgili yüksek bir beklenti içindedir. Onlara, başarılı olmaları ve sorumluluk almaları için baskı yapar. Daha sonra doğan çocuklarına kıyasla ilk çocuklarının hareketlerine daha fazla müdahale eder.

Büyük çocuktan, hem kendini kontrol edebilmesi hem de kardeşleriyle olan ilişkilerinde sorumluluk bilinci içinde olması beklenir. Burada ebeveyn, küçük çocuğun yaptığı hatadan dolayı büyük çocuğu sorumlu tutabilir, hatta yeterince ilgilenmediği gerekçesiyle ondan hesap sorabilir. Büyük çocuğun kıskançlığı ya da hırçınlığı karşısında, küçük çocuk sıklıkla ebeveyn tarafından korunabilir. Ayrıca büyük çocuktan kardeşine öğretim konusunda da yardım beklenir.

Genellikle saldırganlık ve üstünlük kurma girişimleri, karşı cinsiyetteki kardeşlerden çok, aynı cinsiyetteki kardeşler arasında görülür.

İlk doğan çocuklar, daha çok yetişkin merkezli, yardımsever, uyumlu, endişeli, kendilerini kontrol edebilen ve kardeşlerine kıyasla daha az saldırgandır.

İlk çocuk, ebeveynin istekleri ve yüksek beklentileri sonucu, akademik ve mesleki alanda yüksek başarı sergilemekte ya da aynı baskı ve yüksek beklentiye bağlı olarak, bu gerginlikle başaçıkmakta zorlanarak çeşitli ruh sağlığı sorunları yaşayabilmektedir.

Ayrıca aileler, çıraklık dönemlerinde dünyaya gelen ilk çocukları karşısında deneyimsiz oldukları için, onları daha fazla kısıtlamakta, baskıcı davranmaktadır. Deneyimli dönemlerinde (kalfalık ve ustalık dönemlerinde) dünyaya gelen diğer çocuklara kıyasla, ilk çocuklarına, daha fazla ceza uygular. Bu da ilk çocuğun sıkıntı düzeyini yükseltir. İlk çocuk, yaşadığı ebeveyn tutumu ile aynı ana-babanın kardeşlerine olan farklı, gevşek tutumunun farkını gördüğünde, büyük bir kırıklığa uğrar. Örneğin kendisine çocukluk yıllarında yemeğin baskıyla yedirilmesine karşılık, kardeşinin bu konuda özgür bırakılması gibi çifte standarda tanık olması, ilk çocuğu mutsuz eder.

Tek Çocuk

Bağımlı, özdenetimden yoksun, benmerkezci davranış gibi istenmeyen karakteristik özellikler sergilediği için "şımartılmış çocuk" olarak da düşünülebilir. Ancak araştırmalar, tek çocukların da olumlu kişilik özellikleri gösterdiğini ve başarı merkezli bireyler olduğunu göstermektedir.

Tek çocuğun en önemli şanssızlığı, paylaşma ve yardımlaşma ortamında büyümemesinden kaynaklanmaktadır. Ancak çocuğun olumlu kalıtsal özelliklerinin yanı sıra, bilinçli, destekleyen ana-baba tutumu, bu olumsuzlukları ortadan kaldırabilir ve tek çocuk, "yetişkinler arasında büyüyen birey" olmaktan çıkarılabilir. Zenginleştirilmiş yakın çevre ortamında, arkadaş ilişkilerinin desteklenmesi sonucu koşullar olumlu hale dönüştürülerek, tek çocuk olmanın getirdiği şanssızlıklar ortadan kaldırılabilir.

Ortanca Çocuk

Kendisinden güçlü ve yetenekli büyük kardeşi ile ailenin sevgi ve ilgi odağı konumundaki küçük kardeşinin yarattığı ikili sorunlarla baş etmek zorundadır. Kendinden büyüğün yönetici tavırlarına boyun eğmekte ve kendinden küçük kardeşe teslim olmaktadır. Büyük kardeşiyle arasındaki farkı tüm çabasına karşın kapatamamakta, daha önce sahip olduğu ilgi ve sevgi tahtına yeniden oturamamaktadır. Bu nedenle hiçbir zaman ana-babasının tüm ilgisini çekemez. Bütün bu sorunlar, ortanca çocuğun başkaldırıcı, tepkici ya da ezik ve karamsar olmasına sebep olabilir.

Büyük çocuktan, hem kendini kontrol edebilmesi hem de kardeşiyle olan ilişkilerinde sorumluluk bilinci içinde olması beklenir.

? *Ailede tek çocuk olmanın çocuk üzerindeki olumsuz etkileri nelerdir? Tek çocuk yetiştirmek isteyen bir aile, bunu sağlıklı yapabilmek için nelere dikkat etmeli, çocuğa nasıl davranmalıdır?*

Öncelikle her ne kadar çocuğun "eğitimi ve gelişimi" açısından iki çocuklu ailede büyümenin psiko-pedagojik yararları yadsınamasa da, bazı haklı gerekçelerle tek çocuk yetiştirme zorunluluğu giderek yaygınlaşmaktadır. Sözgelimi ailenin ekonomik koşulları ikinci çocuğu, ilk çocuğun koşullarında büyütme ve eğitmeye yeterli olmayabilir ya da annenin sağlık koşulları yeni bir doğuma olanak tanımayabilir. Bu durumda tek çocukla yetinmek, kaçınılmaz bir zorunluluk halini alır. Ancak tek çocuk büyütmenin bilinen olumsuzlukları ortadan kaldırılır, çocuğa pedagojik hatalar yapılmazsa, sorun kalmaz.

Tek çocuklu aile ortamının en yaygın sorunu, koruyucu ana-baba yaklaşımı sonucu, egoist, paylaşımcı olmayan, sosyal gelişimi yetersiz bir çocuk yetişmiş olmasıdır. Pedagojik doğrular ışığında alınacak önlemlerle, pekâlâ bu olumsuz yaklaşım giderilebilir. Böylece çocuğun yardımsever ve paylaşımcı olarak yetişebilmesi ve sağlıklı bir sosyal gelişim gösterebilmesi için, gerekli ortam hazırlanabilir. Örneğin, çocuk parkından başlayarak, anaokulu, yüzme, spor okulu gibi birtakım etkinliklerle, arkadaş ilişkileri desteklenebilir. Bu şekilde çocuğun "yetişkinler arasında" izole olması engellenmiş, sosyalize olması desteklenmiş olur.

Otonomi, ancak çocuğa erken yaştan itibaren verilen fırsatlara bağlı olarak gelişir. Tek çocuklu ailelerde, aşırı hoşgörülü ve koruyucu yaklaşımın sonucu, çocuk yemek yeme, kendi yatağında yalnız başına yatma, oyuncaklarını toplama gibi ilk temel alışkanlıklarını kendi başına gerçekleştiremeyebilir. Erken gelişim yıllarından itibaren akranlarıyla oyun oynama fırsatı verilmemişse, ileri yaşlarda arkadaşları tarafından, oyun kurallarını bilemediği için dışlanabilir. Buna bağlı olarak okula uyum sorunu, okul fobisi ya da paralelinde çeşitli davranış sorunları yaşayabilir.

Önemli olan, bu tür olumsuz faktörleri göz önünde tutarak ebeveynin zamanında gerekli pedagojik önlemleri alabilmesidir.

? *Size göre küçük bir çocuğun kendine ait bir odası olması ne derece önemlidir? Ayrı cinsten iki çocuğun aynı odayı paylaşmasında bir sakınca var mıdır?*

Her çocuğun kendisine ait bir odasının olması ideal olanıdır. Yenidoğanın odasının, annenin hemen ulaşabileceği yakınlıkta bir yerde olması gerekir. Hatta zorunlu durumlarda, kısa bir süre için annenin odasını bile paylaşabilir.

Çocuğun kendi odasında yaşaması, "otonomi" ve "bağımsızlık" simgesidir. Böylelikle kendine yetmeyi öğrenecek, kendi yatağında uyuma alışkanlığı kazanacak ve oyunu bittikten sonra oyuncaklarını toplama fırsatı bulacaktır. Kendisine ait bir odanın olması, "özgüven"ini kazanması yolunda da önemli bir katkı sağlayacaktır. Özellikle çocuk, bu bağımsız odanın dekorasyonuna katılma izni verildiğinde daha da büyük keyif alır.

Kuşkusuz, her ailenin yaşadığı ev, her çocuğa ayrı bir oda temin edecek kadar geniş olmayabilir. Aynı odayı paylaşan çocuklar için, 'ranza', pratik ve heyecan verici olması açısından uygundur. 9-10 yaşlarına kadar ayrı cinsten çocukların aynı odada olmalarında bir sakınca yoktur. Önergenlik yıllarında odaların mutlaka ayrılması gerekir.

? ***"Küçük çocuk", konumu itibariyle ne tür zorluklar yaşar?***

Küçük çocuk, bilgi, beceri ve beden gücü bakımından yıllarca büyük kardeşlerinin hep gerisinde kalan, sürekli onlara yetişme çabası içinde olmasına rağmen başarı sağlayamayan bir kişi konumundadır. Ayrıca, doğumuyla birlikte ana-babanın büyük kardeşlere daha fazla sorumluluk yüklemesi ve daha az zaman ayırması sonucu, onların kendine karşı hırçın, zaman zaman da sert muamelesiyle karşılaşabilmektedir.

Küçük çocuk, ailenin son çocuğu olduğu için, "ilgi odağı" olmakta ve aşırı sevgi ve hoşgörü ortamında büyümektedir.

Bu ortam, bazı ailelerde, "çocuk merkezli" yaklaşımın sonucu olarak, olumsuzlukları da beraberinde getirmekte ve ailenin bu koruyucu yaklaşımı, çocuğun aşırı bağımlı bir birey olmasına sebep olabilmektedir. Bu tutum, çocuğun sosyal gelişimini olumsuz etkileyebilmekte, onda doyumsuzluğa neden olabilmektedir. Ana-babanın deneyimli dönemine rastlaması nedeniyle küçük çocuk, daha özgür ve otonom bir birey olarak yetişmenin rahatlığını hissederken, farklı tutumu gözlemleyen büyük kardeşlerinin yer yer şimşeklerini üzerine çekebilmektedir.

Ana-baba, çocuklarının her birinin "biricik"liğini vurgulayarak, onları kendi olarak kabul ettiği ve sevdiği, kendi kulvarlarında, kendi ilgi ve yeteneklerine uygun olarak gelişmelerine fırsat verdiği takdirde, bu olumsuz etkenleri en aza indirmek mümkün olur.

Kardeş Kıskançlığı ve Anlaşmazlığı

Kardeş kıskançlığının kaynağında, her çocuğun anne ve babasının özel sevgisine olan ihtiyacı bulunmaktadır.

"Her yeni bebek, aile karışımına yeni bir madde ekler. Bu da ana-babanın birbiriyle ve çocuklarıyla olan ilişkilerini etkiler."

Kıskançlık doğal bir duygudur ve sevilen kişinin başkasıyla paylaşılamamasından kaynaklanmaktadır. Kardeş kıskançlığının kaynağında, her çocuğun anne ve babasının özel sevgisine olan ihtiyacı bulunmaktadır. Daha önce de söz edildiği gibi, yenidoğanın anneye olan fizyolojik bağımlılığı nedeniyle, büyük çocuğa nicel olarak ayrılan zaman dilimi, zorunlu olarak azalır. Anneyle yapılmakta olan ortak etkinlik ve oyun birlikteliği azalır.

Bu yaklaşım, bebeğe karşı kızgınlık, kırgınlık gibi duyguların geliştirilmesine ya da bu tür duyguların ana-babaya yöneltilmesine yol açabilir. Çocuk kendini terk edilmiş, güvensiz ve desteksiz hissetmeye başlar. Kaybettiği ilgiyi geri kazanmak için bebekleşme ve gerileme davranışı gösterebilir (emekleme, kardeşi gibi biberonla süt içme gibi).

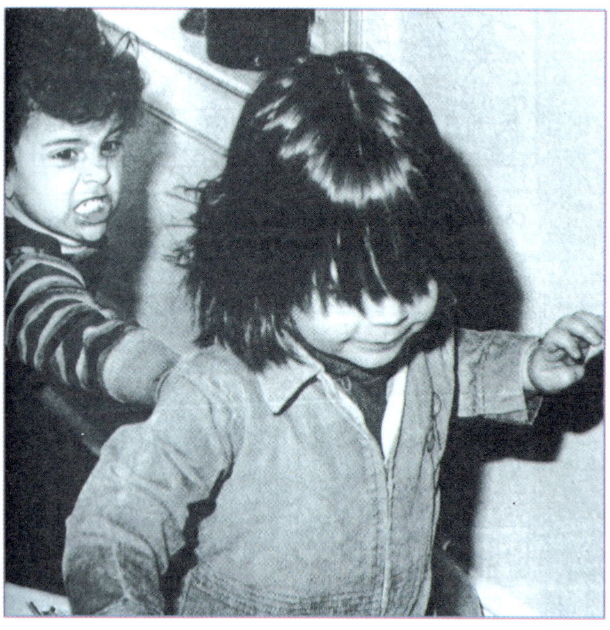

Çocuğun kaybettiğini düşündüğü statü, ilgi ve sevgiden kaynaklanan bu "fırtına", onu oldukça sarsar. Önemli olan, kardeşi hakkındaki duygularını ifade edebilmesine fırsat verilebilmesidir. Ana-baba, çocuğun kardeşi hakkındaki olumsuz duygularını reddetmek yerine, bunları tanıyıp kabul etmeli, bu duyguların yıkıcı ve kırıcı olmayan bir şekilde açığa çıkmasını sağlamalıdır. İşte bu nedenle dramatik oyun veya resim faaliyetinin önemi büyüktür.

Oyunda çocuk, gerçek hayatta yapamadıklarını gerçekleştirme olanağı bulur. Sözgelimi kardeşi rolündeki bebeği boğar veya geri gelmemek üzere seyahate götürür. Yaptığı bir aile resminde, kardeşini bir başka dağın eteğinde resmedebilir. Bütün bunlar, gerçek dünyada yapılamayanların fantezilerle ifade edilebilmesi, duyguların bu yolla açıklanabilmesidir.

Ana-baba, daha kardeş dünyaya gelmeden büyük çocuğu hazırlamalı, doğum sonrası bebeğin büyüyebilmesi için onun bazı işlerini (beslenme, giyim, oyun gibi) kontrollü olarak çocuğa yaptırmalıdır. Ancak, çocuğu yeni bir kardeşin gelişine hazırlarken, onunla oynayabilecek bir kardeşinin olacağını söylemek, her zaman kıskançlığı gidermez, aksine körükleyebilir.

Küçük bir çocuk, bu olayın hayatına getireceği değişiklikleri algılayacak kadar deneyimli ve olgunlaşmış değildir.

Çocuğun ana-babadan beklediği, ona özel oldu-

Sevilen kişinin başkasıyla paylaşılamamasından kaynaklanan doğal bir duygu olan kıskançlık, büyük çocuğa ayrılan zaman diliminin, zorunlu olarak azalmasıyla görülür. Bu da, bebeğe karşı kızgınlık, kırgınlık gibi duyguların geliştirilmesine yol açabilir.

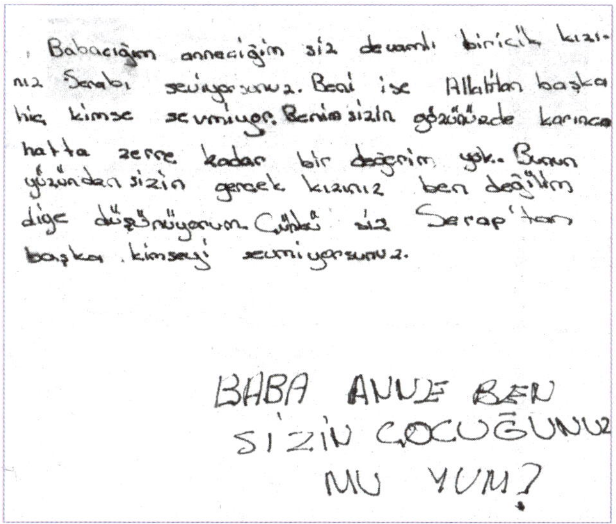
Babacığım anneciğim siz devamlı biricik kızınız Serabı seviyorsunuz. Beni ise Allahtan başka hiç kimse sevmiyor. Benim sizin gözünüzde karınca hatta zerre kadar bir değerim yok. Bunun yüzünden sizin gerçek kızınız ben değilim diye düşünüyorum. Çünkü siz Serap'tan başka kimseyi sevmiyorsunuz.

BABA ANNE BEN SİZİN ÇOCUĞUNUZ MU YUM?

Kardeş kıskançlığının kaynağında, çocuğun statü kaybetme, anne-babası tarafından daha az ilgi ve sevgi görme kaygısı yer almaktadır. Yukarıdaki örnekte, çocuğun yaşadığı bu duygu, açık bir şekilde vurgulanmaktadır.

ğunu hissettirecek yaklaşımdır. Onlar, eşit sevgiden çok, bağımsız ilgi ve özel olarak sevilme özlemi içindedir. "En çok kimi seviyorsun?" sorusuna verilecek en güzel cevap, "Her biriniz benim için özelsiniz. Sen benim biricik Ayşem'sin. Dünya yüzünde benzerin olan başka bir kişi yok. Kızım olduğun için çok memnunum," şeklinde, 'çocuğun biricikliğini' vurgulayan bir yaklaşım içinde olmalıdır.

Bu sözlerin uygulamaya dönüştürülmesi, anababadan her birinin, her çocuğa ayrı zaman ayırması ve birlikte bireysel etkinlikte bulunmasıyla olur. Doğan bebeğe rağmen, annesinin kendisini alışverişe, tiyatroya, çocuk bahçesine; babasının lunaparka, maça, balık tutmaya götürdüğünü gören çocuk, önemsendiğini düşünür ve özgüveni güçlenir. Buna bağlı olarak da kıskançlık belirtileri azalmaya başlar.

Kısaca, çocuğunuz birden fazlaysa, her çocuk için ayrı zaman ayırmanız çok önemlidir, ancak bu zamanı eşit olarak bölmek yerine, çocuğun gereksinimine göre ayırmanız doğru olacaktır.

Kardeş kıskançlığına birkaç örnek vaka:

3 yaşındaki çocuk, 16 aylık kardeşini aşağılamak amacıyla, *"Tuvaletim geldi,"* yerine kardeşinin adını kullanarak *"Emin'im geldi,"* diyordu.

6-7 yaşındaki çocuk, annesinin hamileliği yeni olmasına ve henüz ortada kardeşi olmamasına rağmen gelecekte yaşanacakları senaryolaştırıyordu:

"Kardeşimin olmasından dolayı sevinmiyorum. Çünkü geceleri ağlıyor. Hiç uyuyamıyorum. Annem kalkıyor onu uyutuyor. Ben de böyle sabaha kadar gözlerim açık duruyorum."

11 yaşındaki bir erkek çocuk 6 yaşındaki erkek kardeşi için, *"Kardeşim tam bir baş belası. Bence Allah, bana yeryüzünde cehennemi yaşatmak için onu bana verdi,"* sözleriyle mutsuzluğunu dile getiriyordu.

5 yıl 3 aylık bir erkek çocuk, kıskandığı 10 aylık kardeşini, annesi olarak resmettiği sağdaki figürün karnında göstermekle, onunla ilgili kıskançlık duygularını yansıtmaktadır.

? Çocuklar arasındaki tartışmada hakemliğimiz nasıl olmalı? Kardeş kavgalarını nasıl önleyebiliriz?

Kıskançlık belirtileri, ana-babaya dönük bir protesto niteliği taşıdığından, ana-babanın öncelikli görevi, kardeş ilişkilerinde araya girmemek, aile kuralları bozulmadıkça kardeşler arasındaki anlaşmazlıklara karışmamaktır. Çünkü bilinmelidir ki ana-baba "taraf" olduğu sürece, yangına benzin dökmektedir. Özellikle, "Sen büyüksün dur,", "Sen küçüksün geç," yaklaşımı, mevcut durumu daha da gergin hale getirecektir. Ortam gerginleştiğinde, her iki çocuğun anlattıkları dikkatle dinlenmeli, problem hiçbir yorumda bulunmadan tarif edilmeli ve çocukların uygun olan bir çözüm geliştirme becerilerine olan güven dile getirilerek ortam terk edilmelidir.

Bunun dışında çocukları kıyaslamak yerine, onların bireysel başarıları teşvik edilmelidir. Çocukları aynı etkinliklere yöneltmek yerine, onlara katılabilecekleri farklı etkinlik seçenekleri sunulmalıdır.

Birinin folklora, diğerinin baskete gitmesi şeklinde, sevdikleri ve bireyselliklerini geliştirebilecekleri faaliyetlerde bulunmalarına olanak sağlanmalıdır.

? Çocuklar arasında, olabilecek en ideal yaş farkı nedir?

Kendisini anneliğe hazır hisseden her kadın, 'ne zaman isterse' çocuk sahibi olabilir. Ancak, bilinen şudur ki, çok genç ve çok yaşlı annelerde, daha fazla problem yaşanmaktadır; on sekiz ve otuz yaşlar arası ise bebek sahibi olmak için ideal biyolojik yaşlardır.

Kardeşler arasındaki ideal yaş aralığına gelince; bu, ebeveynin kendisi için neyin ideal olduğu hakkındaki düşüncelerine bağlıdır.

Bir anne, aralarında sadece bir veya iki yaş olan iki çok küçük çocukla baş edebilirken; bir diğer anne ilk çocuğa kendini adamakıllı verebilmek isteyebilir ve dolayısıyla ikinci için en az beş yıla ihtiyaç duyabilir. Az yaş farkı, iki kardeş için eğlenceli olmanın yanında, kıskançlık olması olasılığını da azaltır. Ancak, bu durumda bebek doğduğunda büyük kardeşin bakım ihtiyacı hâlâ sürmektedir. Aralarında iki veya daha az yaş farkı olan kardeşler, hemen hemen aynı büyüme evrelerinden geçerler. Buna karşılık kardeşler arasında 3-5 yıllık yaş farkının belirgin avantajları bulunmaktadır. Büyük çocuğun artık geceleri uyanma dönemleri sona ermiş, tuvalet eğitimini tamamlamış, ev dışında ve anaokulunda kendine yeni bir sosyal çevre edinmiştir. 3-5 yaş çocuğu, kardeşini kıskanabilir, fakat duygularını daha kolay anlatabilir ve ailede meydana gelen değişikliği daha iyi anlayabilir. Bu anlamda, kardeşler arasında 3-5 yaş farkının ideal olduğu kabul edilmektedir. Yaşla birlikte doğurganlığın ve annenin enerjisinin azaldığı göz ardı edilmemeli, sağlık koşulları elverdiği takdirde, düşünülüyorsa ikinci çocuk için çok uzun süre ara verilmemelidir.

Birinci çocuğun bazı özellikleri nedeniyle zor büyütülmüş olması ya da araya uzun zaman diliminin girmiş olması, zaman zaman anneleri rehavete sürükleyebilir. Oysa, aileye yeni katılacak olan çocuk kendi farklı özellikleriyle gelecek ve aile ortamını bir manada yenileyecektir.

Çocuklarınızı Kıyaslamak Yerine Onları, Kendi Aralarında İşbirliği Yapmaya Özendirin

Her çocuk, kendi güçlü ve zayıf yönleriyle bir bireydir ve kişisel yetenekleri, özellikleri ve başarılarına göre değer görmelidir.

Kardeşlerarası rekabet ve kıskançlık, gerçekte her ailede görülür. Çünkü çocuklar, ana-babalarının zamanını, ilgisini, sevgisini ve parasını paylaşmak zorundadır.

Kıskançlığın etkileri, daha önce de belirtildiği gibi, çok yıpratıcı olabilir. Ancak hiçbir çocuk, herhangi bir kardeşini kıskandığını kabullenmekten hoşlanmaz. Kardeş rekabeti, çocuklar arasında sözlü ve fiziksel saldırganlık ve çatışmayla su yüzüne çıkabilir.

Okula başlama, kardeşlerarası rekabet için olası bir alevlenme noktası oluşturabilir. Özellikle de okula başlayan küçük çocuk açısından bakıldığında, aynı okula giden bir büyük kardeşinin olması, onun için güven verici olmasına karşın, bu aynı zamanda kendisinin, büyük kardeşinin önceki davranış ve başarılarına göre değerlendirilebileceği anlamına gelir. Örneğin, büyük çocuk çok zeki olup olağanüstü akademik başarılar elde etmişse, o zaman küçük çocuğun başarı düzeyi, öğretmenleri ve büyük bir olasılıkla akraba ve arkadaşlarınız tarafından büyük çocukla karşılaştırılacaktır. Bu tür bir yaklaşım, haksızca olması bir yana, çok da yıpratıcıdır.

Büyük kardeşle yapılan karşılaştırmalar, hiçbir olumlu amaca hizmet etmez. Kıyaslama aleyhte olursa (örneğin, "Ağabeyin senin yaşındayken daha hızlı okuyabiliyordu."), bu, küçük çocuğun ağabeyine ters düşmesine neden olur, benlik saygısını ve okula karşı hevesini azaltır. Öte yandan kıyaslama olumlu yönde olursa (örneğin, "Ağabeyinin yapabileceğinden çok daha fazla öğreniyorsun."), bu kez büyük çocuğa kötü biçimde kusur bulunmuş, gölge düşürülmüş olacak ve kardeşlerarası rekabet duyguları yoğunlaşacaktır.

Bu nedenle hiçbir yapıcı yönü olmayan karşılaştırmalar yapmaktan kaçınmak için özel bir çaba harcayın.

Çocuğunuzun, büyük kardeşinin gölgesinde kalmasına engel olmanın diğer bir yolu da, büyük çocuğun yeteneklerindeki farklılıkları ve başarılarını olumlu yönde değerlendirmektir. Örneğin, yetenekli bir okur olan büyük çocuk, okumayı yeni öğrenen kardeşine yardımcı olabilir.

Böyle birlikte çalışmak, küçük çocuğun hevesini artırır ve büyük kardeşinin, yardımcı olabildiğini ve önemli olduğunu anlamasını sağlar. Bu şekilde, her iki çocuk birbirleriyle işbirliği yapmaya özendirilir.

Bunun yanı sıra, küçük çocuğun güçlü yanlarını, kişisel yetenek ve başarılarını vurgulayın. Ağabey veya ablasından farklı bir etkinlikte bulunmasına özendirin. Örneğin ablası folklor kursuna gidiyorsa, ona gitar dersi aldırmak gibi.

Ana-baba olarak rekabeti artırmamak ve kıskançlığı pekiştirmemek için kardeşleri birbiriyle kıyaslamak yerine aralarındaki işbirliğini artırmak ana göreviniz olmalıdır. Her çocuğun zayıf ve güçlü yönleriyle bir birey olduğu, kişisel yetenek, özellik ve başarılarına göre değer görmeleri gerektiğini aklınızdan çıkarmayın.

Annenin Çocuğun Yaşamındaki Yeri

Bebek için anne, dünyanın tamamıdır. Bu ilişkiden doğan güven duygusu, çocuğun gelecekte kuracağı bireylerarası ilişkilerin temelini oluşturur.

Anne-çocuk ilişkisindeki süreklilik, tutarlılık, aynılık, çocukta temel güven duygusunun özünü oluşturur. Bebeklik çağında elde edilen güven duygusunun niceliği, bebeğe verilen besinlerin ya da yapılan sevgi gösterilerinin niceliğine değil, daha çok anne-çocuk ilişkisinin niteliğine bağlıdır. Yaşamın ilk yılında çocukla kurulan duygusal iletişim, çocukta güven ya da güvensizlik duygularının oluşumuna neden olur. Bu dönemde bebeğin psiko-sosyal görevi, güvenmeyi öğrenmektir. Bebek ile annesi arasındaki ilişkiden doğan güven duygusu, çocuğun gelecekte kuracağı bireylerarası ilişkilerinin temelini oluşturur.

Bebek için anne dünyanın tamamıdır. Anne gülümsedikçe bebek de gülümser ve karşılıklı sıcak bir ilişki başlar. İşte bu karşılıklı olumlu ilişki, güvenin temelini oluşturur. Bebekte bu duyguyu doyurmayan anneler, kendine güveni olmayan kişilerin yetişmesine ortam hazırlar.

Kısaca, anne, bebeğin davranışlarına duyarlıysa, bebek anneye güvenle bağlanmakta, bebeğin etkileşime girme isteklerini reddediyorsa, bebek bu güven duygusundan yoksun kalmaktadır.

Dört farklı anne yaklaşımından söz edilebilir;

1. *Duyarlı anne,* bebekten gelen işaretlere ve iletişim simgelerine olumlu tepki verir. Sağlıklı bir etkileşim ortamını hazırlar. Buna karşılık duyarsız anne, son derece keyfi bir yaklaşımla ilişkiye katılır. Kendi arzuları ön plandadır. Ruh hali ilişkiye yön verir.

2. *Kabul eden anne,* çocuğuna bakma ve ihtiyaçlarını karşılama sorumluluğunu genellikle üstlenir. Ara sıra sinirlilik belirtileri gösterir. Buna karşılık reddeden anne, çocuğa karşı sevgi ve şefkatini gölgede bırakan öfke ve içerleme duyguları ile doludur. Çoğunlukla çocuğa sinirlenir ve ceza ile bir denetim sağlamaya çalışır. Çocuğunu kucağına almaz, okşamaz. Çocukla tensel temas kurmaz, onunla bir bakıcının ilgilenmesini sağlayarak, kendi yaşantısını sürdürür.

Sekiz aylık bebeğini isteksiz bir şekilde kucağına alan anne, onun bu isteksizliğine karşı, bebekte de elleri ve ayaklarıyla irkilme tepkisi gördüğünü söylüyordu. Böyle bir ortamda büyüyen çocuk, anne sevgisi ve korunma ihtiyaçlarının karşılanamamasından doğan bir duygusal açlık içindedir.

3. *İşbirliği eğilimli anne,* çocuğun özerkliğine saygı duyar. Nadiren onun üzerinde doğrudan bir denetim kurmaya çalışır. Buna karşılık mücadeleci anne, çocuğun o andaki ruh halini veya etkinliğini yeterince dikkate almadan, kendi arzularını ona zorla benimsetmeye çalışır.

Annenin isteklerinin aşırılığı karşısında başarısızlığa uğrayan çocuk, bir yandan kendi gözünde de değersizleşirken, öte yandan cesareti kırıldığı için, başarı için çaba göstermez.

Yine bu gruptaki bazı annelerin aşırı koruyucu tavrı, çocuğun kendi kendini yöneten, özerk bir birey olmasını engeller. Murathan Mungan, *Yüksek Topuklar* isimli kitabında (2002), bu gruba giren anneleri şöyle betimler: "Umumi yerlerde çocuklarına gösterdikleri ilgide her zamankinden fazla bir şey vardır. Hem çevreye ne kadar iyi bir anne olduklarını gösterme fırsatını kullanmak isterler hem de bulundukları yeri yalnızca kendi egolarıyla işgal etmeye uğraşırlar. Çocuklarına ilişkin her şey; yemek yemeleri, uyumaları, çiş yapmaları abartılı bir seremoniye, çirkin bir teşhirciliğe dönüşür."

4. *Erişilebilir-ulaşılabilir anne,* çocuğun iletişim girişimlerini tanır ve belli uzaklıktan da bunları fark eder; dolayısıyla dikkati kolaylıkla çocuğa çevrilir. İlgisiz, kayıtsız anne ise kendi etkinlikleri ve düşünceleriyle fazlasıyla meşgul olduğundan, çocuğun iletişim girişimlerini çoğunlukla fark etmez.

Annenin mutluluğu ve ruh sağlığı, çocuk yetiştirmedeki etkinliği açısından da özel bir önem taşır.

İlgili anne, sadece çocuğu doğrultusunda yaşamak yerine, kendisi için yeni şeyler öğrenmekle ilgilenip, kendisi için de bir şeyler yapıyorsa, çocuk da kendi adımlarıyla gelişip öğrenmeyi başaracaktır. Kendi ilgilerini geliştirmeye devam eden anneler, çocuklarında da benzer girişimi destekler.

Annenin kişisel yaşamı iyi gittiğinde, çocuğuyla çok daha iyi bir ilişki içine girer. Sözgelimi, mesleğini icra etmenin mutluluğunu yaşayan ve eşiyle iyi ilişkiler içinde olan bir annenin, çocuğuna karşı tutumu olumludur. Buna karşılık, anne bir şeylerden endişe duyduğunda, çocuğun hareketleri daha fazla canını sıkacaktır.

Ev işleri dışında başka hiçbir uğraşı olmayan ya da eşiyle mutsuz bir birliktelik içerisinde olan bir annenin çocuğuna karşı tavrı olumsuz olabilir. Böyle bir durumda yaşanan bir problem, çocuğun davranışından çok, annenin ruh haline bağlı olabilir.

Babanın "dolaylı görevlerinden biri" de sıcak anne-çocuk ilişkisinin zeminini hazırlayabilmektir. Yapılan bazı araştırmalara göre, böyle bir ilişkinin gerisinde, "destekleyen baba" faktörünün olduğu görülmektedir.

Eğer baba, sorumluluklarının bilincinde bir bireyse, bu durum annenin rahatlamasına ve çocuğuyla sıcak ilişkiler geliştirmesine sebep olur.

Sonuç olarak, mutlu ve doyumlu çocuklar yetiştirebilmek için, öncelikle annenin mutlu ve doyumlu bir birey olması gerekir.

"Anneliğe hazırlık", özel önem taşır. Anneliğe hazır olan birey, çocuğuyla bütünleşir, onunla tensel temas içindedir. Onun, anne sütünden dolu dolu yaralanmasına olanak verir. Buna bağlı olarak çocuğu için "yeterli duygusal besi"yi ona aktarabilir. Böyle sıcak ve sevecen bir çevrede de, istenen "sağlıklı etkileşim ortamı" kendiliğinden oluşur.

? ***Çalışan anne mutlaka yetersiz anne midir? Çalışan anneler, bebeğin ilk iki yılında ve daha sonra ne yapabilir? Çalışan annelere çocuklarını sağlıklı yetiştirebilmeleri için neler önerirsiniz?***

Yeni doğan bebeğin anneyle 0-1,5 yaş arasında yaşayacağı "güvenli bağlılık", sonradan gelecek gelişim evrelerini etkiler. Örneğin, ilk 1,5 yıl içerisinde yaşanamayan sıcak anne-çocuk ilişkisi, ardından yaşanması beklenen "tam bağımsızlığı" olumsuz etkiler. Bu anlamda, erken gelişim dönemindeki anne-çocuk arasındaki fiziki yakınlık ve sıcak birliktelik, çocuğun gelecekteki kişilik özellikleri ve tutumları üzerinde rol oynadığı gibi, gelişim hız ve özelliklerinde de önemli rol oynar. Bütün bunlara rağmen, "çalışmayan ve çocuğunu ayak bağı gibi gören" anneye kıyasla, "çalışan, fakat zamanını doğru ve kaliteli kullanan" anneyi tercih etmekteyim.

Diplomasının karşılığını alan ve ekonomik bağımsızlığı olan anne, suçluluk duygusuyla çocuğu şımartmadığı takdirde, ideal annedir. Yeter ki geri kalan zamanını çocuk merkezli geçirmiş olsun (hafta sonu birlikte tiyatro, sinema, konser programı yapmak şeklinde) ve mutfakta yemeğini yaparken bile çocuğuyla olan birlikteliğini sürdürsün.

Bu nedenle çalışan annenin, zamanını doğru kullandığı takdirde yetersizliği söz konusu değildir. Önemli olan "çok zaman"ın değil, "kaliteli zaman"ın birlikte geçirilmesidir.

Kurum yaşı olarak kabul edebildiğimiz 3 yaşından önce, büyükanne denetiminde bir bakıcı, çocuğun bu dönemindeki gelişiminde yardımcı olabilir. Anne, 2,5 yaşından itibaren çocuğu haftada bir veya iki gün bir anaokulunun oyun grubuna, kendisi de kurumda kalmak koşuluyla iki saatlik bir süre için götürebilir. Bunu 3 yaşından itibaren yarım günlük kurumda okulöncesi eğitim izleyebilir. Ardından okul çağına kadar izlenecek tam günlük "okulöncesi eğitim" programı, çocuğu okula hazırlar.

Babanın Çocuğun Yaşamındaki Yeri

Bir sevgi nesnesi ve özdeşim modeli olan baba, çocuğu anne bağımlılığından koparıp onun "dünyaya açılma"sını sağlayan, sosyal gelişiminde ve özgüveninin sağlanmasında etkili olan kişidir.

Babalar da kuşkusuz tüm ilgi ve dikkatlerini bebeklere verir, sürekli onlarla meşgul olur ve çok güçlü sevgi ve şefkat bağları geliştirirler. Babanın bebeğe bağlanması, anneye özgü bağlılıktan o kadar da farklı değildir. Bununla birlikte, babaya özgü bağlılık, annelerin bağlılığından çoğu kez daha düşük bir yoğunlukta gibidir. Baba, hem eşine hem de çocuğuna karşı koruyucu bir yaklaşım içerisinde olmasına karşın, çocuğun beslenme, bakım sorumluluğunu anneden daha az üstlenir.

Baba, bebeğin erken duygusal ve sosyal gelişiminde önemli bir rol oynar. Baba, bebeğiyle süre olarak daha az zaman geçirse bile burada önemli olan, annede olduğu gibi, geçirilen sürenin ne kadar olduğundan çok, sürenin nasıl geçirildiğidir. Etkileşimin kalitesi süreden daha önemlidir.

Annelerin bebekle ilgili olarak besleme, yıkama, giydirme ve onunla konuşma şeklindeki faaliyetlerine karşılık, babaların özellikle oğullarını sallama, havaya fırlatma şeklindeki oyun etkinliklerine daha eğilimli oldukları görülür.

Her şey iyi gittiğinde, babalar çocuklarına karşı son derece duyarlı ve tepki vericidirler. Ancak bebek ağlamaya başladığında, "kod"u çözüp mesajı alan, ağlama nedenini belirleyen kişi, baba değil, annedir. Bebek, stres durumlarında, babadan çok anneyi tercih etmektedir. Bütün bunların yanında baba, çocuğu, yoğun yaşanan anne-çocuk bağlılığından koparıp onun "dış dünyaya açılmasını" sağlayan kişidir.

Yenidoğan için anne, dünyanın tamamı, kendi bedeninin uzantısıdır. Çocuk babayı kendinden farklı olarak algılar, anne ise daha çok kendisine benzeyendir. Baba, çocuk için hem bir sevgi nesne-

Özellikle erkek çocuk için baba, sadece kişilik gelişiminde etkisi olan bir özdeşim modeli olmakla kalmaz, aynı zamanda onun cinsel kimlik gelişiminde de önemli rol oynar.

si hem de örnek alınacak kişidir. Babayla yaşanan ilişki, ileriki yıllarda, erkek ve kız çocukların cinsel kimliklerine karşı olumlu bir tutum kazanmalarında önemli bir etkendir.

Babanın işlevlerine bakıldığında, dolaylı ve doğrudan olmak üzere, iki temel rolünden söz etmek mümkündür: Michael Lamb'e göre; "Annenin yaptıklarını takdir etmesi, bu hususta ona destek olması, annenin çocuğa rehber olması için onun işini kolaylaştırması ve fırsat vermesi halinde baba, çocuğun gelişimi üzerinde dolaylı olarak etkide bulunmaktadır. Yine Lamb'e göre; Bazılarında baba bir arkadaş, çocukla bir şeyler yapan, onunla oyunlar oynayan, ona bir şeyler öğreten, dikkat eden, çocuğun okul çalışmalarında ona yol gösteren, okul ödevlerine yardım eden, ahlaki yönelişini biçimlendiren, standartları gösteren, çocuğu eğiten, çocuğun kendisine bir model olarak alıp taklit edebileceği bir yoldaştır. Tüm bu yollarla baba, çocuğun gelişimi üzerinde doğrudan bir rol oynamaktadır (Lamb, 2001).

Baba, ailenin toplumla ilişkilerini kuran önemli bir köprü konumundadır. Bu işleviyle o, çocuğun "sosyal gelişiminde" ve "özgüvenin" kazanılmasında, önemli bir etkiye sahiptir.

Bir yandan kişiliğini geliştirmekte olan çocuk, özdeşim modeli olarak aldığı babasını taklit ederken; öte yandan erkek çocuk için "cinsel kimlik" gelişiminde babanın rolü farklı bir önem taşımaktadır. Babalarıyla yeterince birlikte olamayan, dolayısıyla "özdeşleşme" sürecini yeterince yaşayamayan çocukların "cinsel kimlik" geliştirirken baba modelinden mahrum büyümeleri, bu konuda olumsuz bir etken olarak dikkatimizi çeker. Böyle durumlarda, nadiren erkek çocuğun "özdeşim modeli" olarak anneyi almasından dolayı "cinsel kimlik sapması" yaşadığı, kendisini anneyle özdeşleştirerek, zaman zaman annesinin makyaj malzemesini kullandığı ve onun davranışlarını taklit ettiğini gösteren örneklerimiz bulunmaktadır. Ayrıca baba, ailede "güven supabı" olarak değerlendirildiğinden, yokluğu durumunda çocukta, bazı korkulara, güvensizlik belirtilerine ve sosyal gelişimde gecikmelere rastlanabilir.

Spelke ve arkadaşları (1973'te), en güvenli çocukların, babalarıyla en çok ilişki kuran çocuklar olduğunu saptamıştır (Yalın, 1979).

Okulunda uyumsuz davranışlarıyla dikkatleri çeken 12 yaşındaki bir erkek çocuk, babasıyla olan iletişim kopukluğu ve yaşadığı olumsuzluğu şu cümlelerle dile getirmektedir: *"Unutamadığım üzücü olay babamın, öğretmenlerimin her şikâyetinden sonra bana, 'Seni hastanelik edecek kadar döverim,' diye tehdit etmesiydi. Keşke anne ve babam ayrı olsa; ana-babası ayrı olan çocuklar daha rahatlar. Şu dünyaya, keşke ... isimli arkadaşımın yerinde gelseydim. Onun ana-babası ona çok iyi davranıyor."*

Babanın rolü, "döllenme" ve hamileliğin başlangıcıyla birlikte başlar. Destekleyen eşin sağladığı rahat ortamla, kolay ve sorunsuz doğum arasında olumlu bir ilişki bulunmuştur. Bazı araştırmalarda, destekleyen baba faktörü "sıcak anne-çocuk" ilişkisinin sebebi olarak görülmüştür. Ayrıca, erken gelişim yıllarından itibaren çocuklarıyla "tensel temas" içerisinde olan, onları kucaklayan babaların, çocuklarının ilerideki okul başarılarını olumlu etkiledikleri saptanmıştır.

Emre Kongar, "Babanın çocuğun yaşamındaki yeri" konusunu, öğretici örnekler, sıcak ve akıcı bir anlatımla *Kızlarıma Mektuplar* adlı kitabında işlemiştir. Babalar için bir başucu kitabı niteliğinde hazırlanmış olan bu eserinde Prof. Kongar, duygularını, "Sonsuzlukta birey olarak bir hiç, ama sizlerin babası olarak bir evren kadar zengin olan babanız," cümlesiyle dile getirmektedir (Kongar, 2001).

? İlgisiz babayla çocuklarımı nasıl yetiştirebilirim?

Ülkemizde "çocuğu büyütme görev ve sorumluluğu", hâlâ pek çok ailede babalar tarafından annelere bırakılmış bir görev şeklinde düşünülmektedir.

Evlilik kararı alan çift, gelecekte birlikteliklerini sürdürmek üzere, yaşam dilimini birlikte paylaşmayı hedeflemektedir. Ama çocuk sahibi olmak, çocuğun eğitimini, gelişimini, geleceğini planlamak ve sorumluluğu paylaşmak anlamını taşır. Bu nedenle çocuk sahibi olurken özellikle babaların bu bilinçle hareket etmeleri gerekmektedir. Babalar, kendileriyle birlikte kitapçı dükkânına, sinemaya, müzeye, maça, konsere, tiyatroya, balık tutmaya gitmeyi büyük bir istekle bekleyen çocuklarının olduğunu bilmelidirler. Dünyayı keşfetme, tanıma, ve öğrenme için zorunlu olan bu birliktelikler, çocuğun bilgilenmesinin yanı sıra, kimlik gelişimi, benlik saygısı ve sosyalleşmesi için de büyük bir önem taşır.

Yukarıdaki soru, ülkemizde 27 ilde gerçekleştirdiğimiz "Ana-Baba Okulları"nda, 23 yıldan beri en çok sorulmakta olan soru özelliğini taşımaktadır. Ne yazık ki babaları bilinçlendirmek ve uyarmaktan başka bir çaremiz yoktur. Aksi halde çocuk, eksik ailedeki olumsuzluklarla karşı karşıya kalacaktır.

Bütün bunların dışında, özellikle erkek çocuklar için babanın yokluğu ve ilgisizliği, bazı durumlarda çocuğun "anneyi özdeşim modeli alarak" taklit etmesine, dolayısıyla onda cinsel kimlik sapmasına bile sebep olabilir.

? Güneydoğu Anadolu'daki bazı illerin toplumsal bir kuralı olarak kız çocukları ile baba arasında herhangi bir diyalog ya da sevecen yaklaşım olmuyor. Babaların bu davranışını nasıl değiştirebiliriz?

Anadolu'da gerçekleştirdiğimiz "Ana-Baba Okulu" etkinliklerinde, o temiz ve dürüst Anadolu insanımızın, ne yazık ki bazı "çok katı" örf ve âdet kısıtlamalarıyla zorlandığını gözlemledim. Sözgelimi, "çocuğun hastalanması karşısında, saygı gereği, büyükbabanın yanında doktor çağıramayan, bunu yapması için diğer akrabalara mesaj veren baba" örneklerini dinledim. Kuşkusuz saygı adına, örf ve âdete bağlılık adına oluşturulan "kalıpların" giderek dışına çıkıldığı görülmektedir.

Sorudaki babanın mesafeli, resmi duruşu da bu tür geleneklerin bir parçasıdır. Bunun da yegâne çözümü, kanımca EĞİTİM ve BİLİNÇLENME'dir. Ülkemizde anne, sadece kırsal kesimde değil, kentte de çocuk yetiştirme konusunda yalnız bırakılmaktadır.

Babayı bu konuda okumaya teşvik ederseniz, kızıyla arasında oluşturduğu yapay buzların gerisinde "toplum baskısı"nın bulunduğunu görmesine, bunun da ne kadar anlamsız olduğunu anlamasına yardımcı olursunuz.

? Çocuğun örnek aldığı kişi sadece babası. O da kötü örnek ve ayrıca kötü örnek olduğuna da inanmıyor. Bu durumda ne yapmalıyım?

Bir uzman psikiyatristten profesyonel yardım almak durumundasınız.

? ***İşlerimin yoğunluğu sebebiyle şu yıllarda çocuğuma zaman ayıramıyorum. Ama gelecek yıllarda, işlerim düzeldikten sonra daha çok zaman ayıracağım. Bunun bir sakıncası var mı?***

Bu, çok sık karşılaştığım sorulardan biri. Çocuğun size en çok ihtiyacı olan dönem, okulöncesi yıllarıdır. Bu dönemde, çocuk babasıyla özdeşleşirken kişiliğinin de temel taşları atılmış olur. İlerleyen yıllar içerisinde, babanın hayati önemi giderek azalacak, ergenlik yıllarına gelindiğinde, "arkadaş standartlarının", "aile standartları"nın önüne geçmesi sebebiyle, bu beraberlik, süre olarak en aza inecektir.

Bu nedenle bugünkü koşulları çok iyi değerlendirin. Ortak etkinliklerde bulunun (birlikte müzeye gitmek, balık tutmak gibi). Haftada bir gün, 3-4 saati, "baba-çocuk etkinlik saati" olarak planlayın. Ve her hafta ayrı bir etkinliğin heyecanını birlikte yaşayın. Hafta arası bir geceniz, satranç-dama oyun geceniz olsun.

Akşam yemeklerinde, sofraya birlikte oturmayı ihmal etmeyin. Yemekte, hem sizden görgü kurallarını öğrenecek hem de size o gün yaşadıklarını anlatma olanağı bulacaktır.

Kısaca; çocuğunuzun, "size" ve "sizin zamanınıza" ihtiyacı bulunmaktadır.

Boşanmış Ailede Çocuk

Boşanmış ailede çocuk, düzeninin bozulması, ebeveynden birinin evden uzaklaşması, yakın geleceğin bilinmemesi gibi nedenlerle sıkıntı yaşar. Boşanma sonrası çocuk, anne ve babasını düzenli aralıklarla ama sürekli görebileceğinden emin olabilmelidir.

Evliliğin saygın bir kurum olarak varlığını sürdürdüğü toplumlarda olumsuz nitelenen boşanma, insan hayatında önemli bir stres kaynağıdır. Araştırmalar, boşanma sürecini yaşamakta olan yetişkinlerde, uyku ve beslenme bozukluklarının başgösterdiğini, iş veriminin azaldığını, kendini yetersiz bulma, yalnızlık hissi ve kaygı gibi olumsuz ruh hallerinin çoğaldığını ortaya koymuştur. Boşanmada yaşanan krizin yoğunluğu, bireyin boşanmaya yüklediği anlama ve bireyin krizle baş etme kaynaklarına (maddi-manevi) göre değişecektir. Nihayet bu süreç, boşanma sonrası eşlerin bağımsız yeni bir yaşam ve uyumlu bir kimlik edinmesiyle son bulacaktır.

Yetişkinlerin yaşadığı bu zorlu boşanma sürecinde çocuğun etkilenme düzeyi, büyük ölçüde tarafların aile kurumuna ve özellikle çocuklarına verdikleri değere ve yaklaşıma, çocuğun yaşına, eşlerin sosyo-ekonomik ve kültürel koşullarına bağlıdır.

Boşanma Sürecinde Çocuğu Strese İten Nedenler Nelerdir?

1. *Aile içi düzenin değişeceği kaygısı:* Çocukların en büyük korkularından biri değişimdir. Boşanma ile ev içi sorumluluklarda birçok değişiklikler doğacaktır. Çocuklar yeni yemek ve yatma zamanı programlarına uyum sağlamak zorundadır. Bu değişim içerisinde belki bazı yakın akraba veya arkadaşlarıyla görüşmeleri engellenecektir.

2. *Bağlılığın kaybı:* Çocuklar, başta ana-babaları olmak üzere kardeşlerine ve evde beslenen hayvanlara bağlılık geliştirirler. Bu ilişkilerindeki zorunlu değişiklikler onları sıkıntıya sokabilir. Örneğin, değişik yatak odasına sahip olmak, babayı ve/veya kardeşi sadece haftada bir gün görebilmek gibi.

3. *Terk edilme korkusu:* Çocuklar ana-babasından birini kaybettiğinde, diğerini de kaybetme korkusu yaşar. Yaşananların sorumlusu olarak kendilerini görüp suçluluk duyabilir, kendilerini sevgisiz ve güvensiz hissedebilirler. Bakımlarını kimin üstleneceği, hatta okuldan kimin alacağı onlar için kaygı konusudur. Arkadaşlarının nasıl bir tepki gösterecekleri yolundaki düşünceleri bile onları kaygılandırabilir.

4. *Ana-baba arasında olası düşmanlık:* Ana-baba arasındaki gerginlik ve tartışmalar, çocuğun kendisini sinirli ve yalnız hissetmesine sebep olur. Tarafların çocuğu kendi yanlarına çekerek, diğer tarafa karşı olmasını sağlama çabaları, onu bir yetişkin savaşının ortasına iter.

Birçok danışman; boşanmayla en iyi baş eden çocukların, boşanma sonrası ana-babanın süregelen sevgi ilişkisini gören ve ayrı yaşayan anne ya da babayla düzenli ve sürekli görüşen çocuklar olduklarını savunur.

Boşanma Sürecinde Nelere Dikkat Edilmelidir?

1. Alınan boşanma kararı çocuğa, anne ve babanın her ikisi tarafından anlatılmalı, çocuk boşanmadan sonra yaşamında ne gibi değişiklikler olacağı konusunda bilgilendirilmelidir.

Bu eylem gerçekleştirilirken sözcükler özenle seçilmelidir: "Ayrılma, ayrı yaşamaya karar veren ana-babanın, evlilikleri hakkında bir çözüme varmasıdır," veya "Ayrılma, üzerinde konuşmak için güç bir durum. Aynı zamanda insanlara annenin ve babanın bundan böyle birlikte yaşamadığını söylemek kolay değil."

"Ayrılmanın sana olan sevgimle hiçbir ilgisi yok. Ayrılıyorum, çünkü biz artık geçinemiyoruz. Tıpkı senin bazı arkadaşlarınla çok görüşmene karşılık, bazılarıyla daha az görüştüğün gibi. Biz de annenle (babanla) bundan sonra daha az görüşeceğiz. Ben seni her zamankinden daha çok seviyorum ve

GELİŞİM DÖNEMLERİNE GÖRE ÇOCUKLAR BOŞANMAYI NASIL ALGILAR VE TEPKİ VERİR?

Oyun Çocukluğu Dönemi (1-3 Yaş)

Nasıl Algılar?	*Olası Tepkiler*	*Olması Gereken Ebeveyn Tutumları*
Ana-babadan birinin taşındığını anlar. Ama nedenini anlayamaz.	• Daha fazla ağlama, bağlanma. • Uyku problemleri. • Regresyon: Altına kaçırma, parmak emmenin yeniden başlaması. • Ebeveynden ayrı olduğunda kaygılanma. • Öfke patlamaları. • Isırma ve rahatsız edici davranma.	• Eskiden olduğu gibi, günlük yaşamını aynen sürdürmek. • Sürekli kaygılı görünmekten kaçınmak. Çocuğu güvenli bir ortamda büyütmek. • Çocukla yalnız zaman geçirmek (Anne ve babanın ayrı ayrı birlikteliği kastedilmektedir).

Okulöncesi Dönem (3-6 Yaş)

Nasıl Algılar?	*Olası Tepkiler*	*Olması Gereken Ebeveyn Tutumları*
Boşanmanın anlamını bilmemekle birlikte, anne ve babadan birinin hayatında aktif olmadığını fark eder.	• Yaşananlardan kendisini sorumlu hisseder. • Öfke hissi yaşar. • Birlikte yaşadığı anne ya da babasına karşı hırçın ve öfkeli olur. • Uyku düzeni bozulur. Geceleri kâbus görebilir.	• Ayrı olduğunu istediği zaman ziyaret edebileceğine dair güven vermek ve bunu düzenli olarak gerçekleştirmek. Onunla telefon yoluyla görüşebilmesine olanak hazırlamak. • Çocukla, anne ve baba olarak ayrı zamanlarda farklı etkinliklerde buluşmak (sinema, tiyatro, piknik gibi). Birlikte olunan zamanlarda, çocuğu konuşmaya cesaretlendirmek. • Çocuğun duygularını ifade olanağı bulabileceği doğal ortamlardan yararlanmak. Anaokulunda oyun oynama, evde parmak boya ve serbest resim faaliyeti, birlikte kitap okuma gibi. • Boşanmadan onun sorumlu olmadığını ve bakımının sürekli ve düzenli olarak yerine getirileceğini anlatmak.

Okul Dönemi (6-11 yaş)

Nasıl Algılar?	*Olası Tepkiler*	*Olması Gereken Ebeveyn Tutumları*
Boşanma olgusunun ne olduğunu anlamaya başlar. Ana-babasının artık birlikte yaşamayacağını ve birbirlerini eskisi gibi sevmeyeceklerini anlar.	• Kendisini aldatılmış hisseder. • Ebeveyninden gidenin geri geleceğini ümit eder. • Gidenin onu artık istemediğini düşünür. • Arkadaşlarını görmezlikten gelir. • Kimsenin onu okuldan almaya gelmeyeceğini düşünerek kaygı duyar. • Baş ve karın ağrılarından şikâyet eder. • Uyku düzeni bozulur. Uyuma güçlükleri yaşar. • Boşanmadan sorumlu tuttuğu, birlikte olduğu ana ya da babasını, zaman zaman kum torbası gibi hırpalar. Ona karşı hırçınlaşır.	• Birlikte özel zaman planlamak ve ev dışında anne ve babayla ayrı ayrı programlar gerçekleştirmek (hayvanat bahçesine, lunaparka gitmek gibi). • Çocuğu büyükannelere bırakmak yerine, anne ve babanın ayrı ayrı "yüz yüze iletişim" kurmaya özen göstermeleri. • Çocuğun ev dışında aktif olmasını sağlamak (tenis, basket, yüzme gibi), ter atmak yoluyla bir yandan fiziki rahatlamayı sağlarken, bir yandan da duygularını ifade edebileceği ortamı hazırlayarak (enstrüman çalmak, resim yapmak vb.) duygusal boşalımı sağlamak. • Değişimle ilgili sorduğu tüm soruları cevaplandırmak ve iletişim kanallarını açık tutmak. • Depresyon ve korku belirtilerinde duyarlı olmak. Bir uzman çocuk psikoloğundan profesyonel yardım almak. • Günlük yaşam süreçlerinin eskiden olduğu gibi, aynen devamını sağlamak. • Kendisini nasıl hissettiğini anlatması için cesaretlendirmek. • Anne/baba, bütün bunları, yüzüne hiçbir gergin ifade yansıtmadan, içinden gelerek yapmalıdır.

hep seveceğim. Bir tek şey hiç değişmez: Annen her zaman annen, baban her zaman baban olacaktır."

"Annen-baban boşanmış olsa bile ailen hep olacak. Doğum günlerinde, bayramlarda, yeni yıla girerken, diploma töreninde, biz hep seninle birlikte olacağız."

2. Boşanmanın hemen ardından kent veya ev değiştirme, bakıcı değiştirme, yeni bir evlilik gibi yaşam değişiklikleri ertelenmelidir. Özellikle yeni bir evlilikle ilgili girişim, aradan bir yıl geçmeden, boşanma kesinlik kazanmadan başlatılmamalıdır. Bunun yanı sıra yaşanması zorunlu değişiklikler de kademeli olarak yapılmalıdır. Çocuğun boşanmadan önceki mekânında yaşamaya devam etmesi ve aynı okula gitmesi daha uygundur.

3. Çocuktan ayrı kalacak eş, evden kademeli olarak ayrılmalıdır. Bu süre, haftada bir günden, 5-6 güne kadar yavaş yavaş çıkarıldığında, çocuk ayrılığa daha çabuk uyum sağlar.

4. Eşler, boşanmanın çocuk üzerinde yarattığı olumsuz etkilerin yanında, kendi yaşadıkları olumsuz duyguları göz ardı etmemeli, gerekirse profesyonel yardım almalıdır. Çünkü onların toparlanma hızı, çocuklarının da bu süreci daha hızlı ve olumlu atlatmalarını sağlayacaktır.

Çocukların ebeveyni model aldıkları gerçeğinden hareketle, sürekli ağlayan bir anne, çocuğa durumun kötü olduğunu, neşeli ve çaba gösteren bir anne ise her şeyin yolunda gittiği izlenimini verecektir.

Bunun yanı sıra, çocuklarıyla birlikte bir uzman çocuk psikoloğundan da profesyonel yardım alınmalıdır. Günümüzde boşanmaların çoğunda velayet anneye verilmekte ve babaya çok sınırlı bir zaman kalmaktadır. Mahkemenin verdiği karara bakılmaksızın, anne ve baba, haftanın günlerini eşit bir şekilde paylaşmalı ve anne de baba da çocukla düzenli bir şekilde birlikte olabilmelidir.

Anne-babası yeni boşanmış 5 yaşındaki bir erkek çocuk, anne ve babayı, kendi yaşadıkları ayrı evlerde resmetmekle birlikte, araya koyduğu bir çizgiyle ilişkilerini sürdürme arzusunu yansıtmaktadır.

Anne-babası yeni boşanmış 4 yaşındaki bir kız çocuk, kalbinde annesini, babasını ve kendisini birlikte resmederek özlemini yansıtmaktadır.

? *İkinci evlilikte, üvey ana ya da baba çocuğu nasıl etkiler?*

İlk dikkat edilmesi gereken nokta, ikinci evlilikle ilgili haberin çocuğa alıştırılarak verilmesidir.

Evlilik haberini çocuğa, evlenecek olanın yalnızken vermesi daha uygun olur. Çocuk, hayatındaki bu ikinci değişikliğin kendisini nasıl etkileyeceğini bilmek ister.

Çoğu çocuk, üvey olanın dostça girişimlerini geri püskürtmek için elinden geleni yapar. Üvey annesini sinirlendirmek için yeni yıkanıp ütülenmiş beyaz çamaşırların içine kirli iç çamaşırını koyan, evin beyaz halısının üzerine, çamurlu ayakkabılarıyla basan 12 yaş çocuğunu hatırlıyorum.

Üvey annelerden, eşlerinin çocuklarını, kendi çocukları gibi sevmeleri beklenir. Oysa çocuklar ise onları, anneden çok "babanın yeni karısı" olarak görürler.

Çoğu üvey anne, kendini anne rolü oynamaya mecbur hisseder. Bunu iyi niyetle, ancak bazen de abartarak yapar. Örneğin, ev ödevini yaptırmak, öz annesinden önce okula giderek çocuğun öğretmeniyle görüşmek, disiplin konusunda katı davranmak gibi. Amaçları çocuğun sevgisini kazanmaktır. Ancak çocuklar buna olumsuz tepki verirler.

Güven zamanla oluşur. Üvey olan, çocukla, öz olandan bağımsız bir ilişki kurmayı başardığı zaman, çocuk kendini ebeveynin bir uzantısı olarak değil, değer verilen bir insan olarak algılar.

Çocuk kendini emniyette hissetmeye başlarsa, o zaman güvenin tohumları atılır ve çocuğun benlik saygısı artar.

? *Geçtiğimiz günlerde ikinci evliliğini yapmış biri olarak, 3 yaşındaki çocuğumun yeni eşime ne şekilde hitap etmesi gerektiğine karar veremiyorum. Kızım "baba" dediği gerçek babasını, yurtdışında çalıştığı için, sadece üç ayda bir görebilmekte. Bu oldukça zor durumda, karışıklığı engellemek için ne yapacağımızı bilemiyoruz.*

Bu önemli sorunun cevabı kızınıza bırakılmalı. Onun, üvey babasını istediği şekilde çağırma hakkına saygı göstermeniz gerekmektedir. Şunu unutmayın ki, çocuğunuzun yaşam boyu bir tek babası olacaktır. O da biyolojik babası, gerçek babasıdır. Üvey babasına 'baba' demesi konusundaki herhangi bir zorlama, çocuğu örseler. Ancak zaman içerisinde, çocuk olgunlaştıkça, aradığı ilgiyi gösteren kişi her kimse, ona baba diye hitap etmeyi yeğler. Bu konuda karar kendiliğinden ve çocuk tarafından verilir. Bu nedenle sabırla zamana bırakmak gerekir. Kızınız kararını, yaşamındaki bu iki adamın kendisi için ne ifade ettiği sorusuna verdiği cevapta bulacaktır.

Meslek yaşamımda boşanmış ailelerden gelen yüzlerce çocukla karşılaştım. Gördüm ki farklı yaştaki bu çocukların olgunluk düzeyleri, kişilik özellikleri, ana-babanın yaklaşımları, ailelerin sosyo-ekonomik ve kültürel düzeyleri önemli birer belirleyici. Eğer koşullar olumlu kılınır ve çocuk için huzurlu ve iletişime açık bir ortam hazırlanırsa, en az zararla bu krizden çıkmak mümkün. Ama bütün beceri, anne ve babanın "duyarlı" yaklaşımında. Her ikisi de, fevri çıkış tehlikesine karşı kendi ailelerini uyarıp, gerektiğinde yeni katılan üvey anne veya babaları da yönlendirirse, "düzeninin değişmediğini gören çocuk", zaman içerisinde yeni duruma uyum sağlayabiliyor.

Ama ergenlik çağına kadar, hayalinde hep kendi anne ve babasının yeniden evlenmesi olacaktır.

Aşağıdaki örnek, bu yüzlerce çocuktan birinin yaşadığı fırtınayı bir nebze olsun yansıtıyor sanırım. Ana-babası ayrılmak üzereyken tanıdığım 3 yaşındaki bir erkek çocuğun öyküsü: Bir hafta sonu ana-babasıyla birlikte Akmerkez'e gitmişler. Anne ve babasının ellerini tutmuş, aralarında yürürken, bir anda aralarından çıkmış ve ellerini birleştirmiş, "İşte ben sizin hep böyle yürümenizi istiyorum," demiş. Bir sonraki hafta anaokulunda aile resmi istendiğinde, kendisini "anne karnında" resmetmiş. Bir sonraki hafta annesine, "Anne ben kız olmak istiyorum," demiş.

Bu örnekte, çocuğun, mutsuzluğu nedeniyle kendisine sığınacak bir liman aradığı görülmektedir.

? Boşandığım eşim oğlumla ilgilenmiyor. Oğlumun model alacağı bir erkek yok (dede-dayı uzakta oturuyor). Oğlum 9 yaşında. Ne yapmam gerekiyor?

Sporun özel bir önemi olduğunu, çocuğun rahatlaması, gerilimden arınması için çok değerli bir etkinlik olduğunu bilmenizi isterim. Benzer ortamı yaşayan bir ilkoğretim çocuğunu anımsıyorum; ancak hafta sonu gittiği basket okulu sayesinde insan ilişkilerinde ve okulda etkili olmaya başlamıştı. Bir basket koçu, bazen dedenin, dayının işlevini görebilir, onların yerine geçebilir.

Okulun, tiyatro kolu çalışmaları, folklor faaliyetleri buna eklenebilir. Siz pekâlâ oğlunuzla birlikte maça gidebilir, balık tutabilir ve babanın eksikliğini giderebilirsiniz.

? Babasından ayrı olarak yaşayan bir çocuğun psikolojisi nasıl olur?

Erken baba yoksunluğunun, erkek çocuklarda düşük fiziksel aktivite ya da aşırı saldırganlığa neden olduğu görülmüştür. Babasını boşanma vb. nedenlerle yitiren çocukların, ölüm nedeniyle yitirenlere göre daha çok suça eğilimli oldukları saptanmıştır (Yalın, 1979). Kuşkusuz çocuk, terk edilmiş olmanın olumsuzluğunu, güvensizliğini, kaygısını yaşayacaktır. Bu durum bazen çocuğu öylesine etkiler ki sırf arkadaşlarına karşı "ego" sunu güçlü kılmak için yalana bile başvurabilir. Doğum gününde verilen herhangi bir aramağanı, hiç arayıp sormadığı halde babasının gönderdiğini söyleyebilir.

Sizin en önemli göreviniz, her koşulda babayla ilgili olarak çocuğa olumsuz bir bilgi aktarmamak ve öç alma, intikam alma adına çocuğa zarar vermemektir.

? Eşinden boşanmış bir anneyim. İki kızım var. Babalarının yokluğunu hissettirmeden onları geleceğe nasıl hazırlayabilirim?

Yaşayan babadan çocukların olabildiğince yararlanması, öncelikle düşünülmelidir. Bu konuda baba bilinçlendirilmeli, ilgisizliği durumunda yaşanabilecek olası olumsuzluklar kendisine anlatılmalıdır.

Eğer baba ilgisiz kalmayı seçerse, anne çocuklarıyla birlikte hafta sonu programları yapabilir. Onlarla sinema, tiyatro, müze gezisi yapabilir. Çocukları arkadaşlarının evlerine gönderebilir, eve arkadaş davet edebilir. Her bir kızına ayrı bir etkinlik kulvarı hazırlayabilir; örneğin biri folklora giderken, diğeri gitar dersi alabilir. Biri resim kursuna giderken, diğeri drama veya izciliğe katılabilir. Böyle bir durumda okul başarısı özel bir önem taşıdığından, sene kaybetmeden başarılı olabilmek ve hayata atılabilmek için, gerekli önlemler alınmalı, konu onlarla tartışılmalıdır. Bunların dışında üçü arasında kurulabilecek başarılı bir iletişim ağıyla, duygu ve düşüncelerin birbirine aktarılması mümkün olabilir.

Ben, annelerinin çabalarını ve iyi niyetini gören iki kızın da ona destek olacağına ve sorunlarının üstesinden gelebileceklerine inanıyorum.

? ***Boşanma sonrası yapılması gerekenler neler olmalıdır?***

Boşanan çiftler, çoğu zaman birbirini kötüleme eğilimindedir. Böyle bir durumda çocuğun tepkisi, suçlanan tarafı korumak olmaktadır. Bu nedenle öncelikli göreviniz, hafta sonu kalmak üzere gititği ayrıldığınız eşinizden dönen çocuğunuzu, olabildiğince tarafsız bir şekilde ve yorum yapmadan dinlemek olmalıdır.

Çocuk, kendisini sık aramayan ya da nafaka ödemeyen tarafa kin güdebilir, öfke duyabilir. Ama çocuğun bu kişiye aynı zamanda büyük bir özlem duyduğu, ayrı eş özellikle kendi cinsiyetindense bu özlemin daha da şiddetli olacağı akıldan çıkarılmamalıdır.

Bu gerekçelerle, çocuğun velayetine sahip olan kişi, hangi koşulda olursa olsun, çocuğun ayrı olduğu yetişkini düzenli bir şekilde görebilmesi için gerekli çabayı göstermelidir. Çocuklar, her ne kadar isteksiz görünseler de, ayrı olduklarıyla buluştukları zaman genellikle mutlu olurlar.

Okulda ve sosyal yaşamında başarısız oldukça, çocuğun benlik saygısı azalır. Boşanma ortamı da benlik saygısının azalma nedenidir. Bu gerçekten yola çıkarak, arkadaş ilişkileri geliştirilmeli, çocuğun aktif spor yapmasına veya bir enstrüman çalmasına olanak hazırlanmalıdır.

Bu gergin ortamdan her iki tarafın ailesi uzak tutulmalı, çocuğun anne yanındayken olabildiğince ev dışı "anne-çocuk" beraberliğini, baba yanındayken de "baba-çocuk" beraberliğini yaşamasına ortam hazırlanmalıdır. Başka bir deyişle, hafta sonu çocuğunu gören babaysa, şekilci bir yaklaşımla çocuğunu babaanneye teslim etmek yerine, onunla ortak programlar düzenlemelidir. Çocuk, aynı çatı altında yaşanıyormuş gibi, her iki evde de dengeli ve benzer yaklaşım tarzıyla karşılaşmalıdır. Çocukla aynı çatı altında yaşamayan ayrı eş, az gördüğü gerekçesiyle abartılı bir tutum içinde, çocuğun her isteğine boyun eğen kişi konumuna gelmemelidir.

Her iki taraf, yaşam boyu çocuğun anne ve babası olacağının bilincinde, ilişkilerini uygarca sürdürebilmelidir. Bu amaçla boşanma gerekçeleri çocuğun önünde dile getirilerek, kendi haklılığı, diğerinin haksızlığı şeklinde çocuğun beyni yıkanmaya kalkışılmamalıdır.

Bu durum, gerilim içerisinde ve karışık duygular yaşamakta olan çocuğun, duygularını paylaşmaktan kaçınmasına ya da onları maskeleyerek olanı değil, olması gerekini sergilemesine sebep olabilir. Böylelikle çocuk, gerçek duygularını yansıtmak yerine, her ikisini de memnun edecek rolleri oynamayı yeğler.

Anne ve baba, çocuğun her ikisini de görmesi için fırsat hazırlamalı; polis, icra memuru ve avukat gibi kişileri devreye sokmaktan kaçınmalıdır.

Eski eşler arasındaki sürtüşme en aza indirilmeli, çocuğun önünde tartışma yapılmamalıdır. Yukarıda vurgulandığı gibi, zaman zaman bir araya gelindiğinde, çocuğu mutsuz kılacak bir ortam yaratmaktan kaçınılmalıdır.

Anneden Ayrı Kalma - Anneden Yoksunluk

Ruh sağlığının temelinde, bebeklik ve çocukluk dönemlerinde, özellikle anneyle kurulacak sıcak sevgi ve yakın ilişki yer almaktadır. Bebek altı aylık olduktan sonra annesi ile arasında güvenli bir bağlanma gerçekleşse bile, yabancı bir ortamda, yabancı insanlarla birlikte kalarak anneden uzun süreli ayrılmak zorunda olduğunda, bu durumu **protesto** eder, kendini **çaresiz** hisseder ve sonrasında **uzaklaşma** gösterir. Bu üç evre, bebeğin anneden ayrılığa verdiği tepkileri tanımlar. Anneden ayrıldıktan sonra hemen ya da ertelenmiş olarak ortaya çıkan **protesto** evresinde çocuk anneyi geri getirmek için elinden gelen çabayı harcar, genellikle yüksek sesle ağlar, tüm davranışları annenin döneceğine dair yüksek beklenti taşır, bu süreçte kendisi için bir şeyler yapmaya çalışan diğer bireyleri reddeder. Bu evreyi izleyen **çaresizlik** evresinde çocuğun davranışlarında hâkim duygu umutsuzluktur. Çocuğun fiziksel hareketliliğinde azalma görülür, suskundur, herhangi bir davranışta bulunmak istemez, çevresindeki bireylerden bir beklentisi yoktur. Bu tepkiler yanlış bir şekilde artık çocuğun annesinin gidişine yönelik üzüntüsünde bir azalma olarak yorumlanır. Çocuğun anneden ayrılmaya karşı verdiği tepkilerin üçüncü aşaması **uzaklaşma**dır. Çocuk artık çevresinden kendisine yöneltilen ilgiye yanıt verir, oyuncak, yemek gibi şeyleri kabul eder ve bazen bu iletişime gülümseme de eklenir. Ancak bu evrede anneye yönelik bağlanma davranışında bir yoksunluk gözlenir. Anneden uzun süreli ayrı kaldığında bu tür rahatsızlıklar göstermeyen bebeklerin, anneye güvenli bir bağlanma göstermemiş oldukları ya da uzun süreli ve tekrarlanan ayrılıklar yaşadıktan sonra az ya da çok uzaklaşma davranışı gösterdikleri düşünülmektedir.

Benzer bulgulara ulaşan başka araştırmalarda da, anneden uzun süreli bir ayrılık dönemini, özellikle yabancı insanlar arasında geçiren çocukların, ailelerinin yanına döndükten sonra eskisine oranla daha kaygılı oldukları ve daha fazla sarılma davranışı gösterdikleri bulunmuştur. Bu yönde birçok çalışma göstermiştir ki; çocuklarına düşmanca davranan ya da çocuklarını ayrılma tehdidi ile disipline etmeye çalışan ailelerde yaşanabilecek boşanmanın, çocuklar üzerinde özel bir etkisi olur. (Bowlby, 1981a, çev. Eryenen)

? ***Anneden yoksunluk çocuğun gelişimini nasıl etkiler?***

Anneden yoksun olma, çeşitli düzeylerde davranış bozukluklarının nedenidir. Örneğin, "kısmi yoksunluk", beraberinde endişe, aşırı sevgi gereksinimi, güçlü intikam duygusu ve bunlardan doğan suçluluk davranışı, bunalımını getirebilir. İç dünyasındaki zorlukları bu tür tepkilerle dışa vuran çocuğun sinir sisteminde bozukluklar, davranış ve karakter yapısında dengesizlikler görülebilir.

Dr. Spitz, bu konuda yaptığı çalışmalar sonucu, çocuğun yaşamından annenin çekilmesi halinde gelişmede **gecikme, gerileme** ve **duraklamaların** görüldüğünü kanıtlamıştır (Şemin, 1972). Yine Bowlby, ilk beş yıl içerisinde anneden yoksun kalmanın suçlu davranış yapısının oluşumuna yol açabileceğini ileri sürmektedir. Anneden yoksunluğa bağlı olarak, duygusal etkileşim eksikliği, bebeğin büyüme ve gelişimini geciktirip engelleyebilir: motor gelişim belirtilerinde gecikme görülebilir, dil gelişimi gecikir, çocuğun diğer insanlarla başarılı ilişkiler kuramaması sonucu, sosyal gelişimde gecikme ve saldırganlık gibi olumsuz belirtiler görülebilir (Yavuzer, 2005).

Ebeveyn Kaybı

Ebeveynin ölümü halinde, çocuğa doğru bilginin kısa sürede verilmesi, bilmek istediklerini sormasının sağlanması, soruların mümkün olduğunca dürüstçe yanıtlanması büyük önem taşır.

Çocuklarda ölüm fikrinin oluşması, bir böceğin, bir kuşun ölmesi gibi gözlemledikleri olaylar sonrası aldıkları açıklamalar sonucunda gerçekleşmeye başlar. Çocukların sahip olduğu bilgilerin sınırları ise içinde yaşadıkları kültürün izin verdiği kadardır. Çocuklar ölüm karşısında farklı duygu ve düşünceleri birarada yaşarlar. Onlara yakından tanıdıkları bir hayvan ya da bir insan öldüğünde üzülmenin ve onu geri getirmeyi istemenin normal olduğu söylenirse; çocuklar bu bilginin kendi deneyimleriyle uyuştuğunu göreceklerinden yaşadıkları acıyı paylaşmada da daha açık olurlar.

Geçmişte annesini (bağlanma figürünü) kaybeden çocukların yaslarının, kısa süreli olduğu düşünülüyordu ve çocuğun kaybını unutarak acısını yendiği söyleniyordu. Ancak yeni bulgular göstermiştir ki; çocukların annelerinin geri dönüşü için yakarışları uzun sürmektedir. Bowlby'ye göre yetişkinler gibi çocuklar da kayıp karşısında benzer süreçleri yaşar ve benzer tepkiler verirler. Bu iki yaş grubu arasındaki olası fark, çocuklarda kayıp deneyiminin genelde olumsuz psikolojik sonuçlara yol açabilmesidir. Çünkü çocuklarda kayıp beraberinde ayrılma kaygısını da getirir. Bilimsel bulgular bir ebeveynin kaybından sonra, çocuğun ya da ergenin bir yetişkininki kadar tutarlı ve sürekli şekilde yas tuttuğunu; özenli bir dinleyici ile karşılaştıklarında ise yaşadıkları acıyı açıkça ifade etmeye hazır olduklarını göstermektedir. Çocuklar, bazen, kaybettikleri ebeveynlerinin döneceği hayali kurarlar; ama sonra istemeden de olsa bunun gerçek olamayacağını kabul eder ve derin bir üzüntü yaşarlar. Bazı durumlarda kayıpları için öfke duyarlar ve diğer insanları suçlarlar. Yaygın olarak hayatta kalan ebeveynlerini ya da onun yerine geçen kişiyi de kaybetmekten ve kendi ölümlerinden korkarlar. Yaşadıkları kaybın ve yaşayabilecekleri başka kayıpların korkusu ile çoğu zaman, kaygılı ve hayattaki ebeveynlerine sokulgan olurlar.

ÇOCUKLAR İLE YETİŞKİNLERİN YASLARI ARASINDAKİ FARKLAR

Yas tutan bir yetişkin için, kendisine destek veren ve yardım eden birinin varlığı önemlidir. Böyle birinin varlığı çocuklar için yetişkinlerden daha önemlidir; çünkü çoğu yetişkin, böyle bir desteğe sahip olmasa da yaşantısına kendi başına devam edebileceğini bilirken, çocuklar desteğin varlığı olmadan yaşantılarını sürdüremezler.

Benzer şekilde yetişkin ölüm hakkında ihtiyaç duyduğu bilgileri edinme özgürlüğüne sahipken, çocuk yetişkinlerin ona verdiği bilgi ile yetinmek zorundadır. Bunlar dışındaki farklılıklar, çocukların yetişkinlere nazaran yaşam ve ölüm konuları hakkında daha az bilgiye ve anlayışa sahip olmalarıdır. Bunun sonucunda çocuklar edindikleri bilgilerden yanlış çıkarımlarda bulunmaya, gözlemledikleri ve duydukları olayları yanlış yorumlamaya daha yatkındırlar. Bu noktada çocukların ihtiyaç duyduğu şey, sürece dair bilinçli bir kılavuzluktur.

Yas tutan yetişkinler ve çocuklar arasındaki bir diğer fark, yetişkinlerin yası genelde geçmiş yaşantılar çerçevesinde yaşaması, çocuklar için ise "şimdi"nin baskın olmasından dolayı, çocukların yas süreçlerinde farklı ruh hallerine (aşırı hareketlilik, saldırganlık, sahte neşe gibi) girmeleridir. Bu ruh hali değişiklikleri bazen çocuğun kaybettiği bağlanma figürünü artık özlemediği gibi yanlış bir şekilde yorumlanabilir.

HAYATTA KALAN EBEVEYNLERİN YAS TUTAN ÇOCUKLARINA DAVRANIŞLARI

Ebeveynden biri öldüğünde, hayatta kalanın çocuğa yönelik davranışlarında değişiklikler olması kaçınılmazdır. Hayattaki ebeveyn hem duygusal açıdan strestedir hem de çocuğun bakımında rolleri paylaşmak yerine, iki rolü birden yerine getirmek zorunda kalmıştır.

Eşini kaybeden ebeveyn, çocuğu ile ilgilenmek konusunda, eşzamanlı olarak kendi acıları ve sorunları ile baş etmek zorunda kaldığı için, daha az sabırlı ve bazen sinirli olabilir. Bu yaklaşım dışında, ebeveyn kendi rahatlığı için çocuğundan destek arayabilir. Benzer şekilde, bazı sorumlulukları daha büyük yaştaki çocuklara ve ergenlere, onlar için taşıması zor olsa da verebilir. Bazı durumlarda, küçük çocuğun kaybedilen aile bireyinin bir kopyası gibi yetişmesini isteyebilir. Ayrıca kendisine bir şeyler olursa çocuklarının ne yapacağı konusunda kaygılarını çocukları ile paylaşabilir. Bunun sonucunda çocuklarda okul reddi görülebilir. Kaygılarından ve duygusal gelgitlerinden dolayı ebeveyn, kullandığı disiplin yöntemlerinde çok sert ya da çok yumuşak olabilir ya da bu iki yöntem arasında kararsızlık yaşayabilir. Burada anlatılanlardan hareketle, çocukların bir ebeveynlerini kaybettiklerinde yaşadıkları zorlukların önemli bir bölümünün, kaybın hayatta kalan ebeveynin çocuğa yönelik davranışlarında yarattığı değişikliklerin etkisi ile oluştuğu söylenebilir.

Özetleyecek olursak; sağlanan koşullar uygun olduğunda çocuk, kaybettiği bir ebeveyninin ardından yetişkinlerin sağlıklı yas tutmalarına oldukça paralellik gösteren bir şekilde yas tutabilir. Çocuğa sağlanması gereken koşullar yetişkinler için uygun olanlardan çok da farklı değildir. Çocuk için önemli olan kurallardan birincisi çocuğun ebeveyni ile kayıptan önce güvenli bir ilişki kurmuş olması gereğidir. İkincisi, olanlar hakkında doğru bilginin çocuğa kısa sürede verilmesi, bilmek istediklerini sormasının sağlanması, sorularının mümkün olduğunca dürüstçe yanıtlanması ve çocuğun ailenin kayıp ile ilgili süreçlerine katılmasıdır. Son olarak, çocuk, hayatta olan ebeveyninin rahatlatan varlığına ya da bunun mümkün olmadığı durumlarda, tanıdığı ve güvendiği bir yetişkine ve bu ilişkinin devam edeceğine yönelik güvenceye sahip olmalıdır. (Bowlby, 1981c, Çev. Eryenen)

? *Ölüm karşısında çocuk neler yaşar, ölüm çocuğa nasıl anlatılmalıdır?*

Ölüm, geride kalanlarda yarattığı çaresizlikle birlikte gelen en büyük kayıptır. Çoklukla bir yakının kaybı halinde bu durum, en yoğun bir şekilde çocuk tarafından yaşanır. Ölüm karşısında çocuğun tepkileri, yaşına, kişilik özelliklerine ve ölen yakınıyla olan ilişkisinin düzeyine göre farklılık gösterir.

Önce, gerçekleşmiş olan olay inkâr edilir. Hâlâ anne ya da babasının yaşadığını düşünmek ister ve olayı kabullenmez. Daha sonra, kayıptan dolayı öfke yaşamaya başlar. Kalan ebeveynini suçlar, saldırganlaşır, çeşitli uyum ve davranış bozuklukları gösterebilir. Stanley Hall'a göre, çocuk olayı yaşadığı sırada duygularını dile getirecek sözel yeteneğe sahip olmadığı için acısını uzun yıllar taşımaktadır.

2-3 yaş çocuğu, ölümü uzun bir uyku olarak kabul eder ve ölenlerin uyanacağını düşünür. Ya da ölüm, birinin veya bir hayvanın nefes almayı bırakması ve vücudunun daha fazla çalışmaması demektir. Bu dönem çocuğuna göre insan ve hayvanlar yaşlanınca ölürler.

Çocuk, 4-5 yaşından itibaren ölüm gerçeğini kabullenmeye başlar. Ölen bir canlı geri gelmez. Kalpleri durur ve yavaşça nefes almayı keserler. Ancak terk edilme duygusu sebebiyle, bazen ölen, ama çoğunlukla kalan ebeveyn suçlanır ve yalnız kalma korkusu oluşabilir. Bu dönemde çocuk, çelişkili duygular içinde farklı korkular yaşayabilir. Örneğin, yaptığı yaramazlığın cezasının ölüm olabileceği korkusu, kalan ebeveynini de yitirebileceği korkusu yaşanan korkular arasındadır.

Bu nedenle ölüm, çocukla iletişim kurulabilen andan itibaren saklanmamalı, gerçek ona anlatılmalıdır. Böylelikle çocuğun ölümden dolayı kendini suçlaması engellenmiş olur. Bu açıklama, kuşkusuz yaşa göre farklılaşır. Örneğin 4-5 yaş çocuğu ölü bir böceğin ne olduğunu bilir ama ölümü tam olarak kavrayamaz. Bu nedenle 4-5 yaş çocuğuna, hayvanların ve bitkilerin doğup, büyüyüp, yaşlanıp yok olduklarından yola çıkarak açıklama getirilebilir. İlkbaharda yeşeren yaprağın, sonbaharda sararıp düşmesi gibi her insanın da yaşlandığında ölebileceği, bunun bazen trafik kazasına bağlı olarak gerçekleşebildiği anlatılmalıdır.

Işıl Vahip'e göre, bir çocuk, evcil bir hayvanın ölümüne üzülüp ağlayabilir. Çünkü buna dayanabilir. Ama ebeveyn ölümü karşısında hiçbir üzüntü belirtisi göstermeyebilir. Çünkü bu üzüntüye dayanacak mental kapasiteye sahip değildir.

Ergenin yaşı ilerledikçe, yası yetişkin tipi yasa benzemeye başlar. Ancak ergenlik zaten bilinçdışı çatışmaların alevlendiği ve su yüzüne çıktığı fırtınalı bir dönemdir. Dolayısıyla, bu dönemde yaşanan bir kayıp ergeni daha fazla risk altına sokabilir (Vahip, 2010).

Daha büyük yaşlarda ise açıklama farklılaşır. Çünkü 10 yaşına kadar çocuk ölümü geçici bir şey olarak hayal eder ve ölen kişinin ölmediğine inanır.

Annesini beyin kanamasından kaybeden 9 yaşındaki çocuğun babasına, olayı çocuğa açıklamanın iki aşamada yapılmasını önermiştim: Birinci aşamada; baba, oğluyla canlıların gelişim ve ölümleri hakkında konuşurken, annesinin hastalanarak hastaneye kaldırıldığını anlatmış ve artık onu göremeyecek, duyamayacak bir şekilde bitkisel hayata girdiğini açıklamıştı. Hayat boyu kendisini göremeyen ve duyamayan bir anneyle yaşamasının güçlükleri de ona kabul ettirildikten bir gün sonra, alınan bir telefon haberiyle annesini kaybettiği bildirilmişti.

10 yaş dolaylarında çocuk, yalnızca ölümün bir son olduğunu anlamakla kalmaz, kendisi de içinde olmak üzere her canlı yaratığın değişmez yazgısı olduğunu kavrar (Onur, 1986).

Çocuğun yaşına bağlı olarak cenazeye katılması uygun olabilir. Örneğin, 6 yaşından büyük bir çocuğun, ölen insanın nerede olduğunu görmesi, üzüntülü dönemin daha somut bir şekilde sona erdirilmesini sağlar. Böylelikle gerçekle yüz yüze gelerek inkârdan uzaklaşmasına sebep olur.

Ölümün ardından ev içindeki sürekli matem ortamından kaçınılmalıdır.

Çocuğun duygularını sözcüklere dökmesi sağlanmalı, ağlaması engellenmemeli, duygularını ifade etmesi için yüreklendirilmelidir.

En iyi ilacın, kaybedilen kişinin yakınlarının bir araya gelmesi ve acının paylaşılması olduğu unutulmamalıdır.

Kalan ebeveyn çocuğun kafasındaki tüm kaygıları gidermeye çalışmalı, onu sevdiğini yansıtmalıdır.

"Melekler ölen anneni/babanı gökyüzüne götürdü," şeklinde zaman zaman başvurulan gereksiz açıklamalardan kaçınılmalıdır.

Ölen ebeveynin resimleri evde her zamanki yerinde kalmalı, onunla ilgili sorular yanıtlanmalı, çok özlendiğinde ve dini bayramlarda mezar ziyareti gerçekleştirilmelidir.

Ölüm sebebiyle aşırı koruyucu bir yaklaşım yerine, eski ilişkiler aynı düzeyde sürdürülmeli, çocuğun boş zaman etkinlikleri artırılmalıdır.

Ölümü izleyen günlerde çocuğun, spor etkinliklerine aktif olarak katılımı sağlanmalı, sevdiği ve ilgilendiği sanat, folklor, izcilik gibi etkinliklerle çocuk meşgul edilmelidir. Burada amaç, okul dışı saatleri dolu tutarak eve yorgun gelmesini sağlamak ve kafasında çeşitli senaryolar kurmasını engellemektir. Bunun yanı sıra, çocuğun, onu anlayan, onu empatik dinleyen kuzen, yeğen ve arkadaşlarıyla sık görüşmesi sağlanmalı, kaybolan ebeveyn modelinin yerini bir süre için teyze, amca gibi yakın bir akraba üstlenmelidir.

Büyükanne ve Büyükbaba

Büyükanne ve büyükbabadan istenen, anne ve babanın yaklaşımlarıyla ters düşmeyen, onların paralelindeki "çocuk yetiştirme tutumu"nu uygulamalarıdır.

Büyükanne ve büyükbabalar, yaşamlarının sonbaharında zorlanmadan, sorumluluk almadan torunlarını sevmek gibi keyifli bir uğraşın içine girerler. En büyük avantajları, onlara yeterli zaman ayırabilmeleri ve sabırlı olmalarıdır. Buna karşılık sıklıkla, torunlarını şımartma yanılgısına düşerler. Ancak bu şımartmanın altında, gerçekte çocukları bu yolla daha kolay yönetebilme çabasının yattığı düşünülebilir.

Büyükanne ve büyükbabaların, torunlarını kurallara uymaya yöneltmede ebeveynden daha başarılı olmalarının diğer bir nedeni de, içinde bulundukları konumun getirdiği rahatlıktır.

Torunlar, büyükanne ve büyükbabalarını, "kendilerini hiçbir şey yapmaya zorlamayan, ama daima orada olan" kişiler olarak tanımlamaktadırlar. Onlar, torunlarının sorularını yanıtlar ve kitap okurken (hep aynı hikâye bile olsa), sıkılıp sözcükleri atlamazlar. Hiçbir zaman "çabuk ol" demezler ve daima yeterli zamanları vardır.

Büyükanne ve büyükbabaların nazik ama kararlı davranışları, çocuklar tarafından olumlu karşılanır. Pek çok örnekte büyükanne ve büyükbabalar kendi çocuklarına, büyüme çağlarında yeterli zaman ayıramamış, ancak torunlarıyla uzun süre birlikte olma fırsatı bulabilmişlerdir.

Büyükanne ve büyükbabaların tüm bu olumlu özelliklerinin yanı sıra, bazılarının istemeyerek yansıttıkları olumsuzluklar da vardır.

Çocuğa istenen "davranış ve alışkanlıkları" öğretmek demek olan "disiplin"in önemli bir ön koşulu "dengeli ve tutarlı" olmaktır. O, hangi davranışlar karşısında yetişkinin nasıl bir tepki göstereceğini ve bunun hep böyle olacağını bilir. Durum böyle iken, büyükanne ve büyükbaba, ebeveynden farklı, çoğunlukla çocuktan yana bir tavırla ortaya çıkar. Bu da çocuğu karmaşaya, ikileme iter. Onun, kuralı öğrenme ve uyma konusundaki motivasyonunu azaltır. Böyle kuralsız bir büyükanne-baba ortamında büyümekte olan çocuk için, kuralları olan bir anaokuluna gitmek zorlayıcı gelir. Bu sınırsız özgür dünyanın çekiciliği, zaman içinde "okul fobisi"nin nedeni bile olabilir.

İşte büyükanne ve büyükbabadan istenen, anne ve babanın yaklaşımlarıyla ters düşmeyen, onların paralelindeki "çocuk yetiştirme tutumu"nu uygulamalarıdır.

Aşağıdaki örnek vaka, durumun ne denli önemli olduğunu açıklamaya yeter:

> Annesinin çalışması nedeniyle büyükannesi tarafından büyütülmekte olan bir üç yaş çocuğunun her isteği karşılanmaktadır. Çocuğun isteği üzerine bazı geceler 23.30 sularında büyükanne eve çağrılmakta ve çocuk onun yanında uyumak istemekte, bazı gecelerde ise anneyi tercih etmektedir. Şımartma o boyutlara varmıştır ki, annenin yemekte yediği balığı beğendiğini söyleyen çocuk, "Al şu bıçakla yediğin balığı karnından çıkar, onu ben yiyecektim," demeye kadar cesaret edebilmiştir.
>
> Bir keresinde çocuğu bana getirmek üzere yola çıkmışken babasından, "sola dönülmez" levhasının yazılı olduğu yöne girmesini isteyen çocuk, baba o yola girmediği için dakikalarca ağlamış, sonunda pes eden baba o yöne gecikmeli olarak girdiğinde de ağlamasını sürdürerek, "O, on dakika önceydi, ben o zaman dönmeni istemiştim," şeklinde tepkisini ortaya koymuştur.

Buna benzer yüzlerce örnek göstermektedir ki, iyi niyetle yapılan bu tür büyükanne, büyükbaba yaklaşımları, sonunda çocuğa zarar vermektedir.

? ***Eşim ve ben çalıştığımız için gündüzleri çocuğu büyükannesine bırakıyoruz. Fakat onun bizden farklı bir disiplin anlayışına sahip olduğunu gördükçe zorlanıyoruz. Çocuğun bir davranışını düzeltmeye çalıştığımızda bize "büyükanneyi" örnek göstererek onun izin verdiğini söylüyor ve gerektiğinde, bizi ona gitmekle tehdit ediyor. Nasıl yaklaşmamız gerekir?***

Burada öncelikle yapılması gereken şey, iyi niyetli, sevgiden doğan bu yaklaşımın pedagojik açıdan zararlı olduğunun büyükanneye anlatılmasıdır. Bu amaçla, büyükanneyle sevecen ve açık bir konuşma yapın. Çocuklarla ilgili değerlerinizin ve amaçlarınızın neler olduğunu anlatın. Bunlara ulaşabilmek için onun desteğine, işbirliğine ihtiyacınız olduğunu vurgulayın. Çocuklarınızın ihtiyacı olan disiplini ve kuralları uygulayabilmenize yardımcı olmasını isteyin.

Öte yandan çocuğunuza, büyükannelerin torunlarını biraz şımartma hakkına sahip olan özel kişiler olduklarını ama evdeki kuralların farklı olduğunu anlatın. Çocukların, bu sevgi ve düşkünlükleri istismar etmemeleri gerektiğini ona hatırlatın.

? ***Büyükanne ve büyükbabanın her gelişlerinde oyuncak getirmelerinin sakıncası nedir?***

Büyükanne ve büyükbabaya, sadece çocuk istediği için kendilerini oyuncak getirmek zorunda hissetmemeleri anlatılmalıdır. Oyuncağın bayramlarda ve özel günlerde verilmesi, aksi halde "çocuğun duygusal doyumsuzluğa" itilmesine neden olabileceği üzerinde durulmalıdır.

Çocukların, büyükanne ve babalarının sevgi dolu varlığının onlara verilebilecek en büyük armağan olduğunu anlamalarını sağlamanız çok önemlidir. Çok fazla maddi objenin araya girmesinin, çocuğun bu özel sevginin değerini anlamasını zorlaştırabileceği vurgulanmalıdır.

Zaman zaman çocukların topladıkları kır çiçeklerini veya yaptıkları bir resmi büyükanne ve büyükbabalarına sunmakla armağan verme işini tersine çevirebilirsiniz.

ÖNERİLEN KAYNAKLAR

Kongar, Emre, *Kızlarıma Mektuplar,* Remzi Kitabevi, İstanbul.

Dizin

Kaynakça

Adams, Christine-Fruge, Ernest, (1996), *Why Children Misbehave and What to do about it,* New Harbinger Publications, Inc., U.S.A.

Aydın, Betül, (1997), *Çocuk ve Ergen Psikolojisi,* Marmara Üniversitesi Yayınları, İstanbul.

Ayhan, H., (1997), *Din Eğitimi ve Öğretimi,* Marmara Üniversitesi İlahiyat Fakültesi Yayınları, İstanbul.

Baldwin, D., (1985), *All About Children: An intruduction to child development,* Oxford University Press.

Baltaş, Acar, (1996), *Üstün Başarı,* Remzi Kitabevi, İstanbul.

Biddulph, Steve, (1998), *The Secret of Happy Children,* Thorsons, London.

Biddulph, Steve, (1999), *More Secrets of Happy Children,* Thorsons, London.

Bilgel, N., (1997), *Halk Sağlığı Bakışıyla Ana ve Çocuk Sağlığı,* Güneş ve Nobel Kitabevi, İstanbul.

Bowlby, John, (1981a), *Attachment and loss: vol.1. attachment,* Middlesex, England: Penguin Books Ltd.

Bowlby, John, (1981b), *Attachment and loss: vol.2. separation: anxiety and anger,* Middlesex, England: Penguin Books Ltd.

Bowlby, John, (1981c), *Attachment and loss: vol.3. loss:sadness and depression,* Middlesex, England: Penguin Books Ltd.

Dodurgalı, A., (1998), *Ailede Çocuğun Din Eğitimi,* Marmara Üniversitesi İlahiyat Fakültesi Yayınları, İstanbul.

DSM IV, (1994), *Tanı Ölçütleri Başvuru El Kitabı,* Hekimler Yayın Birliği, Ankara.

Edwards D.C., (1999). "How to Handle a Hard to Handle Kid", *A Parents Guide to Understanding and Changing Problem Behaviors,* U.S.A.: Free Spirit Publishing.

Einon, Dorothy, (2000), *Bebeklikten Okula Öğrenmede İlk Adımlar* (çeviren: Ayşegül Çetin), Remzi Kitabevi, İst.

Faber, A.-Mazlish, E., (1997), *Siblings Without Rivalry,* Avon Books, NewYork.

Geçtan, Engin, (2000), *İnsan Olmak,* Remzi Kitabevi, İst.

Gökler, Bahar, (1993), "Çağımızda Çocuk ve Şiddet", Psikiyatri, Psikoloji ve Psikofarmakoloji Dergisi, Ankara.

Huntley, Rebecca, (1997), *The Sleep Book for Tired Parents Help for Solving Children's Sleep Problems,* Souvenir Press Ltd., London.

İşmen, Esra, (1993), "Duygusal İstismarın Liseli Ergenlerin Kendini Kabul Seviyelerine Etkisi" (Yayımlanmamış Yüksek Lisans Tezi), Marmara Üniversitesi.

İşmen, Esra, (1999), "Aile İçi Çocuk İstismarı" (Yayımlanmamış Doktora Tezi), İstanbul Üniversitesi.

Jolly, Hugh, (1987), *The First Five Years,* Pagoda Books, UK.

Kâğıtçıbaşı, Çiğdem, (2000), *Kültürel Psikoloji,* Evrim, İst.

Kılıçaslan, Ayşegül, (1998), "Kardeş İlişkilerinin Doğası ve Kardeş Kıskançlığı" (Yayınlanmamış Makale).

Kirsh, Steven, J., (2003), "The effects of violent video games on adoscents. The overlooked influence of development", Aggression and Violent Behavior, 8, 377-389.

Kongar, Emre, (2001), *Kızlarıma Mektuplar,* Remzi Kitabevi, İstanbul.

Korkmaz, Barış, (2000), *Pediatrik Davranış Nörolojisi,* İstanbul Üniversitesi Yayınları No. 4267, İstanbul.

Köknel, Özcan, (1998), *Korkular,* Altın Kitaplar, İstanbul.

Lamb, Michael, (2001), "Çocuğun Yaşamında Babanın Rolü ve Önemi", Sempozyum Raporu, Açev, İstanbul.

McKay, Matthew et.al., (1996), *When Anger Hurts Your Kids: A Parent's Guide,* New Harbinger Publications, Inc., Canada.

Mungan, Murathan, (2002), *Yüksek Topuklar,* Metis, İstanbul.

Oktay, Ayla, (1999), *Yaşamın Sihirli Yılları: Okul Öncesi Dönem,* Epsilon Yayıncılık, İstanbul.

Ömeroğlu, Esra, (1988), "Yaratıcı nesillerin yetişmesinde öğretmenin rolü", Eğitim ve Bilim, Sayı: 67, TED Ankara.

Onur, Bekir, (1986), *Gelişim Psikolojisi,* Başarı Mat., Ank.

Özakpınar, Yılmaz, (1998), *Verimli Ders Çalışmanın Psikolojik Koşulları,* Remzi Kitabevi, İstanbul.

Özdemir, M.-Sönmez, S., (2000), *Öğretmen El Kitabı,* Pegem Yayıncılık, Ankara.

Özden, Yalçın, (1999), *Öğrenme ve Öğretme,* PegemA yayıncılık: Ankara.

Özdoğan, Berka, (1997), *Çocuk ve Oyun,* Ertem Basım Yayın Dağıtım Ltd., Ankara.

Öztürk, M. Orhan, (1989), *Psikanaliz ve Psikoterapi,* Evrim Kitabevi, İstanbul.

Razon, Norma, (1976), *Özel Bir Okuma Bozukluğu (Disleksi),* Edebiyat Fakültesi Matbaası, İstanbul.

Santrock, J.W., (1998), *Children Development,* MC Grow Hill International Edition, California.

Selçuk, Ziya, (2000), *Dikkat Eksikliği ve Hiperaktif Çocuklar,* Pegem Yayıncılık, Ankara.

Selçuk, Ziya, (2002), *Çoklu Zekâ Uygulamaları,* Nobel Yayın Dağıtım, Ankara.

Şemin, Refia, (1972), *Ruh Sağlığı,* İstanbul Üniversitesi Edebiyat Fakültesi Matbaası: İstanbul, s. 66.

Stoppard, Miriam, (2001), *Teach Your Child,* Dorling Kindersley Limited, London.

Stoppard, Miriam, (2001), *Questions Children Ask and How to Answer Them,* Dorling Kindersley Limited, London.

Sungur, Nuray, (2001), *Yaratıcı Okul, Düşünen Sınıflar,* Evrim Yayınevi, İstanbul.

Şahin, Y. Fulya, (2000), "Matematik Kaygısı" Eğitim Araştırmaları Dergisi, cilt 1, sayı 2, s. 75-79.

Şenel, G. Hatice, (1996), "Öğrenme Yetersizliği ile Dikkat Eksikliği-Aşırı Hareketlilik Bozukluğunun Karşılaştırılması," Özel Eğitim Dergisi, 2 (2), s. 76-90.

Wicks-Nelson, R. & Israel, A. C. (2003). *Behavior Disorders of Childhood,* Prentice Hall: USA.

Vahip, I, (2010), *Psikiyatri,* Editör: T. Oral, sayı: 201, Medikal Yayıncılık, Eğitim ve İletişim Hizmetleri, İstanbul.

Yalın, Ayşe, (1979), "Baba Çocuk Etkileşimi," Psikoloji Dergisi, sayı: 5, Özyurt Matbaası, Ankara.

Yavuzer, Haluk, (1986), *Ana-Baba ve Çocuk,* Remzi Kitabevi, İstanbul.

Yavuzer, Haluk, (1992), *Resimleriyle Çocuk,* Remzi Kitabevi, İstanbul.

Yavuzer, Haluk, (2005), *Çocuk Psikolojisi,* Remzi Kitabevi, İstanbul.